Eine Biografie

Bis an die Grenze

Pater Servatius: Mönch-Missionar-Märtyrer

PAUL ENDRES

Bis an die Grenze

Pater Servatius: Mönch-Missionar-Märtyrer

PAUL ENDRES

1. Auflage

© 2024 Paul Endres

Herstellung und Verlag: BoD – Books on Demand, Norderstedt

ISBN: 9783759751287

Umschlaggestaltung: Isabell Valentin, www.isabellvalentin.de

Buchblockgestaltung: Isabell Valentin, www.isabellvalentin.de

Meiner Frau Maria
zum Dank für den langen
gemeinsamen Weg

Tue, 24 Jan 2023 07:42:14 +0100
"诺博" <dnorbert@126.com>
Lieber Herr Paul,
vielen Dank!
Diese Tage bin ich unterwegs. Die Fotos, die Sie mir gezeigt haben, ist wo Ihr heiliger Onkel missioniert hatte. Ich werde diesen Ort in wenigen Tagen wieder besuchen.
Ich wuensche Ihnen und Ihrer Familie alles Gute und Gottes Segen!
Viele liebe Gruesse aus kaltem Land,
Ihr
P. Norbert
[Fotos Seite 332 und 333]

Pater Norbert Du

Diese Mail setzt einen Schlusspunkt unter eine Geschichte, die gut 100 Jahre zuvor begann. Es geht um die Lebensreise eines jungen Mannes aus Bous, der nach China aufbricht. Dabei überwindet er viele Grenzen geografischer, kultureller und vor allem persönlicher Natur.

Im Jahr 2007 besucht Pater Norbert aus China die Heimatgemeinde von Pater Servatius in Bous. Hier schließt sich der Kreis dieser spannenden und berührenden Lebensgeschichte.

"Der Herr verschafft Deinen Grenzen Frieden"

(Ps 147,14)

INHALT

auf verschiedenen Missionsstationen erfahren, die politische Situation im Marionettenreich.

5. Teil Seite 329
Sinchan

Die Gründung der nördlichsten und kältesten Missionsstation. Seelsorge in einer zweisprachigen Pfarrei, die wegen der ständigen Wanderbewegungen keine feste Gemeinde ist. Wie gewinnt man neue Christen? Auswirkungen des chinesisch-japanischen Krieges. Problem Schulen. Lokale Bräuche und christliche Feste. Urlaubsreise nach Korea. Herr Wu bringt neue Nachrichten. Schikanen gegen die Mission immer subtiler. Allgemeine Verknappungen.

6. Teil Seite 471
Der Untergang der Mission

Kapitulation Japans. Besetzung der Mandschurei durch russische, anschließend durch chinesische kommunistische Truppen. Ermordung von Pater Servatius. Ende aller missionarischen Tätigkeiten in der Mandschurei. Missionare im „Umerziehungslager" in Namping.

Epilog Seite 495

Der Hund findet die Leiche. Besuche am Grab. Ausländische Presse berichtet. Die Grabstätte jetzt. Die Heimatgemeinde Bous feiert den 100. Geburtstag von Pater Servatius. Besuch aus China.

Anmerkung: Die kursiven Textpassagen sind wörtliche Zitate aus den über 300 Briefen von Pater Servatius.

PROLOG

"Mutter, er hat sich wirklich nicht ein einziges Mal mehr umgeschaut."

Clothilde steht an diesem Augustmorgen des Jahres 1934 im Nachbarhaus hinter der Gardine des Küchenfensters und sieht wehmütig dem jungen Mönch nach, der mit entschlossenen, kraftvollen Schritten, den großen Koffer in der Hand, neben seinem Vater die Straße hinunter zum Bahnhof geht.

Gestern hat sie ihren Cousin noch gefragt, ob er nicht Angst habe, Heimweh zu bekommen, wenn er doch jetzt so weit von daheim fort ist und wer weiß, wie lange nicht mehr zurückkommen wird.

"Falls überhaupt", hat er in seiner ruhigen, wortkargen Art hinzugefügt. "Jesus hat uns doch gelehrt: Wer die Hand an den Pflug legt und nochmals zurückschaut, ist meiner nicht wert. Wir müssen nach vorne schauen, in die Zukunft." Und für den jungen Pater Servatius beginnt sie jetzt.

An diesem Morgen ist er noch einmal durch sein Elternhaus gegangen, hat alle Räume in sich aufgesogen und das "Alles irdisch, alles vergänglich", war mehr für sich selbst als für die Umstehenden gemurmelt. Denn sonst sagte niemand ein Wort.

Mit dem Kloß, der jedem im Hals würgte, brachte niemand einen Ton hervor. Zudem war ja auch alles gesagt, was zu sagen war.

Die Mutter durchlitt die Schmerzen, dass ihr ein Kind entrissen wird. Wortlos drückte sie ihren Sohn noch einmal an sich und hielt ihn fest, als wolle sie ihn nicht mehr loslassen. Tränen standen auch in den Augen der Anderen, obwohl sie sich nach Kräften bemühten, ihre Trauer nicht zu zeigen. Sie wollten ihrem Bruder den Abschied nicht unnötig schwer machen. "Wie bei meiner Primiz", dachte Servatius, "da waren wir auch alle zusammen."

Barbara, genannt Bäbchen, und Anna, die beiden Lehrerinnen, Magdalena, die selber gern in die Mission gegangen wäre,

Die Familie

Anton, der als Leutnant am Ersten Weltkrieg teilgenommen und von der Ostfront eine unheilbare Lungenerkrankung mitgebracht hatte, Willy mit seiner Frau Anna. Sie hatten geheiratet, als Otto ins Kloster eintrat. Ein Wechselbad, ein Widerstreit der Gefühle, das war es, was ihnen an diesem Morgen gemeinsam war: ein gewisser Stolz, dass der Bruder sein hochgestecktes Ziel erreicht hat. Gleichzeitig war jedem von ihnen das Herz schwer, weil sie ihn nun für immer verlieren.

Einer fehlte jedoch an diesem Morgen im Elternhaus: der jüngste Bruder Aloys, der in München Theologie studiert und nicht verhehlt, was er von der neuen politischen Obrigkeit hält. Von ihm wird er sich morgen im Gestapo-Gefängnis verabschieden dürfen.

Servatius selber hat seine Gefühle streng unter Kontrolle. Nichts verrät, wie es in seinem Inneren aussieht. Auch er ist sich bewusst, dass es ein Abschied für immer ist. Bisher hat er nie an seiner Berufung gezweifelt. Aber muss der Abschied so schmerzhaft für seine Familie werden? Wortlos verlässt er das Haus. Er ahnt wohl, dass die ganze Familie ihm bis vor die Haustür gefolgt war und ihm stumm nachschaut. Aber er dreht sich nicht mehr um.

Peter Ludwig bemüht sich nach Kräften, mit seinem Sohn Schritt zu halten. Er vermeidet es dabei, zur Seite zu schauen. Niemand soll ihm die Abschiedsstimmung anmerken, die ihm doch nur allzu deutlich ins Gesicht geschrieben steht. So muss sich Abraham gefühlt haben, als er seinen Sohn opfern sollte. Er ist sich sicher, er wird seinen zweitjüngsten Sohn nie mehr wieder sehen.

"Warum muss der denn auch so weit weggehen? Bis an die Grenzen der Erde! Und was wird ihn dort in der Mandschurei, im Nordosten Chinas erwarten? Was wird seine Zukunft, seine Existenz sein? Jedenfalls kein angenehmes, leichtes Leben. Im Gegenteil: Mühe, Not, Entbehrungen, Kälte, Einsamkeit, Gefahren. Ein Leben sehr weit weg von daheim, fern von allem Liebgewordenen, Gewohnten, ein Leben in einer völlig fremden Kultur mit einer so völlig anderen Sprache. Dieses Los nimmt er auf sich, um seiner Berufung zu folgen. Hätte man es ihm ausreden sollen? Hätte man es überhaupt gekonnt? Wahrscheinlich nicht. Der Ruf, dem er folgt, ist stärker.

Siebenundzwanzig Jahre ist er erst alt. Genau so alt war ich damals, als ich Ende Mai 1886 nach Bous kam, um mir hier meine Zukunft, meine Existenz aufzubauen." Und die Bilder der Vergangenheit steigen in ihm auf. Er sieht sie, als sei es erst gestern gewesen. Damals ….

1. TEIL

Die Heimat

Familie, Kindheit und Jugend in Bous.

Der erste Weltkrieg und die Folgen.

Lena im Kloster. Schulzeit bis zum Abitur in Saarlouis.

Das metallische Quietschen von Eisenbahnbremsen ist wohl nicht gerade Musik in seinen Ohren, trotzdem ein sehr vertrautes Geräusch. Mit einem Ruck hält der Zug.

"Bous. Hier Bous", ertönt die Stimme des Fahrdienstleiters. Peter Ludwig drückt die Abteiltür auf und springt auf den Bahnsteig. Er schaut sich um. Sein Blick fällt auf die Großbaustelle direkt neben dem Bahnkörper. Hier also entsteht das neue Röhrenwerk von Mannesmann. Davon hat er schon viel gehört.

Versonnen blickt er dem abdampfenden Zug nach. Weit hinten erkennt er das Stellwerk. Das ist also ab morgen sein neuer Wirkungsbereich als Weichensteller.

Vor fünf Jahren ist er schon einmal hier durchgefahren, zum Militärdienst in der Garnison in Metz einberufen, als Muss-Preuße. Lieber wäre er allerdings zu den Bayern gegangen, denn bei denen ging es gemütlicher zu. Eigentlich fühlt er sich keiner der beiden Seiten zugehörig. Seine Heimat ist das Birkenfelder Ländchen, die Enklave an der Nahe, die zum Fürstentum Oldenburg gehört.

Das Gastspiel in der Kaserne war erfreulicherweise nur von kurzer Dauer. Nach gerade mal einem Jahr Dienstzeit verletzte er sich eine Hand und wurde als "Militär-Invalide" entlassen.

"Geh doch zur Bahn", riet ihm ein Nachbar daheim in Eiweiler. "Da werden immer noch gute Leute gesucht. Den elterlichen

Betrieb kannst du als Nachgeborener ohnehin nicht übernehmen. Und irgendwo einheiraten? Sieh dich doch mal um!"

Einen Beruf außerhalb der Landwirtschaft suchen? Nun ja, es
bleibt schließlich keine andere Wahl. Und wenn die Eisenbahn
für die fertigen wie auch für die neuen Strecken Arbeitskräfte
braucht, warum also nicht mal dort das Glück versuchen. Die
Bezahlung ist nicht gerade üppig, aber es ist ein sicheres Auskommen.

Also schrieb er an einem ruhigen Sonntagmittag vor Weihnachten 1883 ein erstes Gesuch an die Eisenbahn-Direktion in Saarbrücken und erhielt noch vor Jahresende die mit Spannung
erwartete Antwort: einen Fragebogen. Obwohl er ihn sofort
ausfüllte und zurückschickte, wurde seine Geduld auf eine harte Probe gestellt, denn in Saarbrücken ließ man sich viel Zeit.
"Heute ist auch nichts dabei", sagte ihm der Briefträger schon
von weitem, wenn er ihm begegnete.

So ging das ein halbes Jahr lang. Dann setzte Peter einen Brief
auf und erinnerte an sein Gesuch. Diesmal bekam er sofort eine
Antwort, die ihm nur ein verständnisloses Kopfschütteln abnö-
tigen konnte:

"Bevor wir Ihrem Gesuch vom 10. d. Mts. um Anstellung im
diesseitigen Verwaltungsbezirke näher treten…" Ob die auch
so reden wie sie schreiben? Das Königliche Eisenbahn-Betrieb-
samt schickte ihn zunächst zum Bahnarzt und forderte ihn auf,
"uns demnächst den mit 1 bezeichneten Fragebogen wieder

einzusenden, da wir die bei Ihrer ersten Bewerbung in Rücksicht auf die inzwischen verflossene Zeit als gültig nicht mehr anzuerkennen vermögen."

Nun gut, am ersten September 1884 durfte er dann doch seinen Dienst "als Beamter in der Stelle eines Bahnwärter-Diätars für 55 Mark im Monat in St. Wendel" antreten.

Im Frühjahr eröffnete man ihm dann: "Wir sind mit Ihrer Leistung zufrieden und können die Probezeit beenden". In dem amtlichen Schreiben war zu lesen: "Sie werden zum 1. April 1885 zur Station Völklingen versetzt und zum etatsmäßigen Weichensteller ernannt mit einem Jahresgehalt von 810 Mark und ist die Königliche Eisenbahn-Betriebs-Kasse hierselbst (Saarbrücken) zur Zahlung dieser Competenzen in vierteljährlichen Raten im Voraus mit Anweisung versehen."

Die Arbeit in Völklingen gefiel ihm schon, was ihm aber fehlte, war die Natur. Er konnte einfach nicht in der Stadt leben. Deshalb reichte er schon nach zwei Monaten ein Gesuch um Versetzung nach Bous ein.

Trotz seiner ländlichen, landwirtschaftlichen Struktur war Bous ein Eisenbahnknotenpunkt, der an Bedeutung zunahm. So wurde sein Antrag bewilligt und er zum 1. Juni 1886 nach Bous versetzt.

Da ist er nun angekommen. Ein Quartier hat er auch schon gefunden. In "Stuffels Haus" hat er ein Zimmer gemietet.

„Ja, wir sind froh für jeden Mieter, den wir bekommen", gestand die Vermieterin. „Vor sechs Jahren ist unser Haus abgebrannt und der Wiederaufbau war sehr teuer. Wir haben das Dach jetzt auch mit Ziegeln gedeckt. Die brennen nicht so leicht wie das Stroh. Ja, und essen können Sie gerade gegenüber im Gasthaus Meyer."

Mit der gleichen Herzlichkeit, mit der ihn vorgestern noch seine Kollegen in Völklingen verabschiedeten, begrüßen ihn nun seine neuen Kameraden auf dem Stellwerk in Bous. Einer nach dem andern schüttelt ihm kräftig die Hand. "Willkommen bei uns." Ein fester Druck schwieliger Hände, die gewöhnt sind, zuzupacken. Er war in den Kreis zuverlässiger Kameraden aufgenommen, dessen ist er sich sicher. "Wir können eine Verstärkung unserer Truppe hier gut gebrauchen." Jakob heißt er und ist vermutlich der Leiter des Stellwerks.

Nicht wenig stolz schildert er dem Neuen die wachsende Bedeutung des Eisenbahn-Knotenpunktes. "Bous war vor dreißig Jahren noch ein völlig unbedeutendes Bauerndorf mit nicht einmal tausend Einwohnern. Jetzt sind es schon über zweitausend. Und wenn das Röhrenwerk von Mannesmann da drüben" – er machte eine Handbewegung zu der Großbaustelle neben

Röhrenwerk (1914)

dem Bahngleis – "erst einmal in Betrieb ist, wird sich auch der Charakter des Dorfes wandeln. Im Frühjahr bekommt das Werk auch einen eigenen Gleisanschluss. 1859 fuhr hier der erste Zug durch, von Saarbrücken bis Merzig, jetzt geht es schon bis Trier und weiter.

Damit haben wir Anschluss an das deutsche Schienennetz. Und auf der anderen Saarseite fahren seit 1880 die Züge von hier aus über Wadgassen und Teterchen bis nach Metz."

"Ja, diese Strecke habe ich schon erlebt", denkt Peter, "damals als Wehrpflichtiger auf dem Weg in die Garnison Metz."

Er schaut sich aufmerksam um. Das Sonnenlicht bahnt sich einen Weg auf die langen Hebel, mit denen von hier drinnen aus die Weichen verstellt werden. Früher mussten draußen die vielen Weichen von Hand bedient werden. Bei jedem Wetter. Diese neue Technik ist ihm von Völklingen her vertraut. Auch die übrigen Arbeitsabläufe im Stellwerk kennt er gründlich. Er braucht nicht umzulernen. Die Fahrpläne kann er sich leicht einprägen, zudem hängen sie ja vor ihm an der Wand.

In einer abgeschlossenen Schublade liegt auch der versiegelte Umschlag, der in keinem Stellwerk fehlt. Er ist zu öffnen, wenn eine allgemeine Mobilmachung ausgerufen wird und enthält ganz klare Anweisungen. Die bestehenden Fahrpläne werden in diesem Augenblick außer Kraft gesetzt und neue treten an ihre Stelle. "Hoffentlich brauche ich den nie zu öffnen", geht es Peter durch den Sinn.

Seine Hemden kauft Peter bei Meyers Lenchen. Sie wohnt in der Gräth gegenüber von "Stuffels" und betreibt mit ihrem Mann, einem Schneider, ein Konfektionsgeschäft. Ihr gefallen das "feine" Benehmen und das Hochdeutsch des neuen Nachbarn.

Von ihr erfährt er auch etwas mehr über die Landwirtschaft zwei Häuser oberhalb. Von den drei Söhnen dort waren zwei im Kindesalter gestorben und der dritte, Anton, ist erst 13 Jahre alt. Also müssen auch die Mädchen beim Füttern oder Anspannen helfen. Genovefa ist 24 Jahre alt, Angela 21 und Barbara 18. Angela, allgemein Engel genannt, kann mit den Pferden umgehen.

Die Art, wie sie mit den Tieren spricht, freundlich aber bestimmt, das war ihm aufgefallen und weckte seine Neugier.

Auch Engel scheint den neuen Mieter in der Nachbarschaft bemerkt zu haben. "Er arbeitet bei der Bahn", vertraut Frau Meyer ihr an, bei der sich ja auch schon Peter nach Engel erkundigt hatte.

Es dauert auch nicht lange, bis ihm der Zufall zu Hilfe kommt. Peter kontrolliert gerade eine schwergängige Weiche neben dem Bahnübergang, als Engel mit ihres Vaters Füchsen auf dem Weg in die Saarwiesen hier die Eisenbahngleise überquert. Es ist ihm schon aufgefallen, dass nur immer sie und nie eine ihrer Schwestern diesen Weg nimmt. Ob das auch nur Zufall ist?

Peter fasst sich ein Herz: "Prächtige Pferde. Es muss doch auch Freude machen, mit denen zu arbeiten."

"Was versteht denn ein Eisenbahner schon von Pferden?", wirft sie ihm über die Schulter zu.

"Eine Menge, wenn er selber aus einer Bauernfamilie kommt und mit Leib und Seele Bauer ist." Sie horcht auf.

"Oh, wir könnten gelegentlich Hilfe gut gebrauchen." Damit ist das Eis gebrochen. Und Engel ist klug genug, seine Zuneigung zu erkennen.

Auch Engels Vater ist der Helfer willkommen. In den wenigen freien Stunden hilft "der Ludwig", wie ihn alle nennen, nun bei

"Haases" aus, wo es immer genug Bauernarbeit gibt. Haases, das ist der Hausname, denn eigentlich heißen sie Fery.

"Die Engel muss mal meine Frau werden", sagte er zu seinen Kollegen, als er ihr und ihren Pferden wieder mal die Schranken öffnete.

Es dauert auch nicht mehr lange, bis Peter seinen Mut zusammennimmt und "beim Haases Vater" sein Anliegen vorträgt.

Die Hochzeit der Eltern

„Ich würde gern die Engel heiraten", bringt er leicht verlegen hervor.

„Damit habe ich schon gerechnet", ist die knappe Antwort. „Peter, ich habe dich als einen ehrbaren, fleißigen Mann kennen gelernt. Ich weiß, dass du mit deiner staatlichen Anstellung als Weichensteller und einem festen Gehalt eine Familie ernähren kannst. Du verstehst, dass mir die Zukunft meiner Tochter wichtig ist. Also, meinen Segen habt ihr."

Der Haases Vater wusste, dass Peters Gehalt viermal im Jahr in Goldstücken zu 20 oder 10 Mark ausgezahlt wurde. Das war schon eine solide Grundlage. Zudem konnte er eigenen Grund und Boden in seinem neuen Heimatort vorzeigen, nämlich ein Grundstück von 16 Ar, das er vier Wochen zuvor für 309 Mark ersteigert hatte. Das war der erste von weiterem Landerwerb. Er ließ erkennen, dass Peter Ludwig mit seiner Frau, der Bauerntochter, auch eine Landwirtschaft betreiben wollte.

Vor die Hochzeit haben die Behörden noch einige Schranken gesetzt. So muss Peter als Beamter bei seiner vorgesetzten Behörde, dem Königlichen Eisenbahn-Betriebs-Amt in Saarbrücken zuerst einmal die Erlaubnis zum Heiraten einholen. („Ich will doch nicht die Tochter vom Betriebsamt heiraten!") So wollte es jedenfalls das Reglement. Wie nicht anders zu erwarten, wird die Zustimmung erteilt.

"So, heiraten wollt ihr?", begrüßt sie der Pfarrer an der Tür. „Dann kommt mal rein." Er kennt die beiden ja gut, schließlich sieht er sie jeden Sonntag und sehr oft auch an Werktagen in der Messe. An ihrer Gläubigkeit braucht er nicht zu zweifeln.

Die häusliche Feier der Hochzeit wird im alten Haases Haus mit der gesamten Verwandtschaft und den Nachbarn begangen. Dann, am übernächsten Tag, bricht das junge Paar zur Hochzeitsreise auf. Einem Eisenbahner stehen im Jahr mehrere Freifahrtscheine zu. Da darf das Reiseziel ja auch etwas Besonderes sein. Das ist es auch, nämlich Trier. Immerhin siebzig Kilometer weit. Wann kommt man wieder dahin.

Als junge Hausfrau nimmt Engel am Montag in aller Herrgottsfrühe den Korb mit der Wäsche, die sie abends zuvor gekocht hatte, um sie - wie es üblich war - am Brunnen auszuwaschen und zu "plaueln". Diese Arbeit ist ihr seit Jahren vertraut, aber jetzt geht sie zum ersten Mal für den neuen, den eigenen Hausstand, waschen.

Beschwingt, ein Liedchen summend, schreitet sie durch das schmale "Gässelchen" neben ihrer neuen Wohnung, das zwischen Gärten hindurch leicht ansteigt. Bald ist die Stockgartenstraße erreicht. Hier hätte sie den halben Weg zur Kirche und bis zu ihrem Elternhaus ist es nach links auch nicht sehr viel weiter.

Aber jetzt biegt sie nach rechts ab. Nur noch ein paar Meter bis zum Waschtrog am Petersbrunnen. Der gesamte Weg reicht nicht für mehr als eine Liedstrophe.

"Na, junge Frau, schon so früh unterwegs?", begrüßen sie die Frauen, die sie sonst auch montags hier am Brunnen antrifft. "Wie war die Hochzeitsreise? Erzähl schon." Engel lässt sich natürlich nicht lange bitten. Gebannt lauschen die andern, was Engel da alles von Trier zu erzählen weiß. Vorsorglich hatte sie ja schon ein paar Ansichtskarten in die Schürzentasche gesteckt. "Ach ja, durch so eine große Stadt spazieren, die schönen Geschäfte anschauen. Das möchte ich auch einmal erleben", seufzt eine der Nachbarinnen. Aber so weit war noch keine aus dem Dorf hinaus gekommen, man denke 70 Kilometer. "Tja, einen Eisenbahner müsste man haben", wünscht sich eine andere, "dann bekäme man auch etwas von der großen weiten Welt zu sehen."

Auf den abgeernteten Feldern verbrennen sie das Kartoffelkraut und in diesen Feuerchen braten die Kinder einzelne aufgelesene Kartoffeln. So aus der verkohlten Schale gegessen, ist das eine Delikatesse besonderer Art.

Als nun der letzte Sack Kartoffeln abgeladen ist, wischt sich der Haases Vater mit einem blau karierten Handtuch den Schweiß von der Stirn. Das ist für dieses Jahr wieder geschafft. Die Ernte ist unter Dach. Jetzt kann der Winter kommen. Aber etwas anderes beschäftigt seine Gedanken noch.

"Sag mal, Peter", wendet er sich an seinen Schwiegersohn, dem ebenfalls die Schweißperlen von der Arbeit auf der Stirn stehen, "eure Mietwohnung ist doch kein Dauerzustand."

Er hatte lange darüber nachgedacht und nun stand für ihn fest, wie er den jungen Leuten helfen konnte. Er wusste ja, dass sie

Das Elternhaus

sich ein eigenes Haus mit Hof und Garten für ihre Familienplanung und mit Stall und Scheune für eine eigene Landwirtschaft wünschten. Dazu hatte er auch einen passenden Vorschlag. Vom eigenen Garten in der Gräth wurde ein Grundstück als Bauland für das neue Haus abgetrennt. Im folgenden Sommer 1890 konnte es schon bezogen werden. Es dürfte das erste zweistöckige Privathaus in Bous gewesen sein.

Jahresmitte. Die Natur hält für einen Augenblick den Atem an. Das Heu ist unter Dach, das Getreide reift noch auf dem Halm und erst später werden dann die Kartoffeln und die Rüben geerntet. Atempause auch für Peter Ludwig an diesem Samstag, dem 15. Juni des Jahres 1907. Er sitzt in der warmen Nachmittagssonne auf der Holzbank vor seinem Haus und legt die schwieligen Hände in den Schoß.

Eine angenehme, wohlige Müdigkeit bemächtigt sich seiner. Die Arbeit für diese Woche ist vollbracht – und drinnen brauchen sie ihn jetzt auch nicht. Vor einer guten Stunde ist die Hebamme ins Haus gegangen.

"Die kennt sich ja mittlerweile hier aus", schmunzelt er in seiner schelmischen Art.

Wieder einmal wandern seine Gedanken in die Vergangenheit. Vor siebzehn Jahren hat er das Haus erbaut und nach und nach hat es sich mit Leben gefüllt. Als sie einzogen, war Barbara eineinhalb Jahre alt und konnte schon fast allein die Treppe zur Haustür hinaufsteigen.

Inzwischen ist Barbara, allgemein nur Bäbchen genannt, schon achtzehn und bereitet sich im Lehrerinnenseminar auf ihren künftigen Beruf vor. Und dort ist sie mit ihrer um vier Jahre jüngeren Schwester Anna zusammen, die ihr mit dem gleichen Berufswunsch gefolgt ist.

Die siebzehnjährige Magdalena, auch Lena oder Lenchen gerufen, geht im Haushalt und auf dem Feld der Mutter tatkräftig zur Hand. Sie kann zupacken, und sie sieht, wo es fehlt.

"Wie ihre Mutter damals", denkt Peter.

Und nach den Mädchen sind dann noch die zwei Buben da. Anton ist zehn und geht in die vierte Klasse. Willy, mit sieben Jahren der bisher jüngste, ist seit einem Jahr in der Schule.

Vier Kinder kamen zur Welt und verließen sie sofort wieder. Erst im vergangenen Jahr trug Peter einen kleinen weißen Sarg zum Friedhof. Er holt tief Luft bei der Erinnerung, als wolle er damit die Wehmut verscheuchen.

Und das Kind, das nun in den nächsten Stunden geboren wird, ist das zehnte. Was aus ihm wohl werden wird? Die Kinder sind dir nur anvertraut, geliehen, nicht geschenkt.

Einundzwanzig Jahre ist Peter jetzt schon in Bous. Die Zeit ist wie im Flug vergangen. Und dennoch hat sich viel ereignet. Mit einem Koffer in der Hand ist er damals angekommen und jetzt sitzt er vor seinem eigenen Haus. Neben seiner Arbeit als Weichensteller betreibt er Landwirtschaft, hält Kühe und Ziegen. Die Bienen nicht zu vergessen.

Das Dorf hat sich gewandelt, wie es damals sein Kamerad Jakob an seinem ersten Arbeitstag vorhergesagt hat. Es ist größer geworden.

Vor allem aber gibt es einige neue Erfindungen. Der Morseschreiber im Stellwerk ist inzwischen vom Telefon abgelöst. Man kann auch schon in die Dörfer der Umgebung anrufen. Über Entfernungen mit Menschen reden, die man nicht sieht. Unvorstellbar. Auch eine Wasserleitung gibt es seit 1898 in Bous, an die seit 1900 auch sein Haus angeschlossen ist. Die Frauen brauchen nicht mehr mit der Wäsche zum Brunnen zu gehen, und immer ist frisches Wasser im Haus.

Noch etwas ganz Wichtiges: Seit 1893 gibt es im gesamten Reich eine einheitliche Uhrzeit. Von hier bis Berlin. Bisher hatte ja jedes Fürstentum, und sei es noch so klein, seine eigene Uhrzeit gehabt. Eine große Erleichterung für die Fahrpläne der Eisenbahn.

Die Gedanken schweifen wieder in die Vergangenheit. Seine erste Begegnung mit Bous, damals. Aber nur auf der Durchreise. Da musste er als junger Wehrpflichtiger in die Garnison in

Metz einrücken. Zum Glück blieb ihm der Ernstfall als Soldat erspart. Seit dem großen Krieg, der ja 1871 ganz hier in der Nähe, in Spichern, entschieden wurde, war Friede im Land. Warum kann es so nicht bleiben?

Eine Erregung bemächtigt sich seiner bei dem Gedanken, dass vor ein paar Jahren der Friede in Gefahr geriet. Irgendwo am andern Ende der Welt, im fernen China, gab es einen Aufruhr. Die Zeitungen berichteten von einem Boxeraufstand in der Mandschurei. Er erinnert sich noch an die Berichte, die er gelesen hatte. "Aufständische wollen ihr Land von den Fremden befreien. Die Kolonialmächte USA und alle europäischen Staaten einschließlich Deutschland sind dabei, das Reich der Mitte untereinander aufzuteilen. Ihre Waren verdrängen das einheimische Handwerk, ihre Eisenbahnen die traditionelle Infrastruktur. Der Mandschu-Kaiser in Peking ist machtlos dagegen."

Nun schickt auch noch unser Kaiser Soldaten dorthin! Der deutsche Gesandte von Ketteler wurde ermordet. Ja, das ist schlimm. Aber sollen dafür junge Männer im fernen Osten ihr Leben lassen? Dadurch wird er auch nicht wieder lebendig. Und was heißt das, "die deutsche Fahne ist beleidigt worden?" In den Zeitungen wurde die Rede des Kaisers gar als "Hunnenrede" bezeichnet.

"Wer euch in die Hände fällt", rief Wilhelm II. den Soldaten seines Expeditionskorps bei der Verabschiedung in Bremerhaven zu, "sei euch verfallen. Pardon wird nicht gegeben, Gefangene nicht gemacht. Wie vor 1.000 Jahren die Hunnen unter König Etzel sich einen Namen gemacht, der sie noch jetzt in Überlieferung und Märchen gewaltig erscheinen lässt, so möge der Name Deutsche in China auf 1.000 Jahre durch euch in einer Weise bestätigt werden, dass niemals wieder ein Chinese es wagt, einen Deutschen auch nur scheel anzusehen!"

Hoffentlich kommt das nicht einmal als Bumerang auf uns zurück.

Wo zum Kuckuck ist diese Mandschurei überhaupt? Am andern Ende der Welt! Da kommt doch von hier niemals jemand hin. Und schließlich, was gehen uns die Menschen dort an? Was haben wir mit ihnen zu schaffen? Wir haben doch genug Arbeit, das eigene Land in Ordnung zu halten. Müssen die Deutschen denn wirklich überall ihre Nase im Spiel haben?

"Peter, komm rein. Es ist ein Junge." Er hatte gar nicht bemerkt, wie die Hebamme aus der Tür getreten war. Rot versinkt die Sonne hinter dem Wadgasser Wald. Er fröstelt leicht, als er von seiner Bank aufsteht und ins Haus geht.

Ein Junge, der dritte. Und drei Mädchen. Aber vier Kinder sind unmittelbar nach der Geburt gestorben.

Am Montag geht Peter dann zur Bürgermeisterei, um das Kind anzumelden. Als er vom Standesamt heimkommt, fragt Engel: "Hast Du ihn auch richtig aufschreiben lassen?" Als sie hört, "Otto", tut sie den denkwürdigen Ausspruch: "Nit genuch, dass ma d' Kinna muss selver krien, ma muss s' aach noch selver aanmellen gehn!" ("Es ist nicht genug, dass man die Kinder selber bekommen muss, man muss sie auch noch selber anmelden gehen!")

Otto hätte nämlich Aloys heißen sollen. Beide haben aber wohl vergessen, darüber zu reden, in der Annahme, der andere sei der gleichen Meinung.

Am Montag kommt auch im Lauf des Nachmittags der Hausarzt Dr. Schwabe, um routinemäßig nach dem Rechten zu sehen. Die Hebamme hatte ihm zwar keine Komplikationen gemeldet, aber er wollte sich doch selber überzeugen, dass Mutter und Kind wohlauf sind.

"Na, Frau Ludwig", grüßt er in seiner jovialen Art, "das ist also das Zehnte. Jetzt kaufen Sie sich nur noch zwei, dann haben Sie das Dutzend voll."

"Ganz recht, Herr Doktor, und Sie kaufen sich nur noch zehn, dann haben auch Sie das Dutzend voll."

Getauft wurde Otto am Sonntag, dem 23. Juni, auf den Namen Otto Aloysius. Rufname blieb aber Otto.

"Wo sind nur die Jahre hingerannt?" Engel schüttelt verständnislos den Kopf. Vor ihr steht der kleine Otto, die Tasche mit dem Pausenbrot fest in der Hand, in gespannter Erwartung, was der erste Schultag wohl bringen mag. Für ihn ist dieser Montag, 31. März 1913, ein denkwürdiges Datum.

Auch für Anna ist es der erste Schultag, allerdings als Lehrerin in Derlen. Bäbchen hat ihre "Wanderjahre" als Junglehrerin schon hinter sich gebracht und unterrichtet jetzt in Werbeln. Damit sind beide ganz in der Nähe der Heimat. Anton besucht das humanistische Gymnasium in Saarlouis.

Willy hat sich entgegen dem Rat seiner Lehrer dafür entschieden, in der Volksschule zu bleiben, um danach einen praktischen Beruf zu ergreifen. Seine Neigung gilt eher der Landwirtschaft, aber zusätzlich will er ein Handwerk lernen, vielleicht Dreher bei Mannesmann.

Lena, ihre Zweitälteste, ist an diesem Morgen schon früh aus dem Haus und aufs Feld gegangen. Auch sie hat auf Studium oder Berufsausbildung verzichtet, um der Mutter im Haushalt und in der Landwirtschaft zu helfen.

"So, Kamerad, auf geht's", fordert Willy seinen kleinen Bruder auf. "Du willst ja nicht am ersten Schultag schon zu spät kommen." Gemeinsam machen sie sich auf den Weg.

Engel hätte zu gerne ihr Schulkind selber zur Schule gebracht. Aber da waren ja noch zwei kleinere Kinder: Aloys (mit dem Namen hat es doch noch geklappt) ist fast drei Jahre alt und die kleine Maria Josefa gerade mal zwei Wochen.

"Tja, Herr Dr. Schwabe", kann Engel sich ein Schmunzeln nicht verkneifen, "ich habe das Dutzend voll. Und Sie?"

Magdalena, Aloys, Papa, Barbara, Otto, Maria, Anton, Mama, Anna, Willi

Die Schüsse von Sarajevo am 28. Juni 1914 schrecken auch die Menschen an der Saar auf, zumal sie ja, falls es zum Krieg mit Frankreich kommen sollte, der Front am nächsten sind.

Auch die Kinder spüren die allgemeine Aufregung und hören die neuen Wörter Mobilmachung, Einberufung, Front oder Spion, ohne sie recht zu begreifen. Mit den anderen laufen Otto und sein vierjähriger Bruder Aloys an die Saarbrücke: Neben dem Brückenhäuschen steht ein Soldat Wache.

Ihr Vater sieht schon mehr vom Krieg, zunächst vom Aufmarsch: "Sämtliche Eisenbahnen sind als in der Nähe des Kriegsschauplatzes befindlich anzusehen", heißt es im Reichsgesetzblatt. Das bedeutet für den Weichensteller: vom 31. Juli an wird jeder Güterverkehr eingestellt, die Waggons, wo sie sind, werden entladen und für den Militärtransport bereitgestellt.

Ein "Eventualfahrplan" für diesen Aufmarsch liegt ja schon jahrelang in einem versiegelten Umschlag in jeder Dienststelle bereit und ist im Augenblick der Mobilmachung zu öffnen. (Peters Befürchtung.)

Nun ist es soweit. Peter liest jeden Tag die Saar-Zeitung und verfolgt die Kriegsberichte mit immer neuen Namen, Brüssel, Namur, Saint Quentin, Maas, Antwerpen, Ypern, Marne-Schlacht. Sein üblicher Kommentar zu den Siegesmeldungen: "Hoffentlich siegen wir uns nicht zu Tode!" obwohl er, wie alle andern auch, das Ausmaß des Geschehens an der Marne, vor allem bei Verdun, nicht erkennt.

Im Westen kommt es zum Stellungskrieg, und die anfängliche Zuversicht der Soldaten: "An Weihnachten sind wir wieder daheim!" geht in den Schützengräben unter.

Die Kriegsbegeisterung von 1914 ist verflogen. Aber der Krieg ist nach einem Jahr noch nicht beendet. Das Lied von den Wildgänsen, das Walter Flex ["Wanderer zwischen zwei Welten"] an der Front im Westen dichtete, wo ja angeblich nichts Neues war, [Remarque: "Im Westen nichts Neues"] spiegelt die Grundstimmung dieser Zeit.

"Papa, wenn ich nun im März 18 Jahre alt werde, soll ich mich dann freiwillig zum Militär melden?"

Anton (links) in Goldap

Kloster Tutzing

"Zu so etwas meldet man sich nicht freiwillig. Warte die Einberufung ab, dann ist es immer noch früh genug."

Am 8. Dezember 1915 muss Antons Jahrgang 1897 zur Musterung und Anton wird "tauglich" geschrieben. Die Garnison, zu der er einberufen wird, ist Goldap in Ostpreußen, 150 km südöstlich von Königsberg oder 90 Stunden Bahnfahrt von daheim. Am 17. März 1916 meldet er sich auf einer Karte als Musketier des 2. Ers. Btl. 2. Komp. Inf. R. 44.

In dieser Zeit nimmt auch Lena Abschied von daheim. Von ihrem Vater begleitet, fährt sie nach Tutzing, um dort in den Orden der Missions-Benediktinerinnen einzutreten. In der klösterlichen Gemeinschaft glaubt sie sich am Ziel ihrer Sehnsucht. Lange schon hat sie diesen Wunsch gehegt. Lange hat sie mit sich gekämpft. Sie fühlt sich zum Ordensleben berufen. Als sie aber dann vor einem Jahr zaghaft ihre Absicht äußerte, ins Kloster zu gehen, stieß sie auf den erbitterten Widerstand ihrer beiden Schwestern, der Lehrerinnen. Sicher, die Mutter brauchte ihre Hilfe im Haushalt und auf dem Feld. „Aber wo bleibe ich, wenn die Eltern mal nicht mehr da sind?" Diese Frage stellt sie sich immer wieder und findet keine andere Antwort darauf als: „Ich gehe ins Kloster. Dort könnte ich doch vielleicht als Krankenschwester ausgebildet werden. Dann hätte ich wenigstens einen Beruf und wäre versorgt."

Nun wagt sie einen zweiten Versuch. Ohne dass die Lehrerinnen etwas davon mitbekommen, bittet sie die Priorin in Tutzing um Aufnahme in die Gemeinschaft und erhält eine Zusage. Zum Eintritt ins Kloster gehören auch eine Ausstattung mit Wäsche und die Sicherstellung ihres Erbanteils. Die Wäsche sollte einfach sein, einige Stücke aber haben Spitzen. Kann sie die mitnehmen oder muss sie sie daheim lassen? Nach einigem Zögern packt sie auch diese Stücke mit ein.

Otto und Aloys wissen nicht, was vor sich geht, als Lena sie ganz früh am Morgen weckt. Schlaftrunken bekommen sie nur

Am Starnberger See

ein paar Fragmente mit. „Lena verabschiedet sich, weil sie für immer weggeht?" Mit einem Mal sind sie hellwach und sausen die Treppe runter in die Küche. Hier erfahren sie nun mehr. Lena geht ins Kloster, sie wird Schwester. „So ähnlich wie die Schwester im Kindergarten." Das verstehen sie. Aber muss sie dafür weggehen?

Dann schauen sie ihr von der Haustür aus nach, wie sie mit ihrem Vater die Straße hinunter Richtung Bahnhof geht. Mama weint, nicht nur beim Abschied. Sie klagt in der Folgezeit wiederholt um die Zweitälteste, die ihr überall fehlt.

Als Kandidatin fügt sich Lena mit großer Gewissenhaftigkeit in das klösterliche und geistliche Leben ein. Keine Arbeit ist ihr zu viel, auch das frühe Aufstehen fällt ihr nicht schwer. Immer ist sie gut gelaunt, fröhlich und freundlich. Und "Die Spitzen dürfen bleiben," schreibt sie in ihrem ersten Brief.

Vor ein paar Tagen war sie noch mit anderen Kandidatinnen hinunter zum Starnberger See spaziert, einfach die Bahnhofstraße und die Hallbergerallee hinunter, kurz die Hauptstraße entlang und dann noch nach rechts ein kleines Stück durch das Fischergassl zum See. Es hat gut getan, auf einer Bank zu sitzen, die ersten wärmenden Strahlen der Märzsonne zu genießen und auf den See hinaus zu schauen und den Gedanken und Träumen freien Lauf lassen. Ja, hier in der klösterlichen Gemeinschaft ist ihr Platz. Nach der Probezeit wird sie Postulantin sein, dann Novizin und dann in wenigen Jahren die Ordensgelübde ablegen. Gleichzeitig wird sie einen Beruf erlernen, möglichst Krankenschwester, und den dann auf einer afrikanischen Missionsstation ausüben.

Aber schon nach wenigen Wochen fällt der Novizenmeisterin auf, dass die neue Kandidatin gar nicht mehr so heiter ist wie am Anfang. Sie wirkt traurig, niedergeschlagen. Als Lena wieder einmal allein in der Kapelle sitzt, gesellt sich die Novizenmeisterin wie zufällig zu ihr und spricht sie an. „Magdalena, was ist los mit Ihnen? Sind Sie krank?"

Lena schüttelt nur stumm den Kopf.

„Haben Sie Kummer?" Lena schaut zu ihr auf, versucht erst gar nicht, die Tränen zu verbergen und reicht ihr wortlos einen Brief von daheim. Bäbchen findet sich mit der Entscheidung ihrer Schwester nicht ab und weist sie auf ihre Pflichten gegen Eltern und Geschwister hin. "Du kannst Mama doch nicht mit dem großen Haushalt samt Stall und Feld allein lassen. Du hast schließlich eine Verantwortung gegenüber der Familie!" Dasselbe Argument, das sie schon vor einem Jahr an ihrer Berufung zweifeln ließ.

„Magdalena, Sie sind aus freien Stücken hierher gekommen. Sie sind völlig frei in Ihrer Entscheidung für ein Leben in der klösterlichen Gemeinschaft. Aber ich fürchte, Sie werden im Kloster nicht glücklich, wenn die Sorgen um Ihre Familie Sie bedrücken. Vielleicht ist es wirklich das Beste, wenn Sie wieder heimfahren. Wenn Sie eine Lösung gefunden haben, können Sie jederzeit wiederkommen. Unsere Tür steht Ihnen immer offen." Nur mit Mühe unterdrückt sie die Bemerkung, die ihr auf der Zunge liegt, nämlich dass die beiden Lehrerinnen ja auch die Familie verlassen haben und beruflich eigene Wege gehen.

Lena erlebt ganz bewusst die Stille der Karwoche und den Jubel der Osterfeiertage in Tutzing und nimmt dann in der ersten Aprilwoche schweren Herzens Abschied vom Klosterleben. Sie hat sich zu Gunsten der Familie entschieden.

"Ich glaube, dreißig Dienstjahre bei der Bahn in Bous sind genug." Damit beantragt Peter Anfang 1916 seine Versetzung in den wohlverdienten Ruhestand. Genauso herzlich, wie er seinerzeit auf dem Stellwerk begrüßt wurde, wird er jetzt verabschiedet.

"Langweilen wirst du dich ja sicher nicht", meint einer der Kollegen. "Wie ich dich kenne, wird der Eisenbahner jetzt wieder zum Bauern – wie in jungen Jahren. Wenn es deine Zeit als Pensionär erlaubt, dann schau doch mal wieder bei uns rein."

Dreißig Jahre, eine lange Zeit. In der Rückschau ist sie doch sehr schnell vergangen. Ab morgen wird es etwas ruhiger. Jetzt hat er mehr Zeit für seine kleine Landwirtschaft und für seine Bienen. Er fragt sich, wie er das alles neben seiner 12-Stunden-Schicht bewerkstelligt hat.

Aber zu den Exerzitien, für die ihn Pfarrer Anheier gewinnen will, ist er nicht so leicht zu bewegen, obwohl Engel ja auch schon daran teilgenommen hatte. "Erst will ich einmal sehen, welche Früchte die Exerzitien meiner Frau gebracht haben." Damit lässt er es bewenden. Aber er will doch wissen, worüber gepredigt wurde. "Dass die Frau die Priesterin des Hauses ist", fasst Engel zusammen, was sie gehört hat. Aber das scheint nun doch nicht seine Zustimmung zu finden. "Dann sollte sie aber auch öfter mal Stillmessen lesen und nicht nur Hochämter."

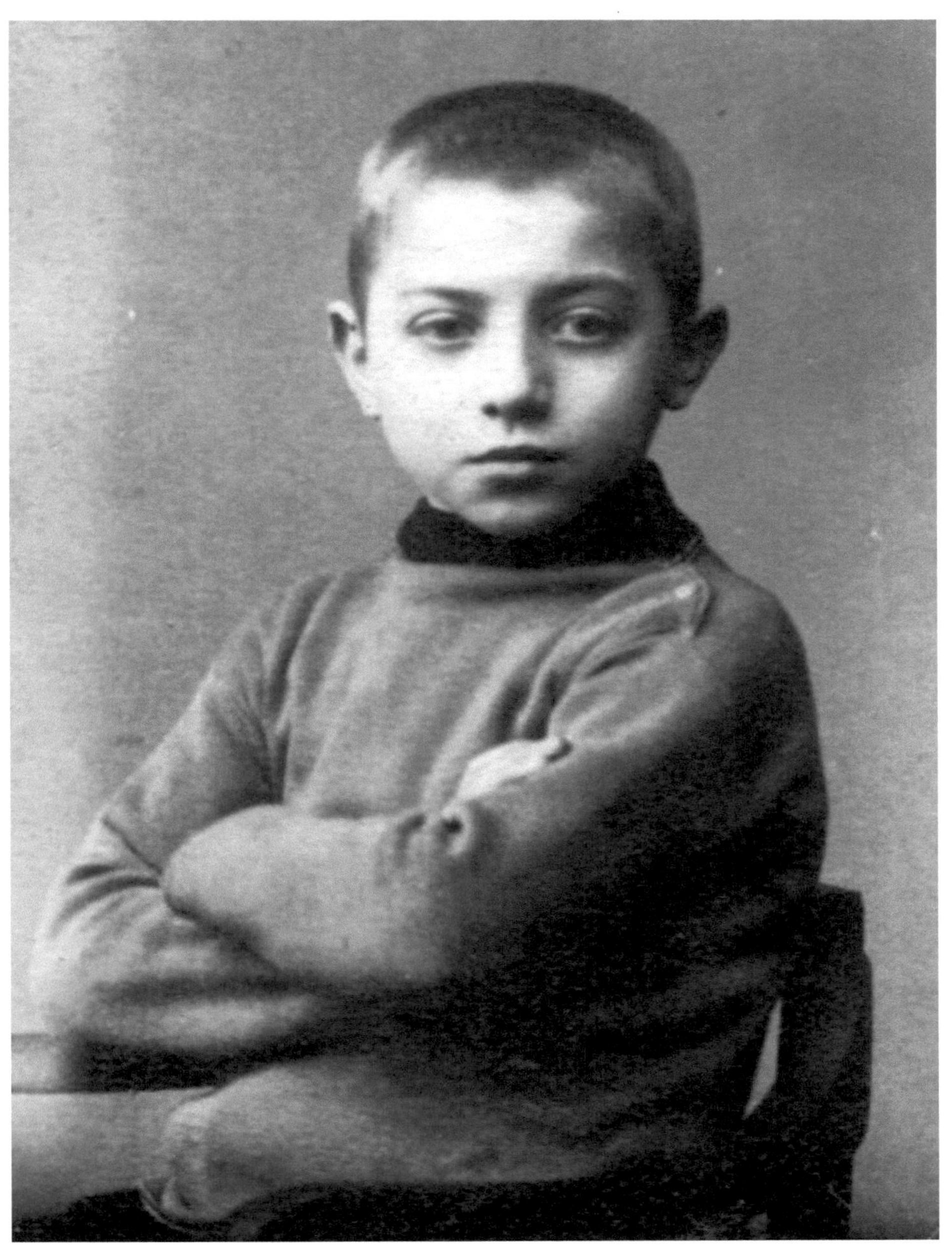

Otto, 12jährig

Vater (Peter) und Sohn (Willy)

Zu Beginn der Fastenzeit 1917 kommt Otto von einem längeren Urlaub bei seiner älteren Schwester Anna, Lehrerin in Oberkirchen, wieder nach Bous zurück, um am Vorbereitungsunterricht für die Erstkommunion teilzunehmen. Eigentlich ist sein Jahrgang ja erst im nächsten Jahr an der Reihe, aber der Pfarrer möchte ihn schon ein Jahr früher mitnehmen.

Der Weiße Sonntag 1917 fällt auf den 15. April. Die Feierlichkeiten verlaufen wie gewohnt, wenn man von der Kriegsnot absieht. Ein Viertelpfund Kaffee oder sonst eine "Friedensware" sind eine Kostbarkeit. Doch die äußeren Umstände, wie auch der etwas zu große schwarze Anzug, den Anton und Willy schon getragen hatten, stören Ottos Frömmigkeit und sein stilles Glück wenig.

"Otto sollte aufs Gymnasium", sagte seine ältere Schwester. Eigentlich wollte er noch gar nicht. Mehr lernen und weniger freie Zeit. Aber auch Anton redete ihm gut zu. Und dann ist er nach den Herbstferien wieder mit Anna nach Oberkirchen gefahren. Morgens ist er in ihrer Klasse und nachmittags, statt zu spielen, geht das Lernen weiter, vor allem Latein, denn er soll ja gleich die Aufnahmeprüfung für die Quinta machen. „Amo, amas, amat …"

Otto hat nun die Sexta übersprungen und gleich mit der Quinta angefangen. Am Ende seines ersten Schuljahres kommt die Lehrerkonferenz jedoch einhellig zu dem Ergebnis, dass es ihm sicher nicht an Intelligenz mangele, er aber doch einfach noch nicht die notwendige Reife besitze. Es sei ratsam und zu seinem eigenen Vorteil, wenn er die Klasse wiederhole. So kommt er dann zum zweiten Mal in die Quinta und kann von den Heften des Vorjahres profitieren, was ja schließlich auch ein Nutzen ist. In der neuen Klasse ist er ebenfalls einer der Jüngsten.

Durch die Blockade werden Güter aus dem Ausland immer rarer, vom Kaffee bis zur Seife oder Tabak. Stattdessen gibt es Ersatzprodukte aus minderwertigen Stoffen. Im April 1917 wird auch noch die Brotzuteilung herabgesetzt. Namentlich in den Städten steigt die Unzufriedenheit und Kriegsmüdigkeit. Die Schulkinder sammeln Bucheckern, Wildgemüse, Himbeer- und Brombeertee, Brennnesseln und Laub von den Waldbäumen für Pferdefutter. Dem knappen Hafer wird Rübenzucker beigemischt. "Die Polizei war heute schon wieder da und hat im Stall beim Melken aufgepasst, dass ich nur ja keine Milch beiseite schaffe", schimpfte Engel noch vor ein paar Tagen. "Ich weiß nicht, was die erwarten. Wir rackern uns auf dem Feld ab und einen Teil von dem, was wir ernten, dürfen wir sogar großzügig als Eigenbedarf behalten: ein Pfund Kartoffeln pro Tag und Person."

Was darüber hinaus geerntet wird, muss abgeliefert werden. Bei einem Teil der Bevölkerung, der "auf Karte" leben muss, gilt es als sicher, dass die "Selbstversorger" im Überfluss schwelgen. Und so wird Engel von Käufern und Bettlern überlaufen.

Dazu kommt, dass der Neid manchen zu Einbruch oder Diebstahl verleitet, um für ausgleichende Gerechtigkeit zu sorgen. Auch Peters Haus ist davor nicht sicher. Wenn nichts zu holen ist, kann man ja immer noch bei der Polizei den Verdacht äußern, da sei irgendetwas versteckt ...

Ernte: links Frau Fetik, Mitte Engel, rechts Lena

Nun ja, Peter versteckte einen Sack Korn im Bienenhaus und wird prompt von Missgünstigen angezeigt.

"Tja, Herr Ludwig, wie kommen Sie dazu, den Sack Korn zu verstecken? Den müssen Sie aufs Amt bringen. Er ist beschlagnahmt." Der Polizist kann auch nicht anders handeln. Dienst ist Dienst.

"Dann zieh wenigstens einen besseren Anzug an", rät Engel. Aber darauf lässt Peter sich nicht ein. "Wenn ich ein Verbrecher bin, kann ich auch in Sträflingskleidern gehen." Er ist sich sicher: mit diesem Korn werden die Hühner einiger Ortsgrößen gefüttert.

Auch die Kartoffeln werden kontrolliert - und versteckt. In dem sehr kalten Winter 1916/17, dem "Kohlrübenwinter", erfrieren die versteckten Kartoffeln und es gibt monatelang jeden Abend nur die berüchtigte „Rappsupp" aus "gerappten" [geriebenen] Kartoffeln, die trotz einiger Speck-Grieben widerlich süß schmeckt. Zum Glück fällt im Herbst 1917 die Ernte gut aus und Peter kann ein Schwein schlachten. Allerdings bekommt die Familie nur Wurst und Sülze davon. Das ganze eingesalzene Schwein wurde nachts aus der Bütte im Keller gestohlen. Die Polizei stellte amtlich fest, was man ohnehin schon wusste: Die Diebe kamen durch das schmale Kellerfenster und – wie später zu erfahren war – aus der weiteren Nachbarschaft. Aber es gibt keine Beweise.

Und wieder einmal stehen zwei Polizisten vor der Tür. Sie wollen die Leiter in der Scheune sehen. "Herr Ludwig, die Leiter ist nicht sicher genug. Sie müssen sie unten mit Eisenspitzen versehen." Peters Schimpfen hilft nichts. Auch seine Frage bleibt unbeantwortet, ob das Auge des Gesetzes sonst nichts zu tun habe.

Den Kopf auf die linke Hand gestützt starrt Peter auf die Schlagzeilen der Titelseite. Das Frühstücksgeschirr ist abgeräumt, Peter sitzt allein in der Küche, allein mit der Zeitung, wie jeden Morgen. Große schwarze Lettern verkünden den Waffenstillstand mit den Westmächten, gestern, Montag, 11. November 1918. Wortlos legt er die Zeitung aus der Hand und geht hinaus. Der Krieg ist verloren. Nicht dass er unbedingt an einen Sieg geglaubt hätte, aber: "Hoffentlich siegen wir uns nicht mal zu Tode."

Andere Gedanken gehen ihm durch den Kopf. Vor vier Wochen kam Anton von der Ostfront auf Heimaturlaub "zur Wiederherstellung der Gesundheit" wegen einer Grippe, die nicht ausheilen wollte. Nach 70 Stunden Bahnfahrt von Ostpreußen kam er krank in Bous an. Hohes Fieber, Lungen- und Rippenfellentzündung. Der Arzt ließ keinen Zweifel am Ernst der Erkrankung und setzte seine Hoffnung auf ein Medikament, das ebenso zum Tod wie zur Genesung führen konnte. Dazu brauchte er die Zustimmung der Familie.

Am 27. Oktober empfing Anton die Sterbesakramente. Ebenso seine fünf Jahre alte Schwester Maria. Sie lag seit Tagen an einer schweren Grippe lebensgefährlich erkrankt zu Bett.

Ihre Gesundheit wurde nie wieder ganz hergestellt. Im Frühjahr 1921 stellte ein Kinderarzt in Saarbrücken einen Lungenspitzenkatarrh fest. Der Hausarzt erkannte und behandelte die Krankheit als Bauchfellentzündung.

Lena vermerkte in ihrem Tagebuch am Karfreitag: „Oh, was hat heute unser Kind schrecklich leiden müssen. Um 2 Uhr wurde sie so schlecht, dass wir ihr die letzte Ölung geben ließen. Jetzt gegen Abend ist sie wieder etwas besser geworden. Oh, mein Heiland, der du heute so Furchtbares gelitten hast, erbarme dich dieses armen Kindes und auch unser. Oh, lass uns doch mit dir fröhliche Ostern feiern. Mache sie uns wieder gesund, wenn du willst. [25.3.21]

Am Mittwoch in der Osterwoche brachte Kaplan Schmitz Maria ihre Erste hl. Kommunion. „Oh, wie wunderschön war's heute morgen. Mein Schwesterchen empfing ihre erste hl. Kommunion. Wie eine kleine Braut lag sie da. Im weißen Kleidchen, mit Rosen im Haar, zur Seite die geschmückte Kommunionkerze, das Zimmer voll lebender Blumen, die ersten, Frühlingskinder, sie selbst so voller kindlicher Unschuld. Alle Anwesenden waren zu Tränen gerührt." [30.3.1921]

Dienstag nach Weißen Sonntag: "Mein Schwesterchen ist tot. Oh, ich kann es fast nicht fassen, dass dieses gute Kind gestorben ist. Oh mein Gott, tröste uns alle. Heute Nacht gegen 2 Uhr wurde sie auf einmal wie verzückt. Ihr schmerzvoll verzogenes Gesichtchen wurde wie verklärt. Ihr Mund verzog sich zu einem himmlisch schönen Lächeln, die Hände lagen über der Brust gekreuzt, die Augen wurden weit und groß, als ob sie nicht alles fassen könnte, was da zu sehen sei. Sicher kam der lb. Heiland, den sie immer so gern gehabt hat, und ihre Namenspatrone Maria und Josef sie abholen aus diesem Tränental in ein besseres Jenseits. Als heute Morgen die Betglocke läutete, verschied sie." [5.4.1921]

Für Otto, wie auch für seinen Bruder Aloys, ist es der erste Tod, den er unmittelbar erlebt. Tage lang sucht er, den Gedanken daran zu verdrängen, aber er kommt immer wieder und wird nach und nach zu einer Tatsache, mit der er leben muss. Den langen Leidensweg der kleinen Schwester sehen und nicht helfen können. Wahrscheinlich ist diese seelische Belastung der Grund dafür, dass Otto das Klassenziel nicht erreicht und 1921 die Untertertia wiederholen muss.

Auch in der neuen Klasse ist er der große Schweiger. Er antwortet nur, wenn er direkt gefragt wird. Sich zu Wort melden, ist nicht seine Sache. Ein Deutschlehrer, der „Knips", schätzt diese ruhige Art. Wenn er eine Frage stellt, die niemand beantworten

Klassenbild mit Dr. Andreas Mailänder, Otto 1. von links in der 1. Reihe

kann, pflegt er zu sagen: „Dann wollen wir einmal unseren Otto Ludwig fragen!" Und der weiß die Antwort, hat allerdings, wie üblich, nicht aufgezeigt.

Ein anderer Lehrer hält diese Zurückhaltung für Nichtwissen und reagiert auf Ottos wortkarge Art, indem er ihn aufruft und dabei seinen Namen in die Länge zieht: "Ohthoh". Zu gern hätte der „Geier", das war sein Spitzname, seitlich über das Pult gelehnt, die Brille auf die Nasenspitze vorgeschoben und den rechten Arm in Richtung des Schülers vorgestreckt, leicht lispelnd, seinen Lieblingsspruch losgelassen: „Du musst doch zugeben, dass du nichts gelernt hast. Ich kann dir doch keine ausreichende Note schreiben." Aber so sehr der Geier sich auch bemüht, Otto bleibt ihm keine Antwort schuldig.

Sein langjähriger Banknachbar bis zum Abitur, Paul Zimmer, erinnert sich: "Otto saß mir immer 'zur Rechten' und war mir oft eine gute Hilfe bei Fragen des Lehrers, bei denen ich keine sofortige Antwort vorrätig hatte, auch bei 'Arbeiten'. Wenn ich einmal im Unterricht an die Reihe kam und nicht weiter wusste, habe ich ihn angestoßen, bis er mir leise, aber treffsicher aus der Not half. Otto war kein Schwätzer. Ich persönlich hatte aber an ihm einen guten Gesprächspartner, auf dessen Urteil ich Wert legte. Ich bleibe dabei: Er war Liebling aller seiner Lehrer! Vor allem, weil er nie den Unterricht störte und weil er immer etwas Vernünftiges wusste."

Inzwischen ist auch Aloys auf dem Gymnasium in Saarlouis. Als er auf der Untertertia schlechte Noten heimbrachte, wurde Bäbchens pädagogischer Eifer geweckt. Sie erkundigte sich bei seinen Lehrern und brachte die Kunde nachhause, seine Versetzung sei gefährdet. Sie erreichte bei den Eltern, dass Aloys mit Otto in ihrer Wohnung Aufgaben machen und ungestört lernen sollte.

Aloys fiel der Verzicht auf den freien Nachmittag zuhause schwer, doch freute er sich dann über die Versetzung in die Obertertia an Ostern."

Klassenfoto: Otto, 2. von links in der oberen Reihe

An einem Abend Ende Januar 1926, Otto und Aloys sind noch mit den Schulaufgaben beschäftigt, während der Vater die Zeitung liest, bricht Otto zur allgemeinen Überraschung das Schweigen: "Papa, was würdest Du sagen, wenn ich ins Kloster gehe?"

Der Vater faltet in Ruhe seine Zeitung zusammen. Was er antwortet, war zu erwarten: "Wenn Du glaubst! Du hast es Dir sicher gut überlegt?"

Otto Abiturient

Aloys wird dabei plötzlich klar, dass die gemeinsame Jugendzeit bald nur noch eine Erinnerung sein wird. Sie hatten viele Jahre den gleichen Tagesablauf, waren fast jeden Morgen zur gleichen Zeit aufgestanden, wobei Otto, die Uhr vor der Nase, "bis zur letzten Minute" liegen blieb. Seine Sachen hatte er abends so sorgfältig zurecht gelegt, dass er jedes Stück im Dunkeln greifen konnte, was Aloys nicht immer fertig brachte. Wer zuerst fertig war, nahm als erster die Waschschüssel, den Kamm, kam zuerst zum Frühstück und hatte die Auswahl der eingewickelten Butterbrote. Mit der Uhr in der Hand wartete Otto, bis es höchste Zeit war, um auf den Zug zu laufen, wo jeder seine Kameraden traf. Und das ging nun zu Ende. Er weiß, dass er seinen Bruder vermissen wird, an dem er seit einiger Zeit eine bisher nie gekannte Gesprächigkeit und Aufgeschlossenheit bemerkt hat.

Die Entscheidung fiel vermutlich im Sommer des davor liegenden Jahres bei einer Wanderung mit Ernst Kasper durch den Westerwald. "Ich übernachtete mit Ernst im alten Rundturm mitten in Andernach und von dort brachte uns der Dampfer nach Engers. Dann zogen wir zu Fuß nach Montabaur durch das Kannebäckerland und schließlich über den Arenberg nach Koblenz," erinnerte er sich später. Ludwig Pignon aus ihrem Bouser Freundeskreis war im Jahr zuvor bei den Barmherzigen Brüdern in Montabaur eingetreten und konnte die beiden über Nacht beherbergen.

„Mein Entschluss steht fest", sagte Ernst sinnend nach einigem Schweigen, als sie nach dem Abendessen noch zusammen saßen. Oft schon hatten sie miteinander über ihre Berufspläne gesprochen, bevor sie andere einweihten.

„Ich gehe zu den Salesianern. Viele junge Menschen haben nicht das, was wir bisher hatten, nämlich eine schöne Kindheit und eine gute Jugendzeit. Sie leben auf der Straße, niemand kümmert sich um sie. Denen möchte ich einiges von dem abgeben, was mir bisher reichlich geschenkt wurde. Und wieweit sind deine Planungen?"

Seit langem schon hatte Otto sich mit der Frage beschäftigt, was wohl seine berufliche Zukunft sein werde. Aber wie er es auch drehte und wendete, immer wieder kam er zu dem Ergebnis, dass er nur als Mönch seine Erfüllung finden wird. Ein Leben außerhalb einer klösterlichen Gemeinschaft konnte er sich nicht vorstellen. Eines stand fest: seine Zukunft war die Mission. „Geht hinaus in alle Welt …"

Steyler, Jesuiten, Weiße Väter oder Benediktiner? Um diese Frage drehten sich seine Gedanken, wobei er immer mehr zu den Benediktinern tendierte. Als Otto an jenem Abend seinen Vater fragte, hatte er sich bereits für die Missionsbenediktiner, den noch relativ jungen Zweig in der benediktinischen Großfamilie, entschieden.

„Ich werde wohl gleich nach dem Abitur bei den Missionsbenediktinern in St. Ottilien eintreten." Als er sich dort erkundigt, bekommt er eine grundsätzliche Zusage, man legt ihm aber nahe, erst in Saarlouis seine Reifeprüfung abzulegen und nicht für die Oberprima ins klostereigene Gymnasium überzuwechseln.

Das "Ora et labora", die benediktinische Harmonie von Arbeit und Ruhe entsprach seiner Mentalität. Er wies später darauf hin, dass dieser Orden die Jahrhunderte überdauert habe, weil er nicht hastig, sondern bedächtig vorging.

Drei Wochen vor den Osterferien 1927 kommt Otto wie immer aus der Schule und steckt wie in jedem Jahr sein Zeugnis in den Glasschrank zwischen die Tassen. Seine Mutter fragt verwundert: "Ist eure Schule schon aus? Ihr habt doch noch keine Ferien!" Sie hatte nicht bemerkt, dass Otto in der Woche vorher das schriftliche Abitur gemacht hatte, und wusste auch noch nicht, dass er vom "Mündlichen" befreit wurde, denn Otto hatte - wie üblich - kein Wort darüber verloren.

Inzwischen hat Otto sich in St. Ottilien um Aufnahme beworben und eine Zusage erhalten.

Nun hat seine Schwester Lena einiges zu tun, um seine Kleider und Wäsche noch in Ordnung zu bringen, denn am 1. Mai will er schon eintreten. Ihr wäre lieber gewesen, Otto wäre Weltpriester geworden, aber er blieb fest bei seinen Plan, Missionar zu werden.

Während sich Otto auf seine Abreise vorbereitet, gilt es aber noch ein besonderes Ereignis in der Familie zu feiern: in

Sotzweiler bei Tholey läuten am 20. April 1927 die Hochzeitsglocken für seinen nächst älteren Bruder Willy, der mit Anna Eckert getraut wird. Bei diesem großen Familienfest ist Otto noch dabei.

Dann kommt eine Woche später der Abschied von der Heimat. Otto fährt mit seinem Vater am Freitag, dem 28. April 1927, nach St. Ottilien. Direkt schon, noch bevor er das Haus verlässt, beginnt er mit der "klösterlichen Armut": er nimmt seine Taschenuhr und reicht sie seinem Bruder Anton.

Einen Tag danach verlässt auch Ernst Kasper die Heimat und tritt bei den Salesianern ein. Damit trennen sich die Wege einer langen innigen Freundschaft. Gemeinsam haben sie die Jugend-Kongregation geführt, ihre Berufspläne miteinander besprochen. Sie bleiben weiter in Verbindung, in St. Ottilien, München und der Mandschurei, bis die politische Lage ihren Briefwechsel unterbricht.

2. TEIL

Im Kloster

Noviziat, Studium in St. Ottilien und in München, die zeitlichen und die ewigen Gelübde, Weihen zum Subdiakon, zum Diakon und zum Priester.

Primiz in seiner Heimatpfarrei in Bous, seelsorgliche Aushilfen in Bayern. Die Anfänge von St. Ottilien.

Wirtschaftliche Nöte der Abtei. Missionsbenediktiner in Korea?

Vorbereitung auf sein künftiges Wirken. Aloys in München.

Blick auf die Mandschurei: Ein Märtyrer.

Pu Yi, der letzte Kaiser.

Abschied von der Heimat.

Am 12. Mai 1927 wird Otto "eingekleidet" und bekommt mit dem neuen Habit auch einen neuen Namen und heißt nach dem Tagesheiligen des nächsten Tages, einem der drei Eisheiligen, Frater Servatius O.S.B.

St. Ottilien, Gesamtansicht von Südwesten

„Das Leben in klösterlicher Gemeinschaft folgt einem andern Rhythmus als das Leben daheim in der Familie." Gebannt lauschen Servatius wie auch die andern Novizen den Ausführungen von Pater Chrodegang, dem Novizenmeister. „Im Mittelpunkt des Tagesablaufs steht die Liturgie, das heißt die Messe und das Stundengebet. Paulus schreibt im ersten Thessalonicherbrief ‚Betet ohne Unterlass'. Die Eckpunkte des Tages sind die Anhaltspunkte für unsere Gebetszeiten, 'von der Morgenröte bis zur Nachtwache'. Zu diesen Gebetszeiten, den Horen, versammeln wir uns in der Kirche. Gegen halb fünf ruft die Glocke uns zum Morgengebet, der Prim und den Laudes, das ist der Lobpreis Gottes zum Beginn des Tages."

Der hagere, etwa sechzigjährige grauhaarige Mönch blickt in die Runde, aber niemand der jungen Leute scheint ernsthaft überrascht zu sein. Eifrig notieren sie, wie ihr künftiger Tagesablauf sein wird, die weiteren Stundengebete, Betrachtungen und Vorträge über die Ordensregel und die Geschichte des Ordens, Lesung über Liturgie, Psalmen, Asketik. Auch die Mahlzeiten sind genau in diesen Ablauf eingeplant, wie auch Freizeit und Handarbeit. Nach dem Abendgebet um 20 Uhr in der Kirche, der Komplet, ist dann der Tag beendet.

Und für diesen durchstrukturierten Tagesablauf, der keine Langeweile aufkommen lässt, braucht Servatius seine Uhr wieder. Anton schickte sie ihm.

Vor ihm liegt nun sein erstes Jahr im Kloster, das Noviziat. Es ist die Zeit, sich zu prüfen, ob dies die richtige Lebensform für das gesamte Leben ist. An seiner Berufung hat Servatius nie wirklich gezweifelt. Ihn quält mehr die Frage: Bin ich auch würdig, dieses hohe Ziel zu erreichen, das ich mir gesetzt habe?

Problemlos lebt er sich in die klösterliche Ordnung ein, bekommt tiefere Einblicke in das ganze Ordensleben.

Mit der Geschichte des Benediktiner-Ordens hatte sich Servatius ja schon ausführlich beschäftigt, bevor er sich für ihn entschied. Er studierte die Schriften über die Wüstenväter, die alttestamentlichen Propheten, die Eremiten der frühchristlichen Zeit, die dann Benedikt von Nursia im 6. Jahrhundert zu einer Ordensgemeinschaft zusammenfasste. Mönch sein bedeutet wohl „allein lebend", aber dennoch nicht als Einsiedler, sondern in einer brüderlichen Gemeinschaft. Mönch sein heißt aber auch ein Dienender zu sein, ein Dienender vor Gott und für den Menschen. Je intensiver er sich mit den Psalmen beschäftigt, sie aus ihrer Entstehungsgeschichte heraus versteht, desto größer wird auch seine Freude am Chorgebet.

„Nehmen wir als Beispiel den Psalm 23. Sie kennen ihn – vielleicht sogar auswendig." Zustimmendes Nicken der Novizen. Auch Servatius war dieser Psalmentext schon seit seiner Zeit als Messdiener bekannt und vertraut.

„Der Psalm wird König David zugeschrieben", fährt Pater Magister fort. „Von ihm stammen einige der Psalmen.

David hat etwa tausend Jahre vor Jesus gelebt und war der zweite König Israels. Laut Überlieferung salbte ihn der Prophet

Samuel im Auftrag Gottes zum künftigen König als David noch ein Junge war. Er erwies sich als kluger Politiker und Krieger. Unter seiner Herrschaft wurde sein Reich immer größer und Jerusalem zum Zentrum.

Der Prophet Nathan hat ihm öffentlich vorgeworfen: „Du bist der Mann, der Arme beraubt und Ehebruch begeht!"

Im Gegensatz zu anderen Königen des Alten Testaments wird David im Neuen Testament besonders häufig erwähnt. Das hat mit der Vorstellung zu tun, dass der erwartete Messias aus dem Haus David stammen muss. Jesus wird deshalb auch oft als Sohn Davids angesprochen. Dazu passt auch, dass Jesus in Betlehem, der Stadt Davids, geboren wird.

Dieser Psalm 23 ist wohl der bekannteste. Hier geht es um das Vertrauen in den einen Gott, der sich zu allen Zeiten um die Menschen kümmert und sorgt.

Der Inhalt erschließt sich uns besser, wenn wir die uns bekannte deutsche Fassung mit der lateinischen vergleichen.

„Der Herr ist mein Hirte", heißt es hier. Im Lateinischen steht: Dominus pascit me – der Herr ernährt mich, füttert mich, gibt mir zu essen, lässt mich weiden. In einer anderen lateinischen Fassung heißt es sogar „regit", also er führt mich, wie ein Herrscher sein Volk führt (oder führen sollte). Ich kann mich ihm anvertrauen.

St. Ottilien, Erntearbeit

Der Gedanke des Führens taucht noch zweimal auf. „Er führt mich zum Ruheplatz" - „eduxit", er führt mich hinaus. Und: „Er leitet mich auf rechten Pfaden". Hier steht „deduxit", also er führt mich weg, er geleitet mich.

Im 3. Vers „Er stillt mein Verlangen" ist der lateinische Text stärker. „Animam meam refecit – Er erquickt meine Seele". Das Verb enthält aber auch den Sinn von erholen, erfrischen, wiederherstellen, heilen, kräftigen, neu machen.

Mit der "finsteren Schlucht" ist das Tal des Todes, ja der Tod selber gemeint. Auch in dieser Situation hat der Beter keine Angst, denn Gott ist bei ihm. Und deshalb wechselt er hier die

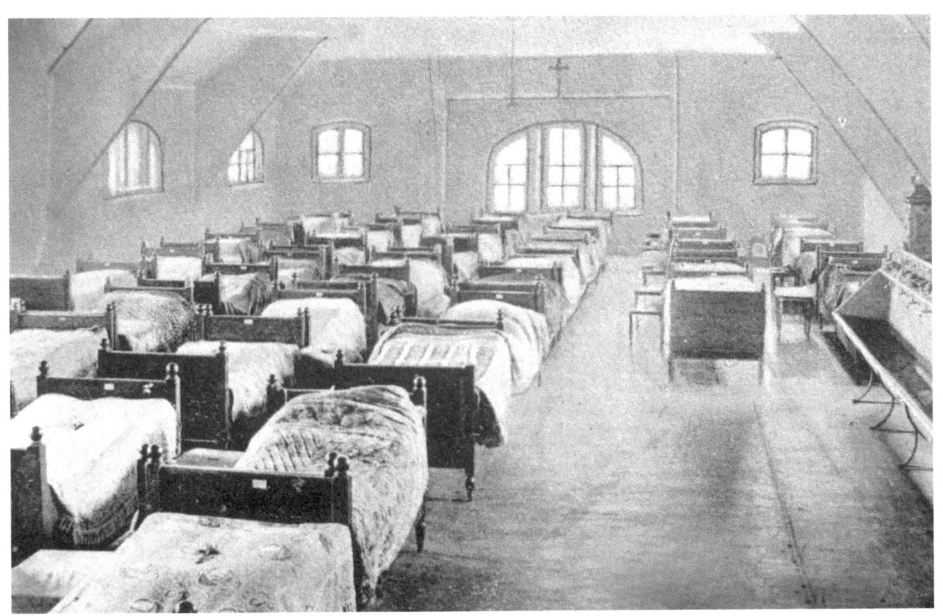

Der Schlafsaal ist weiß getüncht und die einzelnen etwa 3 qm großen Zellen sind durch weiße Vorhänge abgetrennt. Darin ist ein Bett, ein Nachttisch und ein paar Haken für die Kleider. In den breiten Gängen stehen dann noch die Kleiderschränke.

Anrede vom Er zum Du, spricht ihn direkt an: ‚Denn du bist bei mir.' Lesen Sie bitte auch nochmals das 10. Kapitel des Johannes-Evangeliums. Jesus sagt: ‚Ich bin der gute Hirt. Der gute Hirt gibt sein Leben hin für seine Schafe.' Das heißt, er bleibt bei seiner Herde und ist bereit, für sie sogar in den Tod zu gehen."

Schritt für Schritt erschließen sich für Servatius die Psalmen, und das Stundengebet – die Horen – bekommt einen tieferen Sinn.

St. Ottilien, Inneres der Klosterkirche

„Das Stundengebet ist das Gerüst des Tages. Der Tag beginnt mit der Morgenhore und endet mit der Komplet, dem Nachtgebet, es ist das Gegengewicht zur Arbeit.

(H)ora et labora, [Stunde, bete und arbeite] kritzelt Servatius auf seinen Notizblock. Alles hat seine Zeit. Es gibt eine Zeit für die Arbeit und es gibt eine Zeit für das Gebet. Und das „ora", das in „labora" steckt, sagt, dass auch die Arbeit Gebet ist.

Sehr intensiv erlebt Servatius die kirchlichen Feste. Die Orgel verstummt im Advent und in der Karwoche, die Altäre sind ihres Schmuckes beraubt. Aber dann kommt die Feiertagsstimmung auf, wenn an Ostern oder Weihnachten die Orgel wieder ertönt, die Kirche für die feierliche Liturgie festlich geschmückt und beleuchtet ist. Da kann sogar Servatius ins Schwärmen geraten.

Für Fronleichnam begannen wir schon eine Woche vorher, die Kirche gründlich zu putzen und dann mit Bäumchen und Fahnen auszuschmücken. Zur Prozession hatten die Brüder alles sehr schön geschmückt und dazu fast alle Bilder und Statuen im ganzen Haus ausgeräumt. Am festlichsten wurde unser Patronatsfest, das Herz-Jesu-Fest begangen. Auch der Leib kam dabei nicht zu kurz. Das prächtig geschmückte Refektorium glich einem Blumengarten und bei dem Festmahl durften wir auch sprechen – das einzige Mal im Jahr.

Weil bei Tisch nicht gesprochen wird, wird bei den Mahlzeiten vorgelesen. Aber auch das will gelernt sein. Als Servatius zum ersten Mal Tischleser war, schrie er so laut er konnte, und dabei sagten nachher die Brüder, sie haben die Hälfte nicht verstanden. Später jedoch wurde er bei geringerer Anstrengung doch von allen verstanden. Es gehört halt eben schon eine gute Stimme dazu, die etwa 250 Menschen zu übertönen, die mit Tellern, Schüsseln hantieren.

St. Ottilien, Speisesaal im Kloster

„Nun will ich Euch erzählen, wie wir Weihnachten feierten", berichtete er seiner Familie daheim. „Am Samstag Morgen in der Prim wurde das Geburtsfest unseres Herrn feierlich angekündigt. Nachmittags war die erste Pontifikalvesper. Nach dem Abendessen um ein halb sechs hielten wir eine Weihnachtsfeier im Speisesaal. In der Mitte stand ein großer Christbaum. Auf meinem Teller fand ich Gebäck, Obst und ein Paar Socken. Nach der Feier zündeten wir im Noviziat unsern Christbaum an und bewunderten unsere schöne, neue Krippe. Darauf sahen wir uns noch die Feier im Seminar an. Ich legte mich dann noch etwas schlafen. Um ein halb elf begann die nächtliche Feier. Wir Novizen hatten weiße Chorröcke an und die übrigen Mönche eine

Albe. Die Kirche war festlich erleuchtet und geschmückt. Zuerst war die Matutin (Nachtgebet). Am besten gefielen mir die ersten vier Lesungen, die von je einem Chorknaben gesungen wurden. In der ganzen Kirche war alles still. Da setzte ganz zart die Orgel ein und der Knabe begann mit seiner reinen hellen Stimme zu singen. Anschließend war das Pontifikal-Engelamt und die Pontifikal-Laudes (Frühgebet). Etwas vor zwei Uhr ging die Feier zu Ende, und wir begaben uns zur Ruhe bis ein halb sechs. Dann war die Prim und Vater Erzabt hielt seine zweite heilige Messe. Um ein halb neun war wiederum Pontifikalamt. Mittags gab es ein Festessen. Um zwei Uhr war die zweite Pontifikalvesper. Danach machten wir unsern Spaziergang und begaben uns abends schon eine Stunde früher zu Bett. So ging der Weihnachtstag zu Ende. Morgen und am Mittwoch haben wir noch den ganzen Tag frei, und dann beginnt wieder das gewöhnliche Leben.

Auch ein anderes Fest, ein Jubiläum von Erzabt Norbert Weber, [Februar 1928] hat ihn sehr beschäftigt:

Das Hauptereignis in den vergangenen Wochen bildete das Jubiläum, von dem ich Dir denn noch kurz berichten will. Nach vielen Wochen eifriger Tätigkeit auf allen Gebieten, – die Novizen hatten vor allem die Kirche gründlich zu putzen und zu schmücken – wurde das Fest durch eine Pontifikalvesper am Vortage eingeleitet. Dann brachte der Konvent im Kapitelsaal seine Glückwünsche dar. Um 7 Uhr Festgeläute, Beleuchtung der Kirchen-

und Klosterfassade, Reigen der Seminarzöglinge mit brennen-
den Fackeln, Serenade der Gemeinde Eresing, wobei sie Vater
Erzabt zu ihrem Ehrenbürger ernannte. Den Glanzpunkt bildete
das Pontifikalamt am nächsten Tage. Die Prälaten und der Kon-
vent zogen – die Prälaten in Paramenten, Mitra und Chormantel
– in feierlichem Zuge vom Gastflügel über den Kirchplatz zur
Kirche. Der Zug und das Amt wurde auch gefilmt, der Film
scheint aber nicht besonders geworden zu sein. Vater Erzabt
hielt unter Assistenz unserer Äbte von Schweiklberg und Müns-
terschwarzach das Amt mit folgendem päpstlichen Segen.

Eine Woche später beginnt die Fastenzeit und die ergreifende
Liturgie der Karwoche, die er nun *zum erstenmal im Geiste der
Kirche mitfeiern darf.* Am besten gefallen ihm die gesungenen
Lamentationen und die ebenso von drei Diakonen gesungene
Passion (Christus, ein Erzähler und der Sprecher der übrigen
Personen.) *Dann kam Ostern, das Fest der Feste, wie es im Di-
rektorium heißt. Es wurde mit ganz geziemender Pracht und
Glanz gefeiert in dem neuen Goldornat.*

Das erste Noviziatsjahr geht zu Ende, am 14. Mai 1928 darf Servatius die zeitlichen Ordensgelübde ablegen. Für die nächsten drei Jahre verpflichtet er sich zu Beständigkeit, Gehorsam und klösterlichem Lebenswandel.

Beständigkeit - Stabilitas - bedeutet die Bindung an einen Ort, an ein bestimmtes Kloster. Der Benediktiner tritt nicht in einen Orden ein, sondern in ein Kloster. Dessen Gemeinschaft ist fortan seine Familie, zu der er gehört, an die er sich bindet.

Klösterlicher Lebenswandel heißt Ehelosigkeit und Verzicht auf persönliches Eigentum. Alles gehört der Gemeinschaft und

Das Ottilienkolleg in der Königinstraße in München war ein Priorat. Hier wohnten Studenten aus St. Ottilien und aus anderen deutschen Klöstern.

nichts dem Einzelnen. Das wurde auch schon als christlicher Kommunismus gedeutet.

Drei Jahre später wird er die ewigen Gelübde ablegen, die Bindung auf Lebenszeit. In diesen drei Jahren kann er sich nochmals ernsthaft prüfen, ob das Ordensleben die für ihn beste Lebensform ist. Gleichzeitig prüft aber auch der Konvent, ob der Bewerber in ihre Gemeinschaft passt oder nicht. Wenn der Konvent keine Einwände hat, wird der Novize zur ewigen Profess zugelassen.

Der große Tag meiner Gelübdeablegung rückt zu meiner Freude immer näher und das erste Ziel meiner Wünsche ist damit erreicht, schreibt Servatius an seine Familie. *Wie Ihr aus der Professlitanei ersehen könnt, ist die Profess am 14. Mai. Da ergibt sich für Euch die Schwierigkeit, wann Ihr kommen sollt. Kommt Ihr am Sonntag, so könnt Ihr nicht an der heiligen Messe teilnehmen, oder Ihr müsstet es in Saarbrücken tun, wo ja schon sehr früh heilige Messen sein sollen. Ihr seid aber schon am Samstag herzlich willkommen.*

Allerdings kann ich wahrscheinlich erst Sonntagabend zu Euch kommen, weil wir vorher achttägige Exerzitien haben. Sehen könnt Ihr mich ja schon im Chor. Und langweilig wird es Euch wohl am Sonntag hier auch kaum werden. Morgens könnt Ihr Euch ausschlafen und von den Anstrengungen der Reise erholen, den Gottesdienst besuchen und zwischenhinein Euch St. Ottilien etwas ansehen. Schreibt mir bitte bald, wann Ihr kommt und wer kommt, damit ich womöglich noch vor nächsten Sonntag Bescheid weiß. Um es noch eigens zu bemerken: Ihr seid alle herzlich eingeladen, und bemesst Euren Aufenthalt nicht zu kurz.

Besuch von Vater und Schwester Lena

Mit dem Sommersemester beginnt dann das Studium und zwar Philosophie an der ordenseigenen Hochschule in St. Ottilien, Theologie daran anschließend an der Universität in München. (In St. Ottilien werden die philosophischen Vorlesungen in lateinischer Sprache gehalten.) In München unterhält die Abtei ein eigenes Wohnheim für ihre Studenten, das Ottilienkolleg, *das von innen lange nicht so schön ist, als es von außen aussieht. Vor allem hat es viele unbewohnbare Räume, in denen gar kein Fenster ist. Wir selbst sind immer mindestens 60 Personen und Einzelzimmer gibt's nicht viele. Immerhin können wir zufrieden sein.*

Die Lage ist sehr günstig. Im Erdgeschoss gehören die vier ersten Fenster links zur Kapelle. Der Chor geht nach der Rückseite hin und ist 1929 angebaut worden. Darüber sind auch neu, Refektorium, Studiensaal und Schlafsaal.

In München ist ihm noch fast alles neu. Er könnte den ganzen Tag in der Stadt herumlaufen. Einige der Hauptsehenswürdigkeiten Münchens habe ich mir schon angesehen: die alte und neue Pinakothek, das Nationalmuseum, Schackgalerie, in der eine große Anzahl Gemälde insgesamt 180 Originale und 75 Kopien sind. Dann will ich womöglich noch ins Deutsche Museum, die Staatsgalerie, Glyptothek usw.

Die Universität beeindruckt ihn durch den Betrieb, der dort herrscht. *Es ist die zweitgrößte deutsche Universität und sie zählt über 8.000 Hörer, darunter 169 Theologen und, was dich sicher auch interessiert, 1.460 Frauen, sogar in den theologischen Vorlesungen waren bisher immer 2 bis 3 zu sehen,* schreibt er seiner Schwester.

Bewohner des Studienhauses Ottilienkolleg. Das Bild entstand wohl 1933/34 im Innenhof des Kollegs. Vorne sitzend
mit Bart: Prior Pater Fidelis Franke, der Obere des Kollegs.
Servatius 1. von links in der 2. Reihe.

Zur Immatrikulation benötigt er einen Staatsangehörigkeits-
ausweis. Er bittet seinen Bruder Anton, ihm einen solchen aus-
stellen zu lassen – oder einen Pass. Dann braucht er den Ausweis nicht. Die ganze Angelegenheit erscheint ihm seltsam.

Dass ich die Saareinwohnerschaft verlassen haben soll, kommt mir sonderbar vor. Was wäre ich denn dann überhaupt? Ein Bayer bin ich doch auch nicht!

Ein paar Tage vorher erhielt er einen Anruf von der Polizei mit der Frage, ob er im Saargebiet abstimmungsberechtigt sei. Wenn er im Juni 1919 im Saargebiet wohnhaft gewesen sei, sei er abstimmungsberechtigt. *Wie steht es denn mit der Abstimmung, dass man sich so um die Abstimmer kümmert?*

Er erlebt aber auch, wie die braune Saat aufgeht und sich ausbreitet. Auch unter Studenten. Da randalieren die Nazis, weil ein Professor angeblich in der Vorlesung den Frieden von Versailles gebilligt hat. Ein paar Tage später veranstalten sie einen Tumult und protestieren in Uniform gegen das Uniformverbot. *Die Polizei musste eingreifen. Dabei hat sie von den Gummiknüppeln Gebrauch machen müssen, was sie auch gründlich besorgte. Zur Vorsicht ist eine Kontrolle eingeführt und die Studenten haben eine Selbstschutzorganisation gegründet.*

Es steht zu befürchten, dass der Vorlesungsbetrieb mit Rücksicht auf die bevorstehende Reichstagswahl am 31. Juli 1932 bereits zum 29. Juli eingestellt werde. Zur Wahl zieht Servatius sich nach St. Ottilien zurück, weil das in Eresing immer sehr ruhig vor sich geht. Bei den beiden letzten Wahlen sah man beim Wahllokal kein einziges Wahlplakat. In München dagegen lieferten sich Nazis, Sozis und die Bayrische Volkspartei schon wochenlang einen täglichen Plakatkampf. Fast jeden Tag warteten die Nazis mit einem neuen Plakat auf. Aber auch die Volkspartei zeigte sich sehr geschickt dabei. Sie ist jetzt sehr eifrig daran, einen Kampfbund auszubauen, die "Bayernwacht".

Mit dem Pädagogikprofessor Göttler besucht das Semester *„die hiesige Taubstummenanstalt, wo wir über vier Stunden weilten. Es sind dort auch acht Klassen wie in der Volksschule. Zuerst besuchten wir die erste Klasse und der Lehrer zeigte uns, wie er den Kindern, die keine Silbe sprechen können, die einzelnen Buchstaben beibringt und sie so allmählich sprechen lehrt. Das ist natürlich sehr schwierig, da die Kinder von Geburt an vollständig taub waren. Sie können es dem Lehrer auch nicht vom Mund ablesen, da die Mundstellung bei vielen Buchstaben doch fast die gleiche ist. Die Kinder lernen aber doch bis zur achten Klasse verständlich sprechen.*

Auch die Blinden zu unterrichten ist sehr schwierig, weil sie gar keine Raum- und Farbenvorstellungen haben. Aber es ist doch leichter als bei den Taubstummen. Für uns ist das alles deshalb wichtig, weil wir einmal in die Lage kommen können, dass wir solchen Kindern Religionsunterricht geben müssen. Auch zwei Waisenhäuser und zwei Volksschulen haben wir besucht, um die Schulpraxis etwas kennen zu lernen.

In München werden jeden Sonntag in den größeren Kirchen mehrstimmige Messen, oft mit Orchesterbegleitung, aufgeführt. Am Pfingstmontag wohnte er in der ehemaligen Hofkirche einer Harfenmesse bei. Vor 14 Tagen hörte er im Dom die Messe „unseres Musikers", Pater Leo. *Ich war überhaupt bisher fast jeden Sonntag fort, obwohl ich aus religiösen und liturgischen Gründen nicht sehr begeistert bin für diese mehrstimmigen und Orchestermessen. Aber um ein Urteil darüber abgeben zu können, muss ich sie doch zuerst etwas kennenlernen. Es ist auch ziemlich anstrengend, wenn man schon in unserer Kapelle der Laudes, Kommunionmesse, Betrachtung, Amt beigewohnt hat, nun noch eine halbe Stunde in der Stadt herumlaufen soll, dann nochmals einem Amt beiwohnen und wieder heim laufen.*

Die Anfänge von St. Ottilien

„Und da waren wir schon mal drei." Bruder Michael ist überraschend zu Besuch nach St. Ottilien gekommen und wird in der Rekreation sofort von den Novizen umringt. Natürlich kennen sie alle im wesentlichen die Gründungsgeschichte ihrer Abtei, kennen die Biographie des Gründers Pater Andreas Amrhein. Aber Bruder Michael war einer seiner ersten Weggefährten und der kann von den Schwierigkeiten bei der Ordensgründung erzählen, weil er sie ja aus allernächster Nähe miterlebt hat. Mit Pater Paulus waren sie nun schon drei. Und das war der Anfang.

Pater Andreas fühlte sich wohl zu einem monastischen Leben hingezogen, gleichzeitig aber zu einer missionarischen Tätigkeit gedrängt. Beides schien nicht miteinander vereinbar, nämlich ein Widerspruch zum Prinzip der Stabilitas, der Ortsbeständigkeit. Und dennoch: er erinnerte sich an eine Vorlesung des Kirchenhistorikers Hefele in Tübingen, der von den missionarischen Leistungen des Benediktinerordens im Mittelalter und der möglichen Verbindung von Mönchtum und Missionsarbeit gesprochen hatte. Und Bonifatius war doch auch Benediktiner und Missionar zugleich.

In Rom war man skeptisch, was eine neue Ordensgründung betraf, und in Deutschland, zur Zeit des Kulturkampfes, war eine Kloster- oder gar Ordensgründung schlichtweg verboten.

Es war ein Glücksfall für Pater Andreas und seine im Entstehen begriffene Missionarsgemeinschaft, dass Deutschland gerade zu dieser Zeit Kolonien in Afrika erwarb. Eine missionarische Tätigkeit in den afrikanischen Kolonien war also durchaus willkommen. „Mission ist eine patriotische, nicht aber eine konfessionelle Angelegenheit", erkannte man im Auswärtigen Amt. Damit war der Kulturkampf stillschweigend beendet.

Ein deutsches Missionshaus konnte gegründet werden, aber ein Ordenshaus wurde energisch abgelehnt. Das bayerische Vereinsgesetzes von 1852 bot hier einen Ausweg. Allerdings: die Anstalt durfte unter keinen Umständen klösterlich werden, noch durfte sie ein Seminar für studierende Knaben aufmachen.

So gründete Pater Andreas dann die Kongregation der Missionsbenediktiner, die sich nach einem kurzen Umweg 1887 als „Deutsche St. Benediktus-Gesellschaft für ausländische Missionen" in Emming am Ammersee, also hier in St. Ottilien, niederließ und am 7. November 1887 in aller Form approbiert wurde. Zunächst aber war es offiziell kein Kloster, denn eine Klostergründung war in dieser Zeit des Kulturkampfes strikt verboten.

Schon im gleichen Jahr wurden die ersten Missionare nach Ostafrika entsandt. Sie hatten die Weisung, außerhalb der deutschen Kolonialsiedlungen ein Kloster zu gründen. So entstand einige Wegstunden von Daressalam entfernt an einem Ort namens Pugu – was in Deutschland zu dieser Zeit nicht erlaubt war – ein erstes Kloster der „St. Benediktus-Missionsgesellschaft". Doch bereits 1889 wurde das Kloster von Rebellen überfallen, zwei Brüder und eine Schwester ermordet, drei Brüder und eine Schwester gefangen. Noch größere Opfer forderte der Maji-Maji-Aufstand von 1905.

Dadurch ließ man sich nicht beirren und weiterhin gingen Priester und Laienbrüder nach Afrika.

Inzwischen wurde St. Ottilien 1896 als Konventualpriorat an den Benediktinerorden angeschlossen und 1902 zur Abtei erhoben.

Es war ein weiter, dornenvoller Weg, den Pater Andreas ging, aber er hatte eine Vision, das benediktinische Leben mit einem Einsatz in der Mission zu verbinden. Er hatte eine Vision und ließ sich nicht beirren.

Seine letzten Lebensjahre hat Pater Andreas hier in St. Ottilien verbracht und ist hier Ende 1927 gestorben. Die meisten von Ihnen haben ihn ja noch gekannt."

Missionsbenediktiner nach Korea

In Korea, in der Diözese Seoul – flächenmäßig etwa ganz Italien ohne Sizilien - war die französische Missionsgesellschaft „Missions étrangères de Paris" tätig. Nach einer Statistik von 1908 ist diese Gemeinde seit 1887 von 14.000 auf 68.000 Mitglieder angewachsen. Im gleichen Zeitraum stieg der Zahl der Priester von 15 auf 56. Die Zeitschrift „Die katholischen Missionen" ergänzt: „Leider fehlt der Fortschritt auf einem wichtigen Gebiet: der Schule. Hier lässt sich das Versäumte nicht leicht mehr völlig nachholen."

Deshalb wandte sich Bischof Mutel, der Apostolische Vikar von (ganz) Korea, 1908 auf Empfehlung Roms an St. Ottilien. Er erbat Patres und Brüder, die durch Schulen, besonders Handwerkerschulen das koreanische Missionswerk unterstützen sollten, während den Pariser Missionaren die eigentliche Missionsarbeit vorbehalten bleiben sollte.

In St. Ottilien sah man jedoch keine Möglichkeit, weil die Gemeinschaft sehr stark in Afrika engagiert war. Durch einen Zufall erreichte aber der Brief mit der Absage den Bischof nicht mehr, denn dieser war schon in Europa und auf dem Weg nach St. Ottilien. Im persönlichen Gespräch gelang es ihm dann doch, die Benediktiner für eine Mitarbeit in Korea zu gewinnen. So kamen die Benediktiner 1909 nach Seoul und gründeten dort nicht nur die erste Benediktinerabtei in Ostasien, sondern zugleich auch eine Handwerkerschule und ein Lehrerseminar.

Wirtschaftliche Nöte der Abtei

Der Himmel über St. Ottilien war nie ganz frei von dunklen, Unheil verheißenden Wolken. An Schwierigkeiten hat es nie gemangelt.

Der kirchenfeindliche Geist des Kulturkampfs spukte noch in vielen Köpfen. In dieser, von Hunger und wirtschaftlicher Not geprägten Nachkriegszeit fielen die Gedanken der kommunistischen Revolution auf fruchtbaren Boden. Dazu kam eine Inflation von unvorstellbaren Ausmaßen. Das Geld von gestern war heute nichts mehr wert. Die Löhne wurden deshalb täglich ausbezahlt, weil sie morgen schon nicht mehr für das tägliche Brot reichten. Die Notenbank kam nicht mehr nach mit dem Drucken immer neuer Scheine mit immer höherem Nennwert. Aus Sparsamkeit wurden die kleineren Millionenscheine nur noch einseitig bedruckt. Ein Zimmer mit Geldscheinen tapezieren erwies sich als billiger als eine Tapete zu kaufen.

Eine Zeitung hetzte gegen Erzabt Norbert, weil er angeblich gegen die Frontsoldaten gesprochen habe. Die Kirchenfeindlichkeit war überall zu spüren. Man musste allen Ernstes im Kloster mit Überfällen und Plünderungen rechnen. Es wurde deshalb überlegt, das Kloster mit einer Art eigener Bürgerwehr zu schützen.

Am 2. Weihnachtsfeiertag 1918 war an die Tür der Klosterkirche geschmiert:

> „Des Bayernlands größte Schande
> ist St. Ottiliens schwarze Bande".

Immer drängender wurde die Frage, wie die Mission in Zukunft materiell abgesichert werden kann. Die heimatliche Basis müsste wesentlich erweitert und nach außerhalb Deutschlands verlegt werden.

„Wirf deine Sorgen auf den Herrn. Er wird für dich sorgen." Immer wieder betete Abt Norbert dieses Psalm, bei Tag und bei Nacht, denn diese Sorgen drückten ihn nieder. Ein vielversprechendes Missionswerk aufgeben müssen, nur weil das notwendige Geld nicht aufzutreiben war?

Da wurde Abt Norbert ein sehr großes Waldgut bei Tragöß in der Steiermark angeboten. Das könnte die Lösung des

Problems sein: eine zuverlässige und nicht versiegende Einnahmequelle für die Bedürfnisse der wachsenden Missionsgebiete in Afrika und in Ostasien. Zudem außerhalb von Deutschland gelegen und dadurch ziemlich sicher und unabhängig von den politischen Wirren.

„Dieses Angebot schickt mir der Himmel", murmelte Erzabt Norbert, als die beiden Herren im dunklen Anzug die Lagepläne vor ihm ausbreiteten.

„Nun, manchmal werden Gebete auch erhört", sagte der Größere der beiden, ein Mann so Mitte vierzig, dunkelhaarig, mit einem gewinnenden Lächeln. Auch seine Sprache war elegant, kein Akzent verriet seine Herkunft. „Unser Herr da oben im Himmel weiß, wessen wir bedürfen. Wie heißt es doch so treffend: wo die Not am größten, ist Gottes Hilfe am nächsten. Wir preisen uns glücklich, hochwürdigster Vater Erzabt, dass wir gleichsam wie Boten des Allerhöchsten zu Ihnen kommen durften. Erlauben Sie uns aber bitte trotzdem noch einen Hinweis. Zögern Sie nicht lange mit Ihrer Zustimmung. Es gibt, wie Sie verstehen, noch andere Interessenten für dieses Objekt. Aber wir wollten es zuerst Ihrem Kloster anbieten."

Erzabt Norbert unterschrieb den Kaufvertrag und zahlte den vereinbarten Kaufpreis, der zwar hoch war, aber für ein Waldgut von 11.000 ha doch nicht übertrieben. Zumal St. Ottilien schuldenfrei war.

Mit seinem Glauben an das Gute im Menschen, seinem Vertrauen auf die Ehrlichkeit und Ehrbarkeit, wurde Erzabt Norbert Opfer eines großangelegten Betrugs, begangen von „Räubern mit weißem Kragen". Als Folge belasteten schwere Hypotheken St. Ottilien, die Abtei geriet an den Rand der Zahlungsunfähigkeit.

Abtprimas Fidelis von Stotzingen kam mit Abt Simon zur Visitation. Ein schuldhaftes Handeln konnte Erzabt Norbert nicht vorgeworfen werden. Er hatte sich sicher von den besten Absichten leiten lassen. Vielleicht war er, zermürbt durch die ständigen Sorgen um die Zukunft der Abtei, einfach nur zu vertrauensselig gegenüber Betrügern mit ausgezeichneten Manieren. Vor allem völlig unerfahren in geschäftlichen Dingen.

Um aus dieser Misere herauszukommen, sollte die Verantwortung für wirtschaftliche Angelegenheiten in andere Hände gelegt werden. Der Erzabt blieb weiterhin Generalsuperior, aber es wurde ihm ein Abt-Koadjutor zur Seite gestellt. Servatius berichtete seiner Schwester am 30. Juli 1930:

Du wirst wohl noch nicht wissen, dass wir in St. Ottilien zu Entlastung von Vater Erzabt einen Abt-Koadjutor erhalten haben: P. Chrysostomos, bisher Prior unserer Abtei St. Benedikt in Tokwon in Korea. Letzten Sonntag traf er von Berlin hier ein, er hatte nämlich den Landweg über Sibirien gewählt.

Sieben Stufen zum Altar

St. Ottilien, den 2. Jan. 1931

Liebe Mutter!

Mein erster Brief im neuen Jahr ist für Dich. Möge dieses Jahr für Dich ein recht segensreiches sein wie es auch mir, so Gott will, vor allem zwei große Gnaden bringen wird: die ewige, feierliche Profess und die heilige Subdiakonatsweihe.

Sieben Stufen zum Altar. Am ersten Advent 1930 erhält Servatius die Tonsur und die vier niederen Weihen, Ostiarier, Lektor, Exorzist und Akolyth. Sie gehören zum siebenstufigen Weihesakrament. Servatius bedauert, *dass man heute sie fast nur mehr als notwendiges Erfordernis für die Priesterweihe betrachtet und ihren Eigenwert zu wenig schätzt. Tatsächlich habe ich schon alle die Dienste seit dem Noviziat ausgeübt, auf die die Weihen ein Anrecht geben.*

Während der Pontifikalmesse von Vater Abt ziehen die Weihekandidaten ein, bekleidet mit einem Chorrock und einer Kerze in der Hand. Nach dem Kyrie treten sie dann vor den Altar und Vater Abt liest vor, was in dem neuen Amt zu tun ist.

Der Ostiarier öffnet, bewacht und schließt die Kirchentüren und läutet die Glocken. Der Lektor trägt die Lesungen aus der heiligen Schrift vor. Der Exorzist treibt die bösen Geister aus und gießt beim hl. Messopfer das Wasser ein. Der Akolyth ist der Altardiener verrichtet die Dienste, die heute auch die Messdiener und der Küster tun, abgesehen vom Exorzismus.

An sich wäre es Wunsch der Kirche, dass alle diese Dienste nur von Klerikern und nicht von Laien ausgeübt werden.

Hierauf wurden die Abzeichen der einzelnen Ämter überreicht: Kirchenschlüssel, Lektionenbuch, Beschwörungsbuch, Leuchter und Messkännchen. Bei der Ostiarierweihe musste dann jeder sein Amt gleich einmal ausüben. So zogen wir zur Kirchentür,

Professen mit Zeitlichen Gelübden etwa im Jahr 1930, Innenhof des Klosters. Vorne sitzend vierter von links: Präfekt der zeitlichen Professen Pater Rochus Schroth Servatius letzte Reihe 5. von links

wo jeder sie einmal auf- und zusperrte und einmal läutete. Nach der Opferung war wieder das Kerzenopfer. Bei der hl. Kommunion durfte jeder selbst das Amen sprechen auf die Worte: „Corpus Domini Jesu Christi custodiat te ad vitam aeternam." Nach dem letzten Segen bat dann auch Vater Abt die Neugeweihten um ihr Gebet.

Bei der Palmprozession darf Servatius zum ersten Mal den Dienst eines Subdiakons versehen und das Kreuz vorweg tragen.

Im April 1931 kann er dann mitteilen, dass der Konvent nichts gegen seine Zulassung zur feierlichen Profess einzuwenden hat: Mit ihm noch drei weitere Fratres und sieben Brüder. Dazu lädt er die ganze Familie ein.

Du kannst Dir denken, wie sehr ich mich freue, dass der langersehnte Tag meiner feierlichen Profess nun nicht mehr fern ist. Ich kann Gott nie genug dafür danken, dass ich mich ihm nun unwiderruflich mein ganzes Leben weihen darf. Wenn ich meine bisherigen Ordensjahre betrachte, so habe ich es wirklich nicht verdient.

Im Mai ist dann der große Tag der feierlichen Profess, der endgültigen Bindung an das Kloster und an das Ordensleben.

Mögen nun alle guten Wünsche in Erfüllung gehen und unser Gebet Erhörung finden. Ich bin nun glücklich, dass nichts mich mehr von Gott scheiden kann und ich im Ordensstande mein Leben verbringen darf. Es ist ein Kreuzweg, den ich gehen will, aber nur auf ihm gelangen wir zu Gott, unserem einzigen Ziele: „Musste nicht Christus dies alles leiden und so eingehen in seine Herrlichkeit" (Luk.24,26). „Der Knecht steht nicht höher als sein Herr" (Joh.16,20). Unser Professprediger, P. Narzissus, wählte sich als Leitspruch das Wort: Humilitas Christi via nostra, exaltatio Christi vita nostra. P. Beda hielt uns die Exerzitien. Während derselben hatte ich mir als geistliche Lesung die Evangelien gewählt, und besonders die ergreifenden Abschiedsreden Jesu (Joh.13,31-17,28). Es ist wunderbar, wie das Evangelium uns immer wieder ergreift. Besonders wenn man es im Zusammenhang liest.

Im Oktober 1931 erhält Servatius die Subdiakonatsweihe. Seiner Schwester schreibt er:

Die hl. Tage sind nun vorüber. Mit Dank gegen Gott kann ich sagen, dass es Tage ungetrübter Freude waren. Ich danke Dir recht herzlich für den innigen Anteil, den Du daran genommen hast und besonders für die hl. Messe. Mögen die Früchte des gestrigen Tages recht Gesegnete sein.

Beim feierlichen Geläute der Glocken zogen wir am Morgen mit Schultertuch und Albe bekleidet vor dem Bischof in den Chor.

Nach der Oration sprach jeder auf den namentlichen Aufruf des Ceremoniars hin sein: Adsum, und wir warfen uns dann gemeinsam vor den Stufen des Altares auf den Boden hin, während Bischof und Chor den Beistand aller Heiligen über uns herabriefen. Der Bischof überreichte dann nach einer Ansprache über unsere künftigen Pflichten jedem einen leeren Kelch mit Patene zur Berührung, erflehte für uns die sieben Gaben des hl. Geistes und legte jedem den Manipel und die Tunizella an. Zum Schlusse überreichte er uns noch das Epistelbuch und wir kehrten an unsere Plätze zurück.

Was der Subdiakonatsweihe bei den Weltpriestern die große Bedeutung verleiht, die Verpflichtung zur Jungfräulichkeit und zum Breviergebet, hat uns schon die feierliche Profess gebracht. Dafür tritt der Weihecharakter mehr in den Vordergrund.

Am 6. März 1932 folgt dann die Diakonatsweihe.

Wenn ich den Weiheritus durchblättere und sehe, welch hohe Anforderungen die Kirche an die Weihekandidaten stellt, so drängt sich mir die Frage auf: Darfst du es auch wagen, die Weihe auf dich zu nehmen. Doch Gott, der mich so weit geführt hat, wird mir auch weiterhin seine Hilfe nicht versagen.

Bezüglich des Kommuniongangs muss ich Dir, nur um die Tatsache festzustellen, sagen, dass die Diakone zwar die Vollmacht haben, die hl. Kommunion auszuspenden, sie aber nur im Notfall ausüben dürfen, d. h. wenn kein Priester da wäre oder dringend anderweitig beschäftigt, etwa mit Beichthören. Bis vor kurzem haben wir uns zwar nicht an diese kirchenrechtliche Vorschrift gehalten, weil man sagte, es sei altes Gewohnheitsrecht. Ich weiß nicht, warum man schließlich Bedenken bekam. Jedenfalls prüfte man die Sache nach und fand, dass wir dieses Recht nicht hätten. Ähnliche Vorschriften bestehen auch bezüglich der feier-lichen Taufe.

Vielleicht weißt Du, dass voriges Jahr von Rom ein Erlass kam, der verlangt, dass in Zukunft die Priesteramtskandidaten viel sorgfältiger als bisher auf ihren Beruf hin geprüft werden. Vor kurzem ist er nun auch für Ordensleute erschienen und deren besonderen Verhältnissen angepasst. Vor der einfachen Profess muss man von jetzt ab schriftlich erklären, dass man Beruf zum Ordensstand und zum Priesterstand hat und den festen Willen hat auch die feierliche Profess abzulegen. Vor der feierlichen Profess muss man sogar einen Eid ablegen, dass man die Pflich-ten des Priestertums, besonders bezüglich des Zölibats kennt und Priester werden will, und zwar Ordenspriester sein ganzes Leben lang. Man will damit so viel als möglich die traurigen Fäl-le verhüten, dass ein Ordenspriester den Orden oder gar den geistlichen Stand wieder verlässt.

Ein Märtyrer

Aus der Mandschurei haben wir heute vor drei Wochen eine sehr traurige Nachricht bekommen", schreibt Servatius im Juni 1932 an seine Familie. *Sicheres wissen wir bis heute noch nicht, weil die Japaner anscheinend keine Nachrichten ins Ausland dringen lassen.*

Im März starb Pater Pius in Paltoku an Flecktyphus. Dann erreichte diese Krankheit die beiden Missionare auf der Station Tairyongdong. Pater Engelbert starb am 28. Mai und eine Woche später, am 4. Juni, starb auch Pater Sylvester.

Pater Konrad, der die Station Tairyongdong gegründet hatte, wollte den sterbenden Mitbruder noch antreffen, aber zu spät. Man schickte ihm ein Pferd zur Bahnstation, damit er schneller hin gelangen könne. Kurz vor seinem Ziel wurde er an einem Fluss von japanischen Soldaten angehalten. Er reichte seine Visitenkarte und bat, schnell weiter zu dürfen. Das machte die Soldaten wütend. „Vor Japanern hat man vom Pferd zu steigen", brüllte einer und zerrte den Pater herunter. Andere Soldaten kamen dazu und prügelten den Pater in eine Kantine. Dort schlugen sie wild und wahllos auf ihn ein.

Einige Christen merkten, was vor sich ging. Einer rannte zum Fluss, setzte über und berichtete den Missionaren, die eben dabei waren, Pater Sylvester in den Sarg zu legen. Gemeinsam wollten sie über den Fluss, um Pater Konrad zu helfen, wurden aber durch gezielten japanischen Beschuss daran gehindert.

Am nächsten Morgen erfuhren sie dann, was geschehen war. Die im Sand verscharrte Leiche von Pater Konrad wurde nicht sofort gefunden. Man zählte: *„35 Bajonettstiche, wahrscheinlich zwei Kugelschüsse, die man wegen der Größe der Wunden nicht genau feststellen konnte. Der ganze Oberkörper war zerschlagen und voller Striemen, die Nase abgeschlagen, der rechte Arm abgeschossen. Kopf und Hals und Leib wiesen eine Menge Hiebe und Stiche auf."*

[Der Zustand der Leiche wurde dokumentiert und auch fotografiert.]

Japanische und koreanische Zeitungen bestritten selbstverständlich ganz entschieden einen Mord durch japanische Soldaten und machten „die Räuber" dafür verantwortlich, natürlich chinesische Räuber in japanischen Uniformen. Aber es gab auch einige Zeugen. Weil sie sagten, was sie wussten und beobachtet hatten, wurden sie sofort von der japanischen Polizei verhaftet und eingesperrt.

Die Japaner behaupten zwar, es seien chinesische Räuber gewesen. Aber Christen haben P. Konrad gesehen und kurz darauf Schüsse gehört. Sie nahmen später auch heimlich das Mäntelchen des Paters, an dem man die Spuren von Stichen wahrnehmen konnte. Der deutsche Botschafter untersucht nun die Sache", schrieb Servatius. *„Er war erst 36 Jahre alt. Hoffentlich ist sein Blut* *nicht umsonst geflossen und bewahrheitet sich wieder das alte Wort: Das Blut der Märtyrer ist der Same für neue Christen.*

Wie sich jetzt herausstellte, war es eigentlich nur ein unglücklicher Zufall. Man sagt jetzt, die beiden japanischen Soldaten, die ihn angehalten und misshandelt haben, seien betrunken gewesen. Später bekamen sie dann Angst, mit den europäischen Mächten in Konflikt zu kommen und suchten, P. Konrad auf die Seite zu schaffen und schoben nachher die Tat chinesischen Räubern zu. Die Ermordung erfolgte also wohl nicht direkt des Glaubens wegen."

In St. Ottilien werden schon ein Messgewand und eine Albe für Servatius genäht. Beides gefällt ihm sehr gut. Gleichzeitig plant er die Gestaltung und den Druck der Primizbilder und deren Verteilung. Wem muss er schreiben, wen sollte er einladen? Neben

dieser äußeren Vorbereitung sorgt er sich:

Ich möchte wünschen, mit der inneren Vorbereitung ginge es auch so schnell voran. Aber ein Tag nach dem andern vergeht und immer die gleichen Fehler und Mängel.

Für die Einladung zur Primiz wählt er einen Text aus der Nachfolge Christi: „Auf deinen Opferaltar, o Herr, lege ich nieder die heiligen Wünsche aller Andächtigen, die Anliegen meiner Eltern, Brüder, Schwestern, Freunde, und aller Lieben, die mir aus Liebe zu dir Gutes erwiesen und sich und die Ihrigen in mein Gebet und Opfer empfohlen haben."

Die Neupriester haben sich für die Weihe das Jesus-Wort ausgesucht: „Nicht ihr habt mich erwählt, sondern ich habe euch erwählt." Die Weihe spendet Bischof Josef Kumpfmüller von Augsburg am 26. März 1933 in der Erzabtei St. Ottilien. Seine

Primiz in Bous feiert er während eines kurzen Heimaturlaubs am Ostersonntag, dem 16. April 1933.

Der Weg vom Elternhaus in der Hohlstraße zur Kirche wird in der Zeitung als "via triumphalis", als Triumphzug bezeichnet.

Dicht gedrängt stehen die Menschen an der Straße entlang, um den Primizianten zu sehen. Der hat seinen Blick auf das Missionskreuz in seiner Hand geheftet und scheint die Umgebung nicht wahrzunehmen.

Die Saar-Zeitung schreibt dazu:

„Zu einem Freudentag für Bous gestaltete sich der Ostersonntag durch die Primizfeier des hochw. Herrn Benediktinerpater Ludwig. Es ist der 9. Priester in einer kurzen Reihe von Jahren, den die Bouser zum Altar führten. Gewiss eine große Ehre für Bous, eine solche stattliche Zahl von Arbeitern in den Weinberg des Herrn schicken zu können. Die Liebe und Anteilnahme

der Bevölkerung für seine Priester zeigte sich in der schönen Ausschmückung der Straßen und der Errichtung von Ehrenpforten. In feierlicher Prozession wurde der Primiziant an der elterlichen Wohnung abgeholt und zur Kirche geleitet. Der Kirchenchor, begleitet von der Kapelle Köhler, sang stimmungsvoll ‚Singt dem König Freudenpsalmen'. Das erste hl. Messopfer zelebrierte der Primiziant unter Assistenz des Herrn Pastors Kreutz und Herrn Kaplan Winandy. Der Chor sang eine sechsstimmige Messe von Mitterer unter Stabführung des Herrn Morbe. Der

Kapelle Köhler sowie dem Kirchenchor gebührt für die hervorragende Leistung ein besonderes Lob."

Aloys assistiert bei diesem Gottesdienst als Subdiakon. Die Festpredigt hält Pater Beda, der zu diesem Tag eigens von St. Ottilien kam. Er vermittelt den Zuhörern einen tieferen Einblick in den Beruf des Missionars, ein Beruf, der wie kaum ein anderer Berufung voraussetzt, die Bereitschaft zu Opfer und Entbehrung, die Geduld, auch in schwierigen Lagen auszuhalten und sich nicht durch Misserfolge entmutigen zu lassen. „In dir muss brennen, was du in andern entzünden willst."

Ella Rupp trägt ihrem Paten Servatius ein Gedicht vor, in dem besonders eine Strophe schon auf seine künftige Tätigkeit hinwies:

Der Primiziant mit seinen Klassenkameraden

Nach dem Amt kann sich der Neupriester bei der Austeilung des Primizsegens in Geduld üben.

Zum Beginn des Sommersemesters ist Servatius wieder in München. An Arbeit fehlt es ihm nicht. Sonntags, hie und da, auch während der Woche kann er in der Seelsorge aushelfen.

So liest er eine Woche die hl. Messe morgens um 6:30 Uhr bei Karmeliterinnen und hält abends dort die Maiandacht. Es ist für ihn zunächst ungewöhnlich, ohne einen Ministranten zu zelebrieren. Somit muss er dessen Obliegenheiten alle selbst besorgen, außer den Antworten. Eine Schwester sprang wohl ein, *als Ersatz, denn die Schwester darf am Altar keine Dienste tun. Das hätte ich doch auch nicht gedacht, dass man in einer Großstadt nicht einmal einen Ministranten auftreiben kann. Jetzt hab ich mich schon allmählich daran gewöhnt.*

Dann darf er in Wessobrunn den dortigen Oberen vertreten. Er hat nur morgens in aller Frühe die Messe für die Brüder zu lesen. Bei der Gelegenheit macht er dem Peißenberg seinen Abschiedsbesuch. Zweimal ist auch ein Bad im Ammersee möglich.

Als Hebdomadar in St. Ottilien kann er täglich das Konventamt halten und auch zum ersten Mal das Gebet für Volk und Vaterland verrichten.

In der Garnisonskirche St. Barbara traut er einen Obergefreiten und hält damit seine erste Trauung.

Jetzt will ich eine Probepredigt machen über die Teilnahme am hl. Opfer mit dem Ziel, die Leute dazu zu bringen, dass sie dabei mit dem Priester mit beten, wie Pius Parsch in der Klosterneuburger Chormesse es vorschlägt. Heute habe ich bei den Schwestern eine solche Gemeinschaftsmesse gehalten. Die Schwestern selbst machen aber nicht mit – die sind unsichtbar hinter dem Altar – sondern die Gläubigen. Das sind allerdings nur einige Frauen, Mädchen und Kinder, die alle täglich die hl. Kommunion empfangen. Ein Mädchen betet die wechselnden Teile vor, das übrige wird gemeinsam gebetet. Alles deutsch. Ich habe nur Dominus vobiscum per omnia saec. saec. [saecula saeculorum] usw. laut gebetet, worauf alle lateinisch antworteten.

Im Sommer trifft auch Bäbchen zu Besuch in St. Ottilien ein. Sie hat aber Pech mit dem Wetter, denn die ganze Zeit über regnet es fast ständig. *Als sie hier abgefahren war, kam die Sonne doch bald wieder zum Vorschein und jetzt ist wieder ziemlich wolkenloser Himmel.*

Im Mai 33 kommt dann auch Aloys zum Studium nach München. Er hat nach vier Semestern das Priesterseminar in Trier verlassen, um an der theologischen Fakultät der Universität München weiter zu studieren. Obwohl sie im selben Haus wohnen – er kann im Ottilienkolleg ein Zimmer bekommen – , sehen sich die beiden Brüder relativ selten, denn wenn der eine Zeit hätte, kann der andere nicht und umgekehrt. *Aloys hat immerhin 39 Wochenstunden und sechs Stunden Wehrsport. Morgens geht er um sechs Uhr in die hl. Messe. Bis er ins Bett kommt, wird es immer ziemlich spät.*

In München schließt er sich gleich der Algovia an, einer Farben tragenden katholischen Studentenverbindung. Er lernt auch katholische Jungmännervereine in den Pfarreien kennen. Vereinsarbeit, so wie er sie sich wünscht und wie er sie von daheim gewöhnt war, ist wegen der ständigen Bespitzelung nicht mehr möglich. Man trifft sich „rein zufällig" im Schwimmbad, im Kino oder in einem Museum, diskutiert dort ausführlich über die Exponate – wenn ein Aufseher im Hörweite ist.

P. Servatius Yenki-Missionar

Am 15. Mai kann Servatius seiner Familie verkünden: *"Und nun eine große Freudennachricht, wenigstens war es für mich eine.*

Am Samstagabend erhielt ich vom Pater Präfekt einen Zettel: P. Servatius Yenki-Missionar. Ob ich nächstes Jahr schon fortkomme, weiß ich noch nicht. Vielleicht muss ich von jetzt ab gerechnet noch zwei Jahre daheim bleiben, d. h. ein Jahr hier und eins in St. Ottilien. - Die Mission in Yenki ist zwar schwierig, aber mit Gottes Hilfe wird es schon gehen."

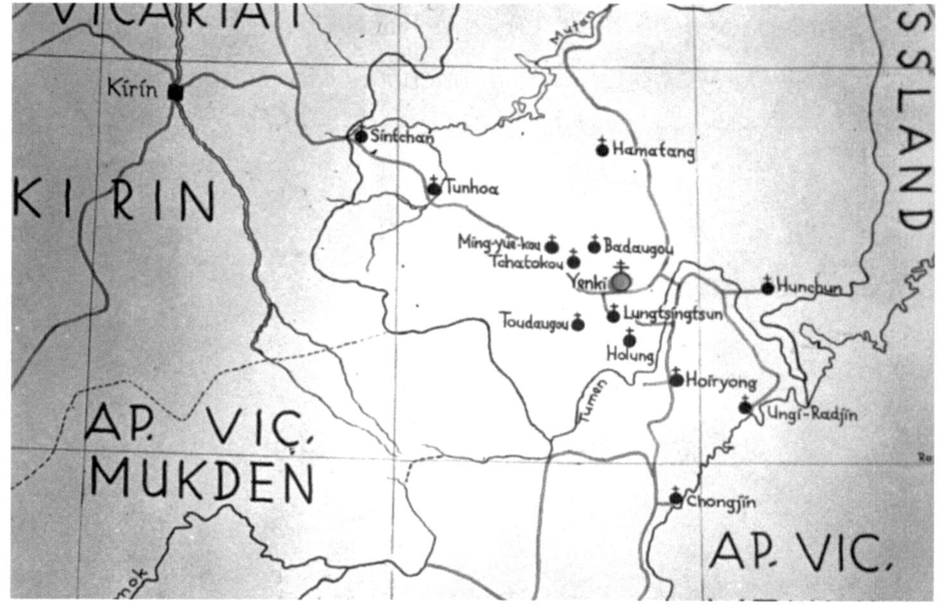

Jede verfügbare freie Zeit verbringt er in der Bibliothek und sucht alle Bücher und Berichte zusammen, die er über seine künftige Heimat finden kann. Im Atlas hatte er sich schon die Missionsgebiete der Benediktiner angesehen. Die Mandschurei im äußersten Nordosten Chinas umfasst ein Gebiet, das größer ist als Deutschland und Frankreich zusammen. Sie grenzt im Süden an Nordkorea, im Osten an den Streifen Russland am Japanischen Meer entlang und im Westen an Han-China, im Norden an die Mongolei.

Die in der Mandschurei lebenden tungusischen Nomadenstämme schlossen sich zu einem Volk zusammen, den Mandschu. Während Europa unter dem Dreißigjährigen Krieg litt, zogen die Mandschus 1644 nach Süden, so wie ein halbes Jahrtausend zuvor Dschingis Khan mit seinen mongolischen Horden nach Westen gezogen war. In Peking vertrieben sie den letzten Ming-Kaiser vom Thron und traten dessen Nachfolge an.

Alle führenden Posten in der Verwaltung des chinesischen Reiches wurden mit Mandschus besetzt, Mandschurisch war die offizielle Amts- und Verwaltungssprache und die Chinesen mussten sich zum Zeichen ihrer Unterwerfung und Unterwürfigkeit unter diese Fremdherrschaft einen Zopf wachsen lassen. Heiraten zwischen Mandschus und Chinesen waren streng verboten.

In der Südostecke, wo die Mandschurei an Nordkorea und Sibirien stößt, liegt die apostolische Präfektur Yenki [östlich von Kirin]. Auf einer Fläche von etwa 58.000 km² leben 820.000 Menschen, zwei Fünftel davon Chinesen und drei Fünftel Koreaner. Die etwa 12.000 Katholiken werden von 17 Patres, 8 Brüdern und 6 Schwestern betreut.

Vor allem anhand der Missionszeitschriften und der verfügbaren Bücher macht sich Servatius mit der Geschichte und der gegenwärtigen Lage der koreanisch-mandschurischen Mission vertraut. Viel Großes mussten die ersten Missionare Koreas, die Franzosen vom Pariser Missionsseminar, durchmachen, die 60 Jahre lang [bis 1886] immer nur heimlich ins Land eindringen konnten und sich gewärtig sein mussten, von der Polizei entdeckt zu werden. Die drei ersten, ein Bischof und zwei Missionare, starben schon 1839 als Märtyrer und bei der heftigsten Verfolgung 1866 waren es sogar zwei Bischöfe und sieben Missionare. Zwei von ihnen waren erst einige Monate vorher als junge Priester ins Land gekommen. Ebenso heldenmütig zeigten sich die Christen.

Da war auch die Geschichte von Pater Liborius, der einmal kurz vor Weihnachten aufbrach und drei Tage lang bei 30 Grad Kälte und tiefem Schnee durch das Land irrte, ohne Weg und Steg, nicht einmal das genaue Ziel kennend, Christenfamilien aufsuchte.

Servatius legt den Bericht beiseite, schüttelt bedächtig den Kopf. Auch heute hat er noch einige Zeit nach getaner Arbeit in der Bibliothek gesessen und gelesen, wissensdurstig, alles über sein künftiges Missionsgebiet zu erfahren.

„Na, lieber Konfrater, sind Sie nicht ganz einverstanden, mit dem was Sie da gelesen haben?"

Servatius war so vertieft, dass er gar nicht bemerkt hatte, wie Bruder Joseph hereingekommen war. Er sitzt am Tisch nebenan, ebenfalls mit einer Lektüre beschäftigt. Seit 20 Jahren ist er

St. Ottilien Bibliothek

schon in der ostasiatischen Mission tätig, hat die Anfangszeit in Wonsan in Korea und die Ausweitung des Missionsgebietes in die Mandschurei direkt miterlebt. Kürzlich ist er für ein halbes Jahr zur Erholung nach St. Ottilien gekommen.

„Sie sehen nachdenklich und grüblerisch aus. Was haben Sie da gelesen, wenn ich mal fragen darf?"

„Sie dürfen. Es war ein Bericht über die Einführung des Christentums in Korea und in der Südmandschurei. Ich versuche, die Zusammenhänge oder Hintergründe zu verstehen. Manches klingt einfach so unwirklich."

„Wo ist das Problem?"

„Da haben koreanische Gelehrte so um 1777 zufällig einige aus China stammende Bücher über die katholische Religion gefunden und sie studiert. Dann hatte einer die Gelegenheit, mit einer Gesandtschaft an den Kaiserhof nach Peking zu reisen und suchte dort nach einem Priester. Zu dieser Zeit waren europäische Jesuiten dort als Berater des Kaisers tätig. Als Christ kehrte er dann nach Korea zurück und bald war er schon nicht mehr der einzige. Allerdings starb einer schon 1785 als Märtyrer. Es gab also schon Christen in Korea, lange bevor die ersten Missionare dorthin kamen.

Dann folgten einige sehr heftige Christenverfolgungen in Korea. Und trotzdem versuchten französische Missionare im 19. Jahrhundert immer wieder ins Land einzudringen. Unter ständiger Lebensgefahr."

Bruder Joseph nickt zustimmend. Auch er kennt diesen Bericht, aber er lässt Servatius erzählen.

„Ähnlich erging es auch dem Koreaner Kim Sok Sa, der als der Wegbereiter des Christentums in der Südmandschurei gilt. Er traf einen ehemaligen, aber schlecht unterrichteten Christen und hörte von ihm zum ersten Mal einiges vom Christentum. Neugierig beschäftigte er sich mit dieser Lehre, soweit ihm Informationen zugänglich waren, und dann prophezeite er 1894 seinen Schülern: ‚Unser Studium ist eitel. Vom Westen wird eine Lehre kommen, die sich überall verbreitet. .... Keine drei Jahre werden vergehen, und die Lehre des Westens wird hierher dringen.'

Die Behörden wurden auf Kim aufmerksam. Er wurde beschuldigt, einer staatlich verbotenen Geheimsekte anzugehören und wurde verurteilt. Im Bericht heißt es dann:

„Mit einem Schlagholz wurde er am ganzen Körper geschlagen und halbtot wieder in den Kerker gebracht. Als man am nächsten Tag es von neuem so machen wollte, waren seine Wunden vollständig geheilt. So soll es dreimal geschehen sein.

Trotz der furchtbaren Schmerzen war aus Kims Mund kein Klagen oder Jammern zu vernehmen. Zu einigen Schülern sagte er: "In drei Jahren kommt die wahre Religion. Diese glaubt!" Am 15. März sollte der letzte Leidenstag für Kim sein. Zwei Schergen schlugen mit großen Schlaghölzern auf ihn ein. Plötzlich hob er dreimal das Haupt gegen Himmel und rief: "Unterscheidet den Edelstein vom Kiesel!" Dann hatte er ausgelitten.

Über das Leben des Kim Sok Sa laufen zwar noch viele Erzählungen im Volke um. Aber deren Echtheit lässt sich nicht nachprüfen. Nur das vorstehende ist sicher verbürgt. Kim selbst hat nichts aufgeschrieben darüber, was er von der katholischen Religion wusste. Er nahm Leiden und Tod hin in vollster Ergebenheit und im Glauben an einen wahren Gott und wurde für viele ein Führer zur Wahrheit. So wird wohl auch Gott seinen guten Willen angesehen haben und ihn zur ewigen Ruhe und Licht geführt haben.

Das erinnert mich sehr an das Martyrium des heiligen Stephanus. Nur, woher kommt dieser Hass?"

„Tja, Christenverfolgungen gibt es, seit es Christen gibt. Und das Phänomen Hass, das dahinter steht, ist so alt wie die Menschheit", setzt Bruder Joseph bedächtig an. „Das ist es doch, worauf Sie hinauswollen, nehme ich an." Servatius nickt zustimmend.

„Betrachten wir doch mal ein Beispiel aus einem Missionsgebiet. Eine längere Dürreperiode lässt eine Missernte und damit eine Hungersnot befürchten. Der Dorfälteste und der Medizinmann rufen alle Leute zusammen und fordern sie auf, dem Wettergott zu huldigen und um Regen zu flehen. Alle kommen. Alle beten zum Wettergott, singen und tanzen. Nur die Christen nicht. Die Sonne brennt weiter vom strahlend blauen Himmel, keine Regenwolken in Sicht. Das bedeutet: der Gott ist beleidigt und hat ihre Gebete nicht erhört, weil nicht alle gebetet haben. Der Regen bleibt aus. Und selbstverständlich sind die Christen dann schuld an der Missernte und werden mindestens aus dem Dorf vertrieben, falls ihnen nicht noch Schlimmeres angetan wird."

„Im Mittelalter war es doch hierzulande auch nicht sehr viel anders", ereifert sich Servatius. „Bei Unwetter, Missernte, Viehseuchen, immer wurde schnell jemand gefunden, der oder besser die daran schuld war. Meistens eine alleinstehende Frau in ärmlichsten Verhältnissen. Die wurde dann als Hexe auf dem

Scheiterhaufen verbrannt. Es ist aber nirgendwo überliefert, dass dadurch auch nur ein einziges Problem gelöst worden wäre."

„Das ist der Sündenbockmechanismus", mischt sich jetzt der Bibliothekar ein. Er hat noch einige Bücher weggeräumt und weil sonst niemand mehr in der Bibliothek ist, zieht er einen Stuhl herbei und setzt sich dazu.

„Im Alten Testament ist beschrieben, dass am Jom-Kippur-Tag ein Ziegenbock ausgewählt wurde, dem der Hohe Priester dann alle Sünden und Verfehlungen des Volkes auferlegte und ihn dann in die Wüste schickte. Er büßte für die Fehler und die Schuld der anderen."

„Daran hat sich ja im wesentlichen nicht viel geändert. Der Sündenbock ist nicht ausgestorben und er wird auch nicht aussterben", wendet Servatius ein.

„Vollkommen richtig! Gebraucht wird ein Sündenbock immer dann, wenn Menschen frustriert oder unglücklich sind. Dann richten sie nämlich ihre Aggression oft auf Personen oder bestimmte soziale, ethnische oder politische Minderheiten, die unbeliebt, leicht identifizierbar und machtlos sind, sich also nicht wehren können. Dazu wird dann eine falsche kausale Verbindung zwischen Bedrohung und dem ausgewählten Sündenbock hergestellt."

„Womit wir schon in der Gegenwart angekommen sind", bemerkt Bruder Joseph.

„Stellen wir uns doch nur mal vor", nimmt der Bibliothekar wieder das Wort, „ein Volk zettelt einen Krieg an, einen Weltkrieg gar, und verliert ihn und muss hinterher an die Siegermächte Reparationen zahlen. Damit gerät das Volk in große wirtschaftliche Not. Arbeitslosigkeit und eine Inflation von bisher unvorstellbarem Ausmaß sind die Folge. Das Volk begehrt auf gegen die Regierung.

Und dann kommt jemand daher, der sich für groß und klug hält und faselt von der „Zinsknechtschaft des Weltjudentums". Was immer er auch damit meint. Das und nur das allein ist die Ursache aller Probleme. Millionen von Papageien im ganzen Land plappern das pflichtschuldigst nach und halten sich ebenfalls für klug, weil sie fähig sind, eine so schwierige, hohle Worthülse unfallfrei herzusagen, auch wenn sie sie nicht verstehen. Schon ist der Sündenbock identifiziert. Die Juden sind an allem schuld – aber natürlich nicht die eigene Unfähigkeit. Schuld sind doch immer nur die anderen.

Dann werden Bücher von unliebsamen Autoren verbrannt (weil die eigene Intelligenz nicht ausreicht, sie zu verstehen). Dann werden Bilder als „entartete Kunst" vernichtet (weil der Anführer sich selber für einen Künstler hält, aber mangels Talent nicht zur Kunstakademie zugelassen wurde). Dann brennen Synagogen und jüdische Geschäfte und das nennt man Reichskristallnacht."

„Vergessen wir aber auch nicht den Kulturkampf nach dem Krieg. Welchen Schwierigkeiten und Anfeindungen waren die Gründer unseres Ordens ausgesetzt. Nicht nur unseres Ordens." Bruder Joseph hat während seines Noviziats einiges davon mitbekommen.

„Aber schauen wir mal auf die besonderen Probleme der Mission in Asien, speziell China. Dort ist es nicht in erster Linie der Sündenbockmechanismus. Dort ist der Hass – ich würde gern sagen – historisch gewachsen.

Bereits im 18. Jahrhundert versuchte England, Handelsbeziehungen mit China herzustellen. Das wurde nur in Kanton erlaubt. Ansonsten blieb das riesige Reich gegenüber dem Ausland abgeschottet. Dem Kaiser war die Kontrolle über sein riesiges Reich wichtig. Sie beruhte auf der vollkommenen, bedingungslosen Unterwerfung der Bevölkerung. Kontakte zu Ausländern konnten womöglich diesen blinden Gehorsam stören und stellten darum eine Gefahr für den Thron dar. Abschottung erleichterte die Kontrolle.

England stellte den Antrag, nicht nur Handelswaren, sondern auch christliche Missionen ins Land zu lassen. Das lehnt der Kaiser rundweg ab und begründete: „Das Christentum ist die Religion des Westens, und unsere Himmlische Dynastie hat ihren eigenen Glauben. Die Köpfe unseres Volkes dürfen nicht durch einen Ketzerglauben verwirrt werden. Die Chinesen und die Ausländer müssen strikt getrennt bleiben."

Der Kaiser war sehr höflich, aber auch sehr bestimmt. Er lehnte ab. Für die Westmächte bedeutete das, dass der chinesische Widerstand gegen eine Öffnung nur mit Gewalt zu brechen war.

Ich versuche, ziemlich an der Oberfläche dieses großen Themas zu bleiben und werde viele Einzelheiten überspringen, so wichtig sie auch sein mögen, sonst sitzen wir noch zur Frühmesse hier", unterbricht sich Bruder Joseph. Er kommt jetzt so richtig in Fahrt. Es ist ganz deutlich, dass Geschichte, vor allem die Geschichte Chinas sein Lieblingsthema ist. Hier kennt er sich aus wie kaum ein anderer. Ursprünglich wollte er Geschichtslehrer werden. Servatius hört gebannt zu.

„Dann brach 1839 der "Opiumkrieg" aus, der erste von zweien. Es wäre korrekter zu sagen, er wurde vom Zaun gebrochen. Das war absolut kein reiner Zufall. Die englische Handelskompanie – sie hatte schon längst ihr Handelsmonopol verloren – hatte Opium gebraucht, um im Handel in China Fuß zu fassen und um die Handelsbeschränkungen der Mandschus zu durchbrechen. Opium bescherte reichliche Gewinne und verminderte die Widerstandskraft der Bevölkerung. Sie erreichte damit, dass immer mehr Silbergeld von China abfloss – für den Kauf von Opium, wodurch das Land immer ärmer wurde. Im Volk verbreitete sich die Opiumsucht und unter den Beamten die Korruption.

Die chinesische Regierung wollte den Schwarzhandel und den Schmuggel der englischen Kompanie mit Opium unterbinden und fragte bei Königin Viktoria an:

"... Wir haben vernommen, dass in Eurem ehrenwerten barbarischen Lande den Menschen nicht erlaubt ist, diese Droge einzuatmen. Wenn diese zugegebenermaßen so schädlich ist, wie kann der Versuch, daraus Gewinn zu ziehen, dass man andere der unheilbringenden Wirkung aussetzt, mit den Geboten des Himmels vereinbart werden?"

Die europäischen Großmächte und die Vereinigten Staaten nisteten sich in China ein und teilten es in Einfluss-Sphären auf. Es war schon fast ein Statussymbol geworden, „ein Stück China" zu besitzen.

Nach gemeinsam erarbeiteten Listen wurde es den Chinesen erlaubt, Zölle zu nehmen. Die Briten unterstützten China dabei sogar, indem sie das Seezollamt gründeten, das von einem Engländer geführt wurde. Es galt, das drohende Chaos zu vermeiden, denn nur dann war es ein guter Markt und nur dann konnte China die Reparationen zurückzahlen.

Als Folge der Opiumkriege wurde China auch dazu gezwungen, westliche Missionare ins Land zu lassen, was diesen seit mehr als hundert Jahren verwehrt war. Frankreich verlangte selbstherrlich dieses Recht für seine Missionare. Das wurde dann so ausgeweitet, dass schließlich alle katholischen Missionare und Missionen unter dem besonderen Schutz Frankreichs standen. In der Folge gab es verstärkt Konflikte zwischen China und den Kolonialmächten, die damit begonnen hatten, auch durch christliche Missionierung und verstärkten Kulturtransfers ihren Machtbereich zu vergrößern. Dagegen formierte sich der fremdenfeindliche Geheimbund der "Fäuste für Gerechtigkeit und Harmonie", in Europa abschätzig als Boxer bezeichnet. Zunächst ging diese Bewegung nur gegen die zum Christentum konvertierten Chinesen vor. Mit dem immer größer werdenden Einfluss der Kolonialmächte auf allen Gebieten des öffentlichen Lebens entwickelten die "Boxer" jedoch eine zunehmend fremdenfeindliche Stoßrichtung.

International sorgte der Boxeraufstand, bei dem über 20.000 Chinesen christlichen Glaubens sowie zahlreiche Beschäftigte ausländischer Botschaften umkamen, für Aufsehen und Entrüstung. Die Ermordung des deutschen Gesandten und des japanischen Vizekonsuls veranlasste die Kolonialmächte auf Initiative von Kaiser Wilhelm II. schließlich zu einem gemeinsamen Vorgehen gegen die Aufständischen.

Obwohl das Botschaftsviertel nach fast zweimonatiger Belagerung von einer eilig zusammengezogenen internationalen "Not-Truppe" aus den im pazifischen Raum stationierten europäischen und amerikanischen Soldaten im August 1900 befreit werden konnte, wurde dennoch der zur Niederschlagung des Aufstands begonnene Aufmarsch größerer Kontingente alliierter Truppen fortgesetzt.

Als Kaiser Wilhelm II. die deutschen Verbände unter der Führung von Generalfeldmarschall Graf von Waldersee in Bremerhaven mit der "Hunnenrede" verabschiedete, war der Aufstand schon so gut wie beendet.

Die Hauptaufgabe, die Befreiung des Botschaftsviertels, war also bereits geleistet, bevor die alliierten Truppen ein halbes Jahr später in Peking eintrafen. Trotzdem führten sie Strafexpeditionen durch, hausten – dem Befehl des Kaisers gehorsam – wie die Hunnen. Den legendären Vandalen standen sie bestimmt in nichts nach. Zahlreiche "Boxer" wurden hingerichtet, Dörfer geplündert und niedergebrannt. Tja, Wanderer, kommst du nach Deutschland, verkünde dorten, du habest uns hier wüten sehen, wie es der Kaiser befahl. So könnte man den berühmten Grabspruch an den Thermopylen abändern.

[„Wanderer, kommst du nach Sparta, verkünde dorten, du habest uns hier liegen sehen, wie das Gesetz es befahl."]

Der Oberbefehlshaber, "Weltmarschall" von Waldersee schrieb in sein Tagebuch: "Durch die der Eroberung Pekings folgende dreitägige zugelassene Plünderung, der viele private Plünderungen noch gefolgt sind, muss der Einwohnerschaft ein gewaltiger Schaden zugefügt worden sein ... Wenn man bei uns zu Hause so harmlos ist zu glauben, es würde hier für christliche Kultur und Sitte Propaganda gemacht, so gibt es einmal eine arge Enttäuschung."

Der Vandalismus endete erst mit dem Frieden von Peking vom 7. September 1901, dem "Boxerprotokoll". Dieser Friedensvertrag verpflichtete China zu hohen Kriegsentschädigungen und verlangte außerdem, dass ein Mitglied des chinesischen Kaiserhauses nach Deutschland kommt und vor dem Kaiser Abbitte leistet. Mit dieser heiklen Aufgabe wurde Prinz Chun II. beauftragt, der Vater des späteren Kindkaisers Pu Yi. Den verlangten Kniefall vor dem deutschen Kaiser verweigerte er, was ihm viele Sympathien in der Heimat einbrachte – und den Spitznamen „Sühneprinz".

China war auf dem Tiefpunkt der Ohnmacht und der Demütigung angelangt, auf einem Tiefpunkt auch der politischen Kultur. Denn ebenso wenig wie das rücksichtslose Verhalten der europäischen Mächte zu deren Proklamation christlicher Grundsätze passte, ließ der blinde Fremdenhass der Boxer und ihrer Gönner in der Beamtenschaft jenes konfuzianische Selbstbewusstsein und jene Größe erkennen, mit denen gut ein Jahrhundert früher die Chinesen den Europäern begegnet waren.

Hier kommt nun auch Japan ins Spiel. Was dem einen recht ist, ist dem andern billig. Japan will auch ein Stück von dem großen Kuchen haben. Die Mandschurei ist reich an Rohstoffen, aber dünn besiedelt. Japan dagegen ist dicht besiedelt, aber arm an Rohstoffen und will deshalb im letzten Viertel des 19. Jahrhunderts seinen Machtbereich ausweiten. Der Imperialismus der westlichen Großmächte hat es ja schon vorgemacht. Japan sucht nun ‚Lebensraum im Westen'.

Zunächst steht Korea im Zentrum der Begierde. Da aber hat China schon Ansprüche. Der Konflikt um die Kontrolle über Korea löst 1894 den 1. chinesisch-japanischen Krieg aus, den Japan gewinnt. China muss die Unabhängigkeit Koreas anerkennen, das Japan jedoch schnell als Protektorat unter seine Vorherrschaft bringt.

Durch sein Interesse in Korea und Nordostasien gerät Japan dann unweigerlich in Konflikt mit Russland. Russland hat 1900 im Zuge der Niederschlagung des Boxeraufstandes in China die Mandschurei besetzt.

1904 bricht dann der japanisch-russische Krieg aus. Als Folge der Niederlage muss sich Russland 1905 aus der Mandschurei zurückziehen und die Kontrolle Japans über Korea anerkennen. Fünf Jahre später wird Korea als japanische Provinz Chosen annektiert. Und Japan bekommt zudem das Gebiet Kwantung (auf der Halbinsel Liaodong) und hat damit einen Fuß in der Mandschurei. Und nicht nur einen Fuß. Das erklärt den ständig wachsenden japanischen Einfluss in Nordostchina.

Um nun nochmals auf den Fremdenhass zurückzukommen: Durch die immer wieder aufgezwungene Fremdherrschaft - zuerst waren fast alle europäischen Staaten daran beteiligt, China unter sich aufzuteilen, dann die Besatzung durch Japan und Russland im Wechsel - hat sich in der Bevölkerung diese Ausländerfeindlichkeit angestaut, dieser Hass auf alles Fremdländische, der sich immer wieder auch gegen Missionare und ihre Christen Luft machte: im kollektiven Gedächtnis des chinesischen Volkes ist das Christentum eine Lehre aus dem Westen, die im Schutz von Kanonenbooten und im Gefolge barbarischer Invasionsarmeen ins Land kam. „Die Menschen im Westen predigen die Liebe zu Gott und die Liebe zu den Menschen, und sie scheinen wirklich daran zu glauben. Aber dann führen sie Kriege. Es scheint, dass die Liebe zu Gott weniger echt ist als die Liebe zum Profit." Das berichtete ein Diplomat, den Kaiserinwitwe Ci Xi in westliche Länder schickte. Er hielt die Christen für heuchlerisch. Da fällt es schwer, an die christliche Nächstenliebe zu glauben, die da gepredigt wird.

Das war die Situation, die die ersten Benediktiner-Missionare vorfanden, als sie 1909 ins Land kamen. Viele Einheimische sahen in ihnen lediglich Handlanger oder Gehilfen der barbarischen Invasionsarmeen, die nur Unheil gebracht haben. Und das bekamen die Missionare dann in aller Schärfe zu spüren. Auch heute noch."

Endlich kommt der langersehnte apostolische Präfekt von Yenki, P. Theodor Breher, in St. Ottilien an. Servatius stellt sich gleich vor und bespricht auch schon sein Sprachstudium. Acht Tage zuvor wurde er nämlich schon ganz unerwartet eingeladen, an einem chinesischen Sprachkurs teilzunehmen, den der Generaldirektor der Staatsbibliothek gibt. Der Kurs läuft aber schon seit drei Semestern und er hat Mühe, mitzukommen. Ein Teilnehmer gibt ihm wöchentlich zwei Nachhilfestunden. Zudem erteilt ihm auch der hochwürdigste P. Präfekt Unterricht, sooft er nach München kommt. Das wird allerdings wohl nicht häufig sein.

Die anderen beneiden mich schon, dass ich einen so guten Obern und ein so schönes Missionsgebiet bekomme. Wenn ich dessen nur würdiger wäre als ich es bin. Gestern hörte ich bei unserer Abendlesung, wir sollten mehr an die objektive Wirksamkeit der Sakramente glauben und nicht meinen durch unser eigenes Abmühen allein etwas erreichen zu können.

Von der Missionsarbeit erzählte P. Präfekt viel Schönes, berichtet Servatius seiner Schwester Anna. *Die große Mehrzahl der Christen habe einen viel tieferen Glauben als unsere Christen in der Heimat und die Jugend sei noch unverdorben dank der Jahrtausende alten Hochschätzung der Familie. Natürlich gibt es auch Ausnahmen. Das Wirken der Gnade sei oft ganz deutlich spürbar.*

Vorbedingung erfolgreicher und viel Freude bringender Tätigkeit sei natürlich die völlige Beherrschung der Sprache und hingebende, geduldige Kleinarbeit. Die Katechese halten, so weit es irgend möglich ist, die Patres selbst und besonders die jüngeren hätten große Freude daran, während früher diese Arbeit mehr von einheimischen Lehrern geleistet wurde.

P. Präfekt hat mir schon mein zukünftiges Leben in Yenki etwas ausgemalt. Voriges Jahr wurde in Yenki selbst, einer Stadt von

P. Theodor Breher

etwa 20 000 Einwohnern ein schöner Neubau aufgeführt mit einem großen Garten. Die Hauptbeschäftigung bildet zunächst die Erlernung des Koreanischen.

Zur Abwechselung kann ich dann hie und da zu P. Reginald auf eine Nachbarstation reiten, um dort etwas auszuhelfen. P. Reginald ist vor 1 ½ Jahr erst von hier abgereist.

Arbeit gibt es übergenug. In den kommenden Jahren will P. Präfekt auch einmal auf allen Stationen ordentliche Bauten errichten; denn auf die Dauer ist es unmöglich unter solchen Lebensbedingungen zu arbeiten, wie sie bis jetzt meist noch sind. Du denkst vielleicht, warum hat man das nicht schon vorher getan. Der Grund ist sehr einfach, man hatte kein Geld. Das hat man zwar jetzt auch nicht mehr als bisher. Nur hat bis jetzt jeder Missionar sich immer gescheut, für sich selbst mehr als das allernötigste aufzuwenden, um der direkten Missionsarbeit nichts zu entziehen. Aber wie gesagt, auf die Dauer geht das nicht; denn die Arbeitskraft des Missionars ist doch das Allerwichtigste und kann durch nichts ersetzt werden.

Sonst weiß ich auch noch nicht allzu viel von meinem künftigen Tätigkeitsfeld. An Schwierigkeiten und Opfern wird es gewiss nicht fehlen. Aber wenn Gott mich bis zum Priestertum geführt hat, wird er mir auch beistehen bei der Missionsarbeit. Möge er mir jetzt helfen, die Vorbereitungszeit, die mir noch bleibt, recht gut auszunützen.

In dem Brief zum Namenstag seines Vaters berichtet er: *Aber auch gegenwärtig kommt das Land nicht zur Ruhe. Die Leute ziehen immer mehr vom Land in die Städte, um sicher zu sein vor den Räubern. Die Not in den Städten wird so immer größer. Die Leute sind arm, finden keine Wohnung, die Lebensmittel werden immer teurer und die Folge ist, dass ansteckende Krankheiten sehr um sich greifen, besonders Typhus und Cholera. Von unseren Patres sind ja auch einige erkrankt gewesen, haben aber die Gefahr überstanden. Jetzt lässt man auch Schutzimpfungen vornehmen und soll auch ein Mittel gegen den Typhus gefunden haben. Nun brauchst du dir keine Sorgen zu machen, wenn ich dorthin komme. Ich freue mich, wenn es einmal soweit ist. Es kann ja nichts geschehen, was nicht Gottes Wille ist.*

Pu Yi, der letzte Kaiser

Wie ein aufgescheuchtes Tier im Käfig. Immer auf und ab. Schon seit einer guten halben Stunde. Die Menge der Ordensspangen an seiner japanisch-grünen Gala-Uniform des „Oberkommandierenden der mandschurischen Streitkräfte zu Land, zu Wasser und in der Luft" und die Rangabzeichen auf den Schulterstücken passen so gar nicht zu seinem jugendlichen Alter. Kurz vor der Zimmertür hält er kurz inne, dreht sich um, marschiert mit hastigen Schritten zurück. Dann bleibt er unvermittelt mitten im Raum stehen, nimmt die Brille ab, reibt die Nasenwurzel zwischen Daumen und Zeigefinger, wischt geistesabwesend mit den Fingern über die dicken Brillengläser, setzt sie wieder auf, geht langsam auf das Fenster zu. Er stützt beide Hände auf die Fensterbank und schaut hinaus, blickt ins Leere,

Kaiser Pu Yi

denn was vor dem Fenster im Hof vor sich geht, nimmt er nicht wahr, will es auch nicht wirklich sehen. Ein gefangenes Tier in einem goldenen Käfig.

Bei dem Gedanken an den Käfig aus goldenen Gitterstäben schüttelt er leicht den Kopf als wolle er den Gedanken, die Erinnerung abschütteln. Aber genau das ist sein bisheriges Leben. Ein Leben in Luxus und Unfreiheit.

Im Alter von nicht einmal drei Jahren wurde er von der Kaiserinwitwe Ci Xi, seiner Großtante, zum Thronerben eingesetzt. Sie selber war als Konkubine niedrigen Ranges an den Kaiserhof gekommen und wurde – als Nebenfrau des Kaisers Xianfeng – die mächtigste Frau Chinas. 47 Jahre lang bestimmte sie die Geschicke des Landes. Einen Tag vor der Ankunft Pu Yis in der Verbotenen Stadt starb Kaiser Guangxu kinderlos, und einen Tag später auch die Kaiserinwitwe Ci Xi, seine Mutter. Lange hielten sich die Gerüchte, Ci Xi wollte unbedingt verhindern, dass Guangxu sie überlebe, weil er eine andere Politik gemacht hätte. Deshalb habe sie ihn vergiften lassen und Pu Yi zum Nachfolger bestimmt. Der wurde dann zum Kaiser von China gekrönt, der letzte Mandschu aus der Dynastie der Großen Qing.

An die Zeremonie seiner Thronbesteigung kann er sich natürlich nicht erinnern. Er soll sogar ein durchaus unkaiserliches Gebrüll veranstaltet haben und wollte zu seiner Amme. Schließlich wurde das jahrhundertealte Ritual geändert und seine

Majestät von der Amme zum Thron getragen. Dort musste er dann als Sohn des Himmels die Huldigungen über sich ergehen lassen.

Seine Amme. Frau Wang, seine Momo. Der junge Mann am Fenster atmet tief durch. Für ihn war sie die wichtigste Person seiner Kindheit. Mit viel Fingerspitzengefühl redete sie ihm einige Bosheiten aus. „Nein, Majestät, einem Diener Metallspäne ins Essen zu tun, ist nicht lustig. Und zudem eines Kaisers nicht würdig." - „Ich wollte doch nur einmal sehen, was für ein Gesicht er macht, wenn er sich die Zähne ausbeißt." – „Nein, Majestät, auch ein Diener empfindet Schmerzen wie Euer Majestät selber auch." Von ihr nahm er solche Lehren an. Sonst hätte niemand wagen dürfen, so mit ihm zu sprechen.

Sie kam aus ärmlichen Verhältnissen. Als sie ihren Dienst in der Verbotenen Stadt antrat, um den Lebensunterhalt für ihre Familie zu verdienen, musste sie alle Verbindungen zu ihrer Familie abbrechen. Sie stillte den kleinen Kaiser, bis er neun Jahre alt war. In dieser Zeit starb ihr eigenes Kind an Unterernährung. Aber das erfuhr sie erst viel später. „Für eine Handvoll Geld wird ein Mensch zur Milchkuh entwürdigt." Bei diesem Gedanken fühlte er sich nicht ganz wohl.

Eine richtige Kindheit hat er nie gehabt. „Die absurdeste Kindheit, die sich denken ließ", hat er später gesagt. Gleichaltrige Spielkameraden gab es nicht. Er hat seine Welt, die von hohen Mauern umgebene „Verbotene Stadt" nie verlassen, sein Volk nie gesehen. Etwa 2.000 Diener umgaben ihn, alle Eunuchen. Andere regierten für ihn, den Kindkaiser, plünderten die Schatzkammern und ruinierten das Reich. Als er später einmal ankündigte, eine Bestandsaufnahme der Schatzkammer machen zu lassen, brannte diese in der Nacht davor rein zufällig ab.

Wenn der kleine Kaiser den Wunsch hatte, in den Garten zu gehen, setzte sich sofort eine ganze Karawane von ein paar Dutzend Leuten in Bewegung, die ihm das Nötigste nachtrugen: von der Sänfte bis zum Nachttopf und dem Sonnenschirm. Auch die Kleider wurden für jeden Tag und jedes mögliche Wetter neu geschneidert. Täglich wurden ihm etwa hundert verschiedene Hauptgerichte zur Auswahl aufgetischt. Pardon: „Viktualien dargereicht." Nach einem Küchenbericht, den er zufällig in die Hand bekam, sollen ihm, dem damals Dreijährigen, monatlich 1.000 Pfund Fleisch und 240 Stück Geflügel serviert worden sein. Ohne die Beilagen.

Am 12. Februar 1912 erzwang Chinas neu gegründete Republik die Abdankung des damals sechsjährigen Kindkaisers. Damit ging die Herrschaft der Großen Qing zu Ende. Über zweieinhalb Jahrhunderte haben die Mandschus China regiert.

Wohl auch deshalb wagte die neue Regierung keinen zu radikalen Bruch. In einem Edikt zur „Wohlwollenden Behandlung des Kaisers der Großen Qing-Dynastie" versprach sie dem Kaiser, dass er seine Titelwürde "uneingeschränkt" behalten dürfe: "Die Republik China wird ihn (den Kaiser) mit der Höflichkeit behandeln, die das Protokoll für ausländische Monarchen vorsieht." Außerdem erhielt er eine jährliche Apanage von vier Millionen Yuan.

Die Abdankungsurkunde wurde in seinem Namen verlesen. An die Aufregung in der Verbotenen Stadt, seiner Residenz, kann er sich erinnern. Aber was hatte das alles zu bedeuten? Er verstand es nicht. Für ihn und seine Umgebung ging das Leben weiter, als sei er immer noch der Kaiser.

„So, jetzt bist du nicht mehr der Kaiser." Sein gleichaltriger Vetter, der mit ihm unterrichtet wurde, brachte ihm diese Neuigkeit. Schwang da nicht ein Unterton von Schadenfreude in seiner Stimme?

Nach der Abdankung lebte er weiterhin im Kaiserpalast. Im damaligen China gab es immer noch eine Handvoll Leute, die sich für die Restauration der alten Dynastie einsetzten. Im Frühsommer 1917, also über fünf Jahre nach der Abdankung, geriet die Republik in eine Krise: ihr Präsident und ihr Premier zerstritten sich in der Frage, ob China in den Weltkrieg eintreten solle. Der Premier wurde gestürzt, das Parlament aufgelöst. Der Präsident setzte in dieser Situation auf einen falschen Freund, einen General. Der besetzte kurzerhand Peking und steckte den Präsidenten ins Gefängnis. Jetzt war der Weg frei für die Restauration. Pu Yi musste nur noch zustimmen.

Erneut legten seine Berater dem inzwischen elfjährigen Kaiser genau die Worte in den Mund, die er jetzt zu sagen habe: Erst solle er das Ansinnen, auf den Kaiserthron zurückzukehren, höflich ablehnen - um dann, wenn General Zhang ihn ein zweites Mal darum bittet, würdevoll zu antworten: "Wenn das die Lage ist, müssen Wir wohl schweren Herzens diese Bürde auf Uns nehmen."

Mit diesem Satz wurde Pu Yi zum zweiten Mal Kaiser, wenn auch nur für 13 Tage. Dann musste er erneut abdanken.

Vier Jahre später. Pu Yi war gerade 15 Jahre alt, als ihm der Kronrat eröffnete, er habe nun das Alter für die „Großen Nuptialien", das Heiratsalter, erreicht. Das Einzige, was ihn daran interessierte, war die Tatsache, dass er durch eine Heirat volljährig wurde und so von der ständigen Bevormundung und Gängelei der Kaiserinwitwen erlöst würde.

Über ein Jahr lang versuchten verfeindete Fraktionen am Hof, ihm ihre jeweilige Favoritin anzupreisen. Nur um sie zufrieden zu stellen, entschloss sich Pu Yi, gleich zwei Frauen zu heiraten: Wan Rung, die späteren Kaiserin und Wen Xiu als kaiserliche Nebenfrau. Er liebte keine von ihnen. In der Hochzeitsnacht floh er aus der Schlafkammer, die ihm wie eine "stickige Welt aus geschmolzenem roten Wachs" vorkam.

Im Jahr 1924 verlangten die Nationalisten die Revision des "Wohlwollenden Vertrages" und forderten am 5. November vom letzten Kaiser ultimativ den Verzicht auf die meisten kaiserlichen Privilegien, also seine "kaiserlichen Titel für alle Zeiten abzulegen" und die Verbotene Stadt binnen drei Stunden zu verlassen. Als normaler Staatsbürger dürfe er einen Teil seines Vermögens behalten. Die Geschichte des zweieinhalb Jahrtausende alten Kaiserreiches China ist nun endgültig zu Ende.

Pu Yi flüchtete ins japanische Konsulat und wurde von dort nach Tientsin eskortiert, wo er sieben Jahre unter dem Schutz der Japaner verbrachte und weiterhin seine Restaurationspläne schmiedete. Er wollte für seine Rückkehr auf den Thron kämpfen, musste aber erkennen, dass dies in China unrealistisch war.

Hier in Tientsin lebte und erlebte er all das, was ihm im goldenen Käfig der Verbotenen Stadt versagt war: er genoss die Freiheit in vollen Zügen. Keiner bevormundet ihn mehr.

Wie groß war vor ein paar Jahren der Aufschrei des Entsetzens bei den Kaiserinwitwen, als er sich auf Empfehlung seines Lehrers wegen seiner Kurzsichtigkeit eine Brille machen lassen wollte. Ein gewöhnlicher Augenarzt soll beim Sohn des Himmels die Pupillen untersuchen dürfen. Unerhört. „Keiner der Vorfahren Eurer Majestät hat je Augengläser getragen!"

Ähnlich war es, als er ein Telefon installieren ließ. „Dann könnte doch jeder Untertan sich direkt an Eure Majestät wenden. Keiner der Vorfahren Eurer Majestät hat je einen Fernsprechapparat benutzt!"

„Aber auch keiner Unserer Vorfahren hat je elektrisches Licht benutzt, wie Wir es jetzt im Palast haben!" Damit konnte er die Diskussionen vorerst beenden.

Jetzt endlich durfte er selber frei entscheiden, wohin er ging, was er kaufte, wie er sich kleidete. Dabei war das Allerbeste, das Allerteuerste gerade gut genug. Er konnte sich für alles begeistern, was aus dem Westen kam, ob Kaugummi oder Aspirintabletten oder amerikanische Musik. Pu Yi fand einen Füllfederhalter fortschrittlicher als einen Tuschegriffel. Aber er lernte nicht einmal, sich selbst die Schuhe zuzubinden.

Ganze Nächte feierte er durch, besuchte Lokale, die er als amtierender Kaiser nie hätte besuchen können. Die kaiserliche Nebenfrau fand das nach einiger Zeit aber langweilig und nicht mehr standesgemäß. Sie verließ den „Sohn des Himmels". Durchaus standesgemäß war jedoch der Betrag, mit dem sie sich für die Scheidung trösten ließ.

Dennoch kreisten seine Gedanken ständig und fast ausschließlich um die Möglichkeit einer Wiedereinsetzung als Kaiser.

Mit der Regierung von Chiang Kai-shek unzufriedene Menschen verbreiteten die Hoffnung, China könne nur unter dem Kaiser geeint werden. So war die Meinung im Volk, die ihm hinterbracht wurde. Damit bekam sein Traum, der sein ganzes Denken ausfüllte, neue Nahrung.

Nach zwei Jahren des Wartens gab es dann 1931 ein hoffnungsvolles Anzeichen. Die japanische Kommandantur lud ihn zu einem Besuch ein. Xi, ein entferntes Mitglied seines Klans und jetzt in japanischen Diensten, bat ihn dort, unverzüglich in das Land zu kommen, „wo für unsere Ahnen Glück und Aufstieg begannen". Sobald er in Mukden, der alten Hauptstadt der Mandschurei, eintreffe, werde seine Restauration proklamiert. Alle Schichten der Bevölkerung von Mukden seien bereit, den früheren Kaiser der Qing zu begrüßen. Das stand auch so in den Zeitungen.

Wie sich die Situation nun darstellte, schien Japan tatsächlich seinen Herrschaftsanspruch im Nordosten durchsetzen zu können.

Sein alter Lehrer warnte vor unüberlegten Aktionen in dieser verworrenen Situation. Auch der japanische Vizekonsul schaltete sich ein, da das Konsulat für seine Sicherheit verantwortlich sei. Er habe Verständnis für Pu Yis Lage, dennoch dürfe er Tientsin nicht aus einem übereilten Entschluss heraus vorzeitig verlassen.

Letztlich ausschlaggebend für den Sieg des Wunschträumens über die Vernunft war ein Gespräch mit Oberst Doihara. Der betonte, dass die Kwantung-Armee keinerlei territorialen Ehrgeiz hinsichtlich der drei Nordostprovinzen habe, sondern den aufrichtigen Wunsch hege, „der mandschurisch-mongolischen Bevölkerung zu helfen, einen eigenen unabhängigen Staat zu gründen." Er hoffe, Pu Yi werde in das Land seiner Vorfahren zurückkehren und die Leitung dieses Staates übernehmen. Dort werde er als Oberhaupt in eigener Verantwortung regieren. Und das glaubte Pu Yi.

Das japanische Militär lockte mit allen Mitteln, die japanische Diplomatie bremste nach Kräften. Aber er wollte wieder Kaiser sein.

Nach einer mehr als abenteuerlichen Reise mit Zwischenstation in Mukden kam er schließlich in Changchun, der neuen Hauptstadt, an.

Am 18. Februar 1932, kurz nach seinem 26. Geburtstag, haben die Japaner die Unabhängigkeit des neuen Staates Mandschukuo erklärt und ihre Herrschaft in der eroberten Kolonie zumindest offiziell gesichert. Die Mehrheit der Bevölkerung regte sich allein schon über diesen Namen auf. Und er, der letzte Kaiser von China und Nachfahre der Großen Qing, sollte hier Kaiser werden. Das war ihm versprochen worden.

In den letzten Tagen war aber auch die Rede davon, ihn zum „Regenten der Republik Mandschukuo" zu ernennen. Das kam für ihn aber überhaupt nicht in Frage. Entweder Kaiser oder nichts.

Bald kam die erste Ernüchterung. Einer der japanischen Offiziere, der sogar die Dreistigkeit besaß, ihn mit „Eure Exzellenz" und nicht mit „Eure Majestät" anzureden, eröffnete ihm, dass Mandschukuo vorerst eine Republik sei und er zum Präsidenten ernannt werde. Seine lautstarken Proteste dagegen stießen auf taube Ohren.

Vielleicht würde die Republik in zwei Jahren in eine Monarchie umgewandelt. Dann stünde seiner Inthronisation als Kaiser nichts im Weg. Aber bis dahin habe er sich zu gedulden. Er war das neue Oberhaupt eines neuen Staates, „Oberbefehlshaber der gesamten mandschurischen Streitkräfte zu Lande, zu Wasser und in der Luft". Aber seine Macht stand lediglich auf dem Papier.

Ohne Erlaubnis der Kwantung-Armee durfte er seinen Palast nicht verlassen. Es wurde ihm vorgegeben, wen er empfangen durfte und wen nicht, zu wem er was sagen musste oder durfte. Jedem seiner mandschurischen Minister war ein japanischer Vizeminister beigesellt, der in Wirklichkeit das Sagen hatte. Der Minister unterschrieb, was sein Vize ihm zur Unterschrift vorlegte. Selber entscheiden konnte er nichts. Dafür bekam der Japaner ein deutlich höheres Gehalt, weil er ja fern von seiner Heimat für Mandschukuo Dienst tat.

Was ihn am meisten aufregte, war nicht so sehr seine Isolierung, sondern vielmehr die Tatsache, dass seine Einsetzung als Kaiser von Mandschukuo entgegen allen Versprechungen auch nach diesen zwei Jahren Wartezeit immer noch hinausgezögert wurde oder gar in Frage gestellt schien.

Oberst Doihara hat ihm doch fest versprochen, heute zu kommen, um ihm persönlich die Entscheidung der Kwantung-Armee über seine Einsetzung als Kaiser zu bestätigen.

Etwa 30 Soldaten im Militärlazarett in München sind die Zuhörer der ersten Predigt von Pater Servatius im Januar 1934. Zehn Minuten spricht er über den vorbildlichen Glauben und die Nächstenliebe des Hauptmanns von Kapharnaum.

Im allgemeinen ist es gut gegangen, wenn auch der Inhalt, sowohl wie der Vortrag, hätte besser sein können. Ich habe jetzt erneut gesehen, was auch die einfachst scheinende Predigt für Arbeit kostet, wenn sie einigermaßen befriedigend sein soll, wenigstens wenn einem die originellen Gedanken nicht gerade so zufliegen und man auch nicht ein Stilkünstler ist. Wenn ich selbst mit einer Predigt ganz zufrieden bin, dann macht mir das Halten keine besonderen Schwierigkeiten mehr.

Die große Kälte hat ja jetzt wieder nachgelassen. Ich bin auch froh, dass ich beim Messelesen nicht mehr so an den Fingern frieren muss. Manchmal hatte ich schon beim Kommunionausteilen fast kein Gefühl mehr in den Fingern.

Ich bin zwar kein Freund allzu großer Hitze, aber zu kühl ist auch nichts. Deshalb hat man mir immer schon gesagt, als Eisheiliger müsse ich in die Mandschurei kommen. [22.1.34]

Im Chinesischen sind die Anfangsschwierigkeiten jetzt überwunden, aber zum schnellen Vorankommen fehlt die Zeit. Ebenso geht es mit dem Harmoniumspiel, das ich seit 10 Tagen auf Wunsch des apostol. Präfekten [Theodor Breher] erlerne. Du möchtest gern mehr hören von dem, was er erzählt hat. Das meiste kann man aber nicht gut in einem Briefe schreiben aus verschiedenen Gründen, auf die ich nicht näher eingehen kann.

Neulich zeigte er uns die Lichtbilder vom Leichnam unseres ermordeten P. Konrad. Aloys war auch dabei - und erzählte uns ausführlich von seinem Tod. Der Papst sagte, als wir ihm die Bilder schickten, P. Konrad hat ein herrliches Blatt im Märtyrerbuch der Kirche beschrieben.

[Das schrieb er seiner Schwester Anna am 22.01.34. Er konnte nicht ahnen, dass er selbst das nächste Blatt mit seinem Blut schreiben würde.]

Die Abreise steht noch nicht fest. Man rechnet mit Mai, *und zwar von Genua mit dem Schiff. Über Sibirien fährt man nur, wenn man wenig Gepäck hat.*

Bruder Joseph aus Korea, mit dem er sich in der Bibliothek ausführlich unterhalten hatte, ist über Sibirien heimgekommen. Er erzählt, was man auf dieser Strecke erleben kann. Die Russen

suchen auf jede Weise den Reisenden möglichst viel Geld ab-
zupressen. Wenn man kein Kleingeld habe, sei man schlimm
dran. Sie geben einem nie mehr etwas heraus. In Moskau
drängten sie ihn auch, eine Autofahrt durch die Stadt zu machen. Er ließ sich aber nicht darauf ein. Andere Reisende, die
sich beschwatzen ließen, verpassten nachher den Zug. Wahrscheinlich haben die Russen das absichtlich gemacht. So müssen sie drei – vier Tage in einem teuren Hotel warten, bis der
nächste transsibirische Zug kommt, eine neue Karte lösen, während ihr im Zug zurückgelassenes Gepäck vielleicht an irgendeiner Zollstation herumliegt.

Die letzten Wochen in der Heimat will Servatius im Mutterklos-
ter verbringen. Aber aus den Wochen werden nun doch noch
Monate, denn vor Beginn des Sommers ist die Ausreise nicht
mehr möglich und während der heißen Zeit ist es nicht ratsam
zu fahren.

Dagegen ist die Aussendungsfeier für Ostermontag geplant.

Der geplante Heimaturlaub kommt also nicht zustande. Deshalb lädt er die Familie zu sich ein. *Da aus meiner baldigen
Heimreise nichts wird, werdet Ihr wohl umso eher geneigt sein,*

dazu hierher zu kommen. Ich weiß allerdings nicht, ob Papa noch einmal die Reise machen kann und ohne ihn wird es sehr teuer. Wenn Ihr gerne kommt, seid Ihr herzlich willkommen. Wenn es sich aber nicht gut machen lässt, dann ist es auch recht. Ihr braucht nicht zu denken, Ihr müsstet wegen mir kommen.

Wessobrunn

Im März ist er dann noch vertretungsweise in Wessobrunn. *Ich bin zur Zeit Spiritual der Tutzinger Schwestern hier, aber nur für drei Tage und wohne in der Erzabtei, das heißt in dem sonst für Vater Erzabt bestimmten Zimmer. Aber dass ich deshalb nicht hochmütig werde, dafür ist schon gesorgt in Gestalt einer Osterpredigt, die ich in Sontheim halten soll.*

Gestern vor einem Jahr war meine Weihe und jetzt hat dann die Arbeit begonnen. Am 9. bekam ich die Vollmachten zur Ausübung der Cura animarum und habe auch am gleichen Tag die erste Beichte gehört. Ein altes Mütterlein von 83 Jahren, tags darauf Erstkommunionkinder und in St. Ottilien kamen sie dann später von allen Sorten.

An Beschäftigung mangelt es ihm nicht. Seit acht Tagen ist er in St. Ottilien Trauungspater. Es fing gleich gut an, nämlich sechs Paare hat er am ersten Tag getraut. *Wenn es in der Fastenzeit schon so ist, wie wird es dann erst im Mai werden?*

„Geht hinaus in die ganze Welt, und verkündet das Evangelium allen Geschöpfen! Wer glaubt und sich taufen lässt, wird gerettet; wer aber nicht glaubt, wird verdammt werden."

Mit diesem Vers aus dem Markus-Evangelium beginnt die lange erwartete Feier der Aussendung in die Mission. Vor dem Altar sitzend ruft der Abt die Missionare einzeln auf:

„Ihr, die Gott berufen hat, seid ihr bereit zum Werke des Evangeliums?"

Missionare: „Siehe da bin ich, sende mich!"

Abt: „So tretet heran und nehmt die Bürde auf euch!

Wollt ihr euren Gelöbnissen treu bleiben, so dürft ihr die Spuren des Meisters nie verlassen. Nun, so erneuert vor der Übernahme des Apostolates Christi eure Gelübde!"

Die Missionare wiederholen vor dem Abt und der Gemeinschaft der Mitbrüder ihr Gelübde.

Gebet: „Nimm, wir bitten dich o Herr, diese Gelöbnisse deiner Diener an und stärke sie, dass sie das Versprochene standhaft halten und durch die treue Beobachtung in deinem heiligen Dienste erstarken."

Danach steht der Abt auf und redet, bekleidet mit Mitra und Stab, die Missionare an:

"Meine Söhne, die ihr durch das Evangelium gezeugt seid, geht in den Weinberg des Herrn, damit ihr Frucht bringt und eure Frucht bleibe! Geht hinweg aus eurem Lande und von eurer Verwandtschaft! Geht in ein fremdes Land! Den Armen das Evangelium zu predigen, sende ich euch.

Ich sende euch wie Lämmer unter die Wölfe. Seid also klug wie die Schlangen und einfältig wie die Tauben! Fürchtet euch nicht! Vertraut auf den, der die Welt überwunden hat und bei uns ist bis zum Ende der Welt!"

Dann reicht der Abt jedem Missionar das Kreuz: "Empfange das hl. Zeichen Christi, der gelitten hat und auferstanden ist, damit du Anteil habest an ihm!"

Es folgt ein Gesang zur Verehrung des Kreuzes mit einem Gebet und die Bitte: "Betet für die Missionare!"

Pater Servatius sitzend, 2. von rechts

Am 21. Mai 1934 kann er dann, vorübergehend Vertreter des Pfarrers von Walleshausen, endlich seiner Schwester Anna berichten:

Unser Abreisetag ist jetzt bestimmt: der 17. August. Am 18. geht der Dampfer Koblenz vom Norddeutschen Lloyd (nicht ganz

10.000 Tonnen) in Genua ab. Die Plätze sind schon bestellt. Vielleicht kannst du mir noch diese Woche schreiben, wann und wie lange Du Ferien hast. Danach werde ich mein Heimkommen richten. Viel Spielraum habe ich ja nicht. Ich bekomme 4 Wochen Ferien und will in der Zeit vom 7. – 14. Juli heimfahren.

Vielleicht komme ich dann direkt von St. Ottilien nach Oberkirchen. Könnte ich da eine Missionspredigt oder Vortrag halten, der auch ein materielles Ergebnis hätte? Das muss ich mir jetzt alles schon vorher zurechtlegen, damit die Zeit gut ausgenützt wird.

Vier Wochen später teilt er dann mit, dass er sich entschlossen hat, am 7. Juli nach Oberkirchen zu kommen.

Dann möchte ich, wenn möglich, am 8. in Oberkirchen eine Missionspredigt halten. Falls ich auch einen Lichtbildervortrag halten sollte, musst du mir schreiben, ob dort ein Apparat ist für Schmalfilme, so wie Kleins Peter einen hat.

Ich hoffe, dass dieser Plan sich durchführen lässt. Sonst könnte ich erst am 29. in Oberkirchen sein und das möchte ich nicht gern, weil Aloys auch erst am 20. heimkommt. Ich müsste es höchstens ganz kurz machen. Meine Ferien dauern bis 6. August.

In St. Ottilien gibt es einige Überraschungen für ihn. Statt des roten Gürtels tragen auch die Ottilianer in Zukunft einen schwarzen, damit sie den übrigen Benediktinern mehr angeglichen sind. Aus dem gleichen Grund fällt in Zukunft wenigstens in Europa der Bart weg.

Aloys hatte einmal nach dem Grund für den roten Gürtel gefragt, worauf ihm Servatius nur entgegnete: „Das kannst du dir ja wohl selber vorstellen."

Nach einer vierjährigen Unterbrechung erlebt Servatius 1934 die Fronleichnamsprozession wieder in St. Ottilien.

Inzwischen hat man im Schmücken manche Fortschritte gemacht. An der Südseite waren alle Dachfenster, etwa ein Dutzend, mit den farbigen Wappen unserer und der bayrischen Äbte und Bischöfe ausgefüllt. Das macht sich sehr schön. Von einigen anderen Fenstern hingen rote Tücher herab als Unterlage für die Tannenkränze. An jedem Altar waren zwei oder vier hohe Fahnenmasten aufgestellt mit der päpstl. und kirchl. Fahne. Die größte Freude und Eifer im Schmücken hatten wohl die Zöglinge. Neben der Kegelbahn – vielleicht erinnerst du dich noch daran – stellten sie den hl. Franziskus auf und gaben ihm den Draht mit Kugel in die Hand, so dass er gerade auf die geschmückten Kegel losschießen konnte. Die beiden Kähne auf dem Weiher waren reich mit Girlanden geziert, und auf dem Bug des einen stand der hl. Franz Xaver.

Die Fronleichnamsprozession in München am 31. Mai ist auch für Aloys ein besonderer Höhepunkt im Frühjahr 1934. Als Chargierter der Algovia darf er die Fahne der Verbindung tragen. Begeistert berichtet er darüber seiner Schwester Bäbchen, die sich von der Begeisterung anstecken lässt und den Brief an die Saar-Zeitung in Saarlouis weitergibt. Die veröffentlicht dann einen Artikel mit der Überschrift: *Fronleichnam in München* und darunter: *von einem Sonderberichterstatter.*

Ein solcher Artikel in dieser Zeit findet verständlicherweise mehr Beachtung als Aloys ahnen, als ihm lieb sein kann.

Einem Brief an Pfarrer Kreutz in Bous vertraut er am 27. Juni an:

Von den Fronleichnamsprozessionen wird jetzt bekannt, dass in Maria-Hilf die Messdiener während der Prozession von H.J. verhauen wurden; dass man den Priester mit dem Allerheiligsten belästigt hätte, konnte ich nicht nachprüfen. In der Pfarrei Dachau hat man ebenfalls die Jungschar belästigt, ihnen die Kittel ausgezogen.

Das Tagesgespräch ist aber die Wirtschaftslage. Kupfer, Gummi und noch viele andere Sachen sind der Kontrollwirtschaft unterworfen. Eine kurze Überlastung der Fabriken ist Tatsache. Denn jeder, der etwas Geld hat, deckt sich noch ein. Viele Artikel sind nicht mehr in den Geschäften zu haben.

Durch den Bericht in der Saar-Zeitung aufmerksam geworden und auf der Suche nach dem namentlich nicht genannten Sonderberichterstatter, kontrolliert die Polizei besonders gründlich die Briefe von München in das noch nicht rückgegliederte Saargebiet.

Dabei fallen der Gestapo die Briefe von Aloys in die Hände – und Aloys auch. Er erhält eine Vorladung der Polizei. Nach einem kurzen Verhör erklärt der Beamte, dass Aloys verhaftet ist und in das Untersuchungsgefängnis Am Neudeck eingewiesen wird.

Gerade an diesem Mittwoch, dem 11. Juli, kommt sein Bruder Servatius und dessen Abt-Bischof Dr. Theodor Breher für ein paar Tage nach Bous. Der letzte Heimaturlaub von Servatius zum Abschiednehmen vor der für Mitte August geplanten Abreise in die ostasiatische Mission. Ein Abschied für immer. Und er, Aloys, sitzt in München im Gefängnis der Gestapo.

Aloys wird am 31. Juli zu drei Monaten Gefängnis verurteilt. Am 2. August 1934 stirbt Reichspräsident Hindenburg. Schon am Tag zuvor hatte Hitler ein Gesetz durchgebracht, das ihn zum „Führer und Reichspräsident" machte. An diesen fatalen Triumph knüpft sich die Hoffnung seiner Gegner auf eine Amnestie. Die aber lässt bis zum 10. August auf sich warten und wird für Aloys erst am 13. August wirksam. Am 14. wird er aus Stadelheim entlassen. Die Freude über die wiedergewonnene Freiheit wird sofort im Keim erstickt, denn er wird direkt in „Schutzhaft" genommen und in das Polizeigefängnis in der Ettstraße gebracht.

3. TEIL

Abschied und Aufbruch

Reise von der alten Heimat in eine völlig neue Welt, die verschiedenen Etappen an Bord des Frachtschiffs Coblenz: Mittelmeer, Suez-Kanal, Rotes Meer, Colombo, Manila, Hongkong, Shanghai, Ankunft in Dairen

Ende Juli bis Anfang August 1934 hat Servatius noch einen letzten kurzen Heimaturlaub. „*Während dieser Zeit warb er allenthalben für das große Missionsanliegen*", erinnert sich seine Schwester Anna. Obwohl eigentlich Urlaub, ergibt sich doch kurzfristig eine Vertretungssituation in der Pfarrei und er kann

eine Taufe spenden, seine einzige in Bous.

[Erika Blass geb. Treib - † Januar 2023]

Und dann kommt für Servatius der Tag der Abreise in die fernöstliche Mission immer näher.

Der 13. August brachte die schwere Stunde des Abschieds. Am frühen Morgen feierten wir gemeinsam das hl. Opfer. Seine Eltern segneten ihn, und er gab uns den Abschiedssegen. "Alles irdisch, alles vergänglich", sagte er vor sich hin, als er zum letzten Mal die Schwelle seines Elternhauses überschritt", notierte seine Schwester

Anna. Er ging und hat sich nicht ein einziges Mal mehr umgeschaut.

Am Dienstag, 14. August, gelingt es ihm noch, seinen Bruder zu
besuchen. *„Eben war ich bei Aloys. Er ist nicht mehr in Stadelheim, sondern nur mehr in Schutzhaft, wo er zuallererst war. Er
war sehr überrascht, als ich kam. Die letzte Zeit scheint es ihm
am besten gegangen zu sein. Übermorgen soll ich nochmal
kommen, dann wird die Sache endgültig erledigt. Ich war 10
Minuten bei ihm.“*

Am Donnerstag, dem 16. August, sehen die Brüder sich zum
letzten mal und können zwanzig Minuten miteinander sprechen, allerdings unter Aufsicht und dürfen somit nur Selbstver-
ständliches oder Belangloses sagen. Als Aloys ein paar lateinische Worte einflicht, droht der Aufpasser.

Gegen zehn Uhr ertönt ein langgezogenes Signal der Bordsi-
rene. Die Ankerkette beginnen zu rasseln und ein paar Matro-
sen lösen die armdicken Taue von der Pollern entlang des
Columbus-Kais. Als letztes wird noch der Landungssteg an
Bord gezogen, die letzte Verbindung mit dem festen Land. Hinter ihnen liegt Genua, liegt Europa, liegt ihr bisheriger Lebensraum. Nach vorn geht der Blick auf eine unbestimmte Zukunft.

Coblenz

Dicht gedrängt an der Reling am Zwischendeck beobachten die Passagiere, wie ein kleiner Schleppdampfer die 140 Meter lange „Coblenz" aus dem Hafen von Genua ins offene Meer hinaus bugsiert. Dann trennt sich der Riese von dem Schlepper und nimmt aus eigener Kraft allmählich Fahrt auf und strebt dem offenen Meer zu.

Die Menschen, die in kleinen Gruppen beieinander am Kai stehen und den Abreisenden mit Taschentüchern zum Abschied nachwinken, werden immer kleiner und sind bald nicht mehr zu sehen.

Es ist Montag, der 20. August 1934.

Den Augenblick der Abreise wollen sich die Missionare von St. Ottilien trotz ihrer großen Müdigkeit von der bisherigen Reise doch nicht entgehen lassen.

In aller Frühe haben sie am Sonntag St. Ottilien verlassen. Über Lindau, am Züricher See entlang, durch den Gotthard-Tunnel und vorbei am abends ringsum beleuchteten Luganer See kamen sie gegen 22 Uhr in Mailand an. Kurz nach Mitternacht ging es weiter nach Genua, wo sie gegen vier Uhr morgens ankamen. Bis sie an Bord gehen konnten, streiften sie durch die erwachende Stadt, überrascht vom italienischen Flair, der ihnen völlig unbekannt war. Wäsche, die an quer über die Straßen gespannten Leinen flatterte, konnten sie sich bis dahin nicht vorstellen.

Aber weit und breit war kein Postamt geöffnet, wo Servatius Briefmarken hätte kaufen können für seinen Brief nach Hause wegen Aloys. Von ihm musste er sich ja im Gefängnis verabschieden. Im letzten Brief unmittelbar vor der Abreise konnte er den Eltern noch ziemlich bedrückt über seinen letzten Besuch bei Aloys berichten, besorgt darüber, wie es ausgehen wird.

Es kann gut gehen, kann sich aber auch noch länger hinaus ziehen, denn Aloys wurde von der Politischen Polizei verhaftet, dann dem Sondergericht übergeben und verurteilt. Diese Strafe hat er zum Teil verbüßt, der Rest wurde durch die Amnestie erlassen. Das ist also endgültig erledigt.

Nun aber hat die Politische Polizei Aloys sofort wieder in Schutzhaft genommen und der Leiter der Politischen Polizei, der seit einiger Zeit in Berlin ist, wird darüber zu entscheiden haben, ob Aloys aus der Schutzhaft entlassen wird, oder ob er für unbestimmte Zeit darin bleibt.

Sollte er in Schutzhaft bleiben, so könnte es sein, dass er nach Dachau kommt.

Wider besseres Wissen versicherte Aloys seinem Bruder, dass es dort bestimmt nicht mehr so sei wie früher.

Die erwähnten Verhältnisse in Dachau sind inzwischen noch schlimmer als vor einem Jahr. Als sein Freund Heinrich Hammer nach 3 ½ Monaten in Dachau zurückkommt, berichtet er Aloys vertraulich, was er Furchtbares erlebt hatte. Daran denkt Aloys, wenn er, von den nächtlichen Wanzen zugerichtet, am Morgen vom Fenster aus auf den Gefängnishof schaut, wo die Omnibusse täglich den „Nachschub" für Dachau aufnehmen, und fragt sich, wann bist du dabei?

Servatius schreibt nach seiner Abreise am 24. August:

Meine Lieben!

Meinen Brief von Zürich werdet Ihr wohl bekommen haben. Wenn nicht, möchte ich wegen A. nochmals kurz bemerken, dass der Leiter der Polit. Pol., Wittelsbacherpalais, Ecke Brienner-Türkenstraße, darüber zu entscheiden hat, was mit A. wird. Sollte man ihn noch länger festhalten, so glaube ich, dass wir durch Knox [Präsident der Regierung des Saargebietes] dagegen protestieren sollen. Es geht doch nicht, einen fremden Staatsangehörigen einfach festzuhalten, nachdem das Gericht doch die

Sache entschieden hat. Doch hoffe ich, dass heute schon alles sich zum Guten gewendet hat.

Sobald ihr erfahrt, dass die Schutzhaft über Aloys verhängt wird, soll man durch Knox sich über das auswärtige Amt an den Leiter der Politischen Polizei in München wenden. Für sein früheres Vergehen hat er doch die Strafe erhalten und verbüßt.“

Am Samstag, 25. August um 12.30 Uhr öffnet sich das Gefängnistor für Aloys. Er ist wieder frei.

Inzwischen ist die Coblenz der steil aufragenden Küste Kretas schon ziemlich nahe gekommen. Kahle Berge, ein paar Bäume. Häuser sind keine zu sehen. Das Schiff schwankt ein wenig, aber noch ist niemand an Bord seekrank geworden. Insgesamt sind etwa 250 Passagiere an Bord, darunter 80 Missionare der verschiedensten Ordensgemeinschaften. Und vier Kanarienvögel von Bruder Philipp in St. Ottilien für den Vater Abt in Yenki. Dazu eine große Fracht von Stahl für Asien.

Mit einer durchschnittlichen Geschwindigkeit von 22 km/h hat das Schiff jetzt Kurs auf Port-Said genommen. Auch die Hitze lässt sich noch ertragen. Um fünf Uhr morgens – die Uhr wird jede Nacht um eine Viertelstunde vor gedreht – stehen Servatius

und seine Mitbrüder auf. Für je vier Mann sind nur zwei Wasch-
schüsseln da. Sie müssen sich also nacheinander waschen. Danach stapeln sie drei Koffer übereinander, legen das Altarbrett,
den Altarstein und drei Altartücher darüber. Abwechselnd lesen
sie die Messe in der Kabine, die nur vier Personen Platz bietet.

Am Strand von Port-Said, am Eingang zum Suezkanal. Am
Boden so tiefer Sand, dass meine Mitbrüder erst gar nicht
mitwollten. Die Zelte sind von jungen Leuten belegt, die hier
spielen und baden. Der Tropenhelm ist schon nötig, obwohl
es erst 7 Uhr morgens ist. - Servatius in der Mitte

Ab vier Uhr ist es allmählich hell geworden. Die ersten Lichter von Port-Said leuchten auf. Ein kleiner Dampfer bringt den Lotsen an Bord, der nun bis Suez das Kommando übernimmt. Zum ersten Mal seit sechs Tagen kann man endlich mal wieder an Land gehen. Vergnügt beobachtet Servatius die Horden von Händlern, die die Reisenden sofort umringen, in der Hoffnung, etwas zu verkaufen. Zum ersten Mal erlebt er so etwas wie einen orientalischen Basar in Wirklichkeit. Händler, die mit großem Wortaufwand ihre Ware anpreisen, junge Leute, die ins Wasser tauchen, wenn jemand eine Münze hineinwirft.

Um wie viel länger wäre die Reise, wenn es den Suezkanal nicht gäbe und man um ganz Afrika herum fahren müsste! Es war schon eine großartige Ingenieurleistung. Servatius glaubt gelesen zu haben, dass der Kanal 1869 gebaut und zu seiner Eröffnung Verdis Oper „Aida" uraufgeführt wurde.

Die Fahrt durch den Kanal verläuft ruhig. Auf der asiatischen Seite des Kanals sind nur Schlamm und Sandberge zu sehen, kein grünes Blatt, keine Möglichkeit, für eine Landwirtschaft, wie er sie von daheim, aber auch von St. Ottilien her kennt.

Im Roten Meer wird die Fahrt immer ungemütlicher. Tag und Nacht eine Backofenhitze. Irgendwann kommt der Berg Sinai in Sicht, ein mächtiger, über 2.000 Meter hoher Berg, nur nackter, kahler Fels. Hier hat Moses die steinernen Tafeln mit den Zehn Geboten empfangen. Das müsste auch die Stelle sein, wo Moses mit den Israeliten durch das Rote Meer gezogen ist. Servatius will es nochmals im Alten Testament nachlesen, um auch wirklich sicher sein.

Und nun fordert der Meeresgott Neptun doch noch seinen Tribut, die Seekrankheit! Morgens die Messe lesen? Lieber nicht. Das Essen zu sich nehmen oder besser gleich über die Reling kippen und die Fische damit füttern, ohne den Umweg durch den Magen? Gut, wenn ein Geländer zum Greifen nah ist, an dem man sich festhalten kann. Warum werden die Fische eigentlich nicht seekrank?

Nicht nur er, etliche andere auch, denen es genau so elend zu Mute ist, würden wohl alle mit dem größten Vergnügen auf die Weiterreise verzichten. Andere wünschen sich ins Rote Meer zurück und würden lieber die Hitze ertragen als die Seekrankheit. Zwei Tage und zwei Nächte bleibt Servatius nun immer an Deck im Freien ziemlich regungslos und waagerecht auf dem Liegestuhl. Nachts versucht er es dann auch mit der Hängematte. Das Schaukeln des Schiffes wird nun zwar etwas ausgeglichen, aber man liegt ziemlich unbequem.

Dann kommt die Insel Sokotra in Sicht und damit die Hoffnung auf etwa sechs Stunden Ruhe. Aber danach würden sie sechs oder sieben Tage ohne Unterbrechung den Monsunwinden des Indischen Ozeans ausgeliefert sein. Eine liebliche Aussicht.

Am 11. September legt die Coblenz im Hafen von Colombo an. Endlich mal wieder eine Gelegenheit, das Schiff zu verlassen und festen Boden unter den Füßen zu spüren.

Für eine Fahrt durch Colombo, eine Stadt mit 250.000 Einwohnern, mieten die sechs Missionare ein Auto. Zu Fuß hätten sie es in der furchtbaren Hitze wohl überhaupt nicht lange ausgehalten und sich auch nicht zurechtfinden können. Die Stadt ist eben und sieht aus, als läge sie in einem endlosen Palmenwald, die Häuser sind fast alle einstöckig. Mit kurzen Worten lässt sich die völlig neue Welt, die sich da vor ihnen auftut, nur schwer beschreiben.

Im Nu sind sie umringt von dunkelbraunen, fast schwarzen Menschen. Sobald der Schlangenbeschwörer am Straßenrand sie bemerkt, fängt er an, mit einem flötenähnlichen Instrument zu spielen, worauf die zwei Schlangen, Kobras, aber mit ausgebrochenen Giftzähnen, ihre Kunststücke machen. Dann führt er noch selbst einige Zauberstücke vor und will natürlich auch sein Trinkgeld haben.

Im Botanischen Garten von Colombo von links unser Führer, die Tropenhelme zeigen wohl, dass das blendende Weiß nicht von einem plötzlichen Schneefall herrührt, sondern von der heißen Tropensonne. Servatius in der Mitte.

Kaum sind sie in dem berühmten zoologischen Garten angekommen, springt sofort ein Führer herbei und erklärt auf Englisch die wichtigsten Bäume und Merkwürdigkeiten, zeigt ihnen auch den Baum, unter dem Buddha eine Erleuchtung hatte. Zum Glück ist er gleich mit dem Trinkgeld zufrieden, das er bekommt. Später gibt es nämlich damit immer Schwierigkeiten. Natürlich ist es ihnen stets zu wenig und zum andern wollen einige kein deutsches Geld.

Im Heimatmuseum von Ceylon ist der Eintritt frei, aber gleich bietet sich ein Wärter als Führer an. Sie verstehen kaum etwas, von dem, was er mit großen Gesten erzählt, aber ums Zahlen kommen sie nicht herum.

Nun aber kommt das für sie Sehenswerteste: Ein moderner buddhistischer Tempel. Etwas derartig Prunkvolles hat Servatius noch nicht gesehen. Im ganzen Tempel gibt es nicht das geringste Fleckchen, das nicht mit glänzenden Farben bemalt oder sonst wie verziert ist. Vor dem Eingang müssen sie ihre Schuhe ausziehen. Gleich ist wieder ein Führer da, der sie immer zur Eile antreibt, und ebenso wie der Schuhbehüter wieder gut bezahlt sein will für die vier oder fünf Minuten, die sie dort sind.

Als der Führer merkt, dass sie Deutsche sind, zeigt er ihnen etwas sehr Merkwürdiges. In dem Tempel, der innen mit verschiedenen Bildern und Zeichen bedeckt ist, ist nämlich ein Fußabdruck Buddhas. Und ausgerechnet unter Buddhas großer Zehe befindet sich ein Hakenkreuz. Es ist für Servatius nicht zu erkennen, ob sich der Führer dadurch ein besseres Trinkgeld erhofft oder ob er sich auf seine Art über diese deutschen Touristen lustig machen will.

Zum ersten Mal sehen sie unterwegs einen Elefanten in freier Natur und auch frisch geerntete Bananen, die an der Straße angeboten werden. Sie kaufen gleich 50 Stück für eine Mark.

Nach Colombo beginnt es wieder heißer zu werden, eine feuchte schwüle Hitze breitet sich aus. Zwischendurch kommen ein paar Regenschauer. Nach vier Tagen haben sie die holländische Insel Sumatra vor sich. Anfangs ist sie ganz gebirgig und bis zu den höchsten Gipfeln bewaldet. Später wird sie vollkommen eben. Auch das Meer ist seicht. Deshalb fährt die Coblenz sehr langsam in den Hafen von Belawan ein, der neben den anderen Häfen eher bescheiden wirkt.

Zwei Tage später kommt Singapur in Sicht. Die hohen Berge sind bis zum Gipfel bewaldet und von der Ferne könnte man meinen, es seien Wälder, wie er sie von daheim kennt. In Wirklichkeit sind es aber Urwälder, also völlig undurchdringlich und vielleicht noch nie von eines Menschen Fuß betreten.

Die Missionare haben den ganzen Tag Zeit, sich die Viertelmillionenstadt anzusehen. Während in Colombo die überwiegend einstöckigen Häuser ziemlich viel Platz um sich herum haben, sind hier die 3 – 4-stöckigen Häuser alle dicht aneinander gebaut. Die oberen Stockwerke ragen etwa 2 m über die unteren hinaus, so dass eine Säulenhalle entsteht, die sich auf beiden Seiten durch alle Straßen hinzieht.

Das erweist sich als sehr günstig, denn es fängt bald an, stark zu regnen und keiner hat einen Schirm dabei. Schaufenster und

Türen gibt es keine, sondern die Vorderseite ist einfach offen, wenigstens tagsüber. So spielt sich das ganze Leben in aller Öffentlichkeit ab. Sie sehen Frauen mit ihren Kindern beschäftigt, die verschiedenen Handwerker und Geschäftsleute bei ihrer Arbeit, die Schulkinder in der Schule.

Als lästig empfinden sie aufdringliche Rikschafahrer, die wohl nicht verstehen wollen, warum die weißen Touristen zu Fuß gehen.

Die Bewohner der Stadt scheinen hauptsächlich Chinesen zu sein, denn alle Aufschriften an den Geschäftshäusern und die Reklameschilder sind chinesisch.

Die Kathedrale der englischen Hochkirche, ein mächtiger alter Bau in gotischem Stil, ist die einzige Kirche, die Servatius entdecken kann. Aber sonst bekommen die sechs Missionare viel Neues zu sehen, und sind abends rechtschaffen müde von der langen Wanderung in der drückenden Hitze.

Trotz der großen Müdigkeit ist der Schlaf nicht sehr erholsam, denn auf dem Dampfer rattern und rasseln die Kräne die ganze Nacht weiter, bis am Sonntag Morgen die große, für Singapur bestimmte Eisenladung endlich von Bord ist.

Um sechs Uhr geht es wieder in See, Kurs Nord, nachdem sie ganz nah an den Äquator herangekommen sind. Ungefähr ein Drittel der Reisenden war ausgestiegen, dafür aber nur fünf oder sechs neue eingestiegen. Die Ausgestiegenen waren meist Holländer.

Jetzt bilden die Missionare die überwiegende Mehrheit auf dem Schiff. Am Sonntag halten sie ein Hochamt mit lateinischem Gesang. An den früheren Sonntagen hatten sie nämlich nur eine stille hl. Messe, und am vorletzten sangen die Steyler eine deutsche Messe. Darüber beschwerten sich dann die Nichtdeutschen. Die Katholiken hätten doch eine gemeinsame Sprache im Lateinischen. Sie können wohl nur 6 Bücher auftreiben, aber es geht.

Eine herzliche Aufnahme finden sie in Manila. Ihre Mitbrüder, P. Petrus, P. Urban und Br. Theodulf sind von ihrem 120 km entfernten Klösterlein San Benito zum Hafen gekommen. Ein Wohltäter der Missionsstation stellte für den ganzen Tag zwei Autos zur Verfügung. Gerade, als die Missionare einsteigen wollen, kommt ein Zeitungsfotograf, macht eine Aufnahme von ihnen und schreibt ihre Namen auf. Abends sind dann schon Bild und Namen in der Zeitung.

Der erste Besuch gilt dem Kloster der Tutzinger Schwestern, die die Reisenden den ganzen Tag bewirten. Vor allem mit Obst. Papayas, Bananen, Mandarinen, Äpfel, kennt Servatius schon. Fremd ist ihm aber eine außen kartoffelähnliche Frucht, süß und saftig im Geschmack, die ihn dann an Stachelbeeren erinnert,

nur viel größer. Auch
Bier wird serviert
und - nicht zu ver-
gessen: echt philip-
pinische Zigarren
und Zigaretten, mit
denen man ihm al-
lerdings immer noch
keine Freude ma-
chen kann.

Als die Schwestern
1905 hierher kamen,
konnte keine die
Sprache. Der Apos-
tolische Delegat, der
sie hergerufen hatte,
war inzwischen ab-
berufen worden. So
standen sie da:
fremd, mittellos, un-
erfahren. Doch mit
viel Gottvertrauen
und Opfermut be-
gannen sie ihre Tä-
tigkeit. Zunächst
wohnten sie in einem

168

Innenhof des St. Scholastikaklosters
der Tutzinger Schwestern in Manila.
Rechts im weißen Habit P. Petrus, der
seit etwa 4 Jahren auf den Philippinen
ist. Ich hatte diesen Platz zur Aufnahme
vorgeschlagen, weil man da zugleich
die schöne tropische Natur und die
Architektur sehen kann. In Wirklichkeit ist alles aber doch viel schöner als
hier auf dem Bild.
Servatius 3. von rechts

kleinen gekauften Häuschen und suchten durch Waschen ihr Brot zu verdienen. Dabei muss man bedenken, dass sie das heiße Klima nicht gewohnt waren und dass Europäer überhaupt in den Tropen im allgemeinen keine schweren körperlichen Arbeiten verrichten können. Bald begannen die Schwestern auch, sich der armen Kinder anzunehmen und ganz allmählich ging es aufwärts.

Servatius muss an eine kleine Geschichte denken, die er in einer Zeitschrift gefunden hatte, als er in St. Ottilien in der Bibliothek gearbeitet hatte. Er wollte die Zeitschrift gerade aus der Hand legen, als sein Blick auf diesen Bericht fiel:

Ein Missionar wurde auf eine Südseeinsel geschickt, und da es ihm schwer fiel, die komplizierte Sprache der Eingeborenen zu lernen, half er ihnen in anderen Belangen, so gut er konnte. Nach einigen Jahren entdeckte sein Orden, dass er die Sprache immer noch nicht beherrschte, holte ihn zurück und schickte einen jüngeren und intelligenteren Pater auf die Insel. Der lernte die Sprache in kurzer Zeit und begann, Jesus zu verkündigen. Die Insulaner hörten das einige Zeit an, dann kamen die Stammesältesten zu ihm und sagten:

"Weißer Mann, Du erzählst sehr schöne Dinge von diesem Menschen, aber wir kennen ihn schon - er ist weiß wie Du und hat einige Jahre hier unter uns gelebt - aber als Du kamst, war er plötzlich verschwunden..."

Er erinnert sich nicht mehr, in welcher Zeitschrift er diese Notiz gefunden hatte und wer der Verfasser war, wohl aber, dass er an diesem Abend sehr nachdenklich die Bibliothek verlassen hat.

Heute leben und arbeiten in Manila 60 Tutzinger Schwestern und in den Provinzen draußen 90 in 10 Häusern. In Manila haben sie 700 Schülerinnen von der 1. Klasse bis zur Hochschule. Dazu kommt noch die Musikhochschule mit einer großartigen Konzert- und Theaterhalle.

Eine von diesen Schwestern könnte seine Schwester Lena sein, die vor fast zwanzig Jahren dem Orden der Missionsbenediktinerinnen in Tutzing beitreten wollte. Ihre beiden Schwestern, die Lehrerinnen, haben ihr diesen Berufswunsch ausgeredet mit dem Hinweis auf ihre Verantwortung der Familie gegenüber. Aber ihre Frage blieb unbeantwortet: „Was wird aus mir, wenn meine Eltern mal nicht mehr leben?" Sie entschied sich sehr schweren Herzens für die Familie.

Und noch einmal wurde sie auf eine Probe gestellt. Als Anfang August 1921 Kaplan Ägidius Schmitz von Bous weg auf seine erste Pfarrstelle versetzt wurde, hätte er Lena gern als Haushälterin mitgenommen. *„Das wäre gerade so was Passendes für* *mich, da mein lieber Bruder [Anton] ja immer noch nicht so weit ist, dass er weiter studieren kann. Ich liebe die Pfarrhausstille und die Nähe des Heilandes. Aber ich kann unserer Familie das nicht erklären. Sie werden einfach ohne mich mit der Arbeit nicht fertig, oder es müsste manches liegen bleiben und meine alte Mutter müsste wieder von vorne anfangen, sich um alles zu kümmern. Ob sich aber später eine passende Gelegenheit bietet? Die Gutgesinnten machen sich Sorge um mein späteres Leben, wenn die Eltern tot sind."*

Sie entschied sich also zum zweiten Mal für die Familie und dachte mit einer gewissen Wehmut an ihre Kusine „Biwi". Als Kaplan Johannes Schulz 1919 von Bous wegging und die Pfarrstelle Derlen übernahm, ging sie mit ihm als Haushälterin.

[Pfarrer Schulz wurde 1942 in Dachau ermordet, weil er Göring nicht gegrüßt hatte.]

Die Philippinen wurden vor etwa 400 Jahren von den Spaniern entdeckt und die hatten auch gleich Missionare bei sich. So sind wenigstens in den größeren Orte schon Jahrhunderte alte katholische Kulturstätten. In der heute noch von den alten Mauern umgebenen Altstadt Manilas findet sich deshalb eine Kirche neben der anderen, meist von Ordensleuten versehen.

Dieser Tag in Manila, der Hauptstadt der Philippinen, war sicher der schönste der Reise. Und der Grund dafür ist einzig der, dass sie nicht wie in den bisherigen Häfen wildfremd waren, sondern von Mitbrüdern und Schwestern liebevoll aufgenommen wurden.

Das Meer fängt an, wieder unruhig zu werden, die Seekrankheit kommt aber zum Glück nicht wieder. Es ist auch schon wieder kühler geworden. An Bord wurde von einem ziemlich starken Taifun gesprochen, der in Japan Schäden angerichtet hat. Es soll eine Menge Tote und Obdachlose gegeben haben.

Zwischen zahlreichen gebirgigen Inseln, alle ganz mit Gras oder Gebüsch und Gesträuch bewachsen, bahnt sich die Coblenz ihren Weg in den Hafen von Hongkong. Ringsum steigen hohe Sandsteinberge direkt vom Meer aus an. Die Stadt scheint an diese Steilhänge angeklebt zu sein, wenigstens bis zur halben Höhe. Dann wird es so steil, dass keine Häuser mehr möglich sind. Erst weiter oben ist der Hang wieder bebaut. Die Häuser unten am Meer sind überwiegend drei- bis vierstöckig.

Die elektrische Bahn bringt die Missionare nicht ganz bis zum Gipfel. In halber Höhe ist Ende. Aber von da aus folgen sie einem geteerten Spazierweg, der in etwa 4 km rund um den Berg führt und eine einzigartige Aussicht auf die Stadt, den Hafen und die vielen Inseln und Berge ringsum bietet.

Die Insel Sancian muss in der Nähe sein, ist aber von hier aus nicht zu sehen. Servatius denkt an den hl. Franziskus Xaverius, der dort 1552 einsam und verlassen starb. Lange hatte er vergeblich versucht, als Missionar nach China einzudringen, um den Millionen Menschen dort seinen Glauben zu verkünden. Seinen Nachfolgern gelang es und inzwischen arbeiten dort ein paar Tausend Missionare auf einem sehr dornigen und harten Feld.

Auch heute bringt die Reise natürlich manche Unannehmlichkeiten mit sich. Aber wie mühsam muss es erst für die früheren Missionare gewesen sein! Wie viel Leid und Entbehrungen mussten sie ertragen, bis sie an ihr Ziel gelangten, falls sie es überhaupt erreichten. Das größte Opfer des Missionars aber mag auch heute oft noch sein, dass er sich wie der hl. Franz Xaver fremd und verlassen fühlt.

Vom Schiff aus bietet sich bei Einbruch der Nacht ein herrliches Bild. Bis zu den höchsten Spitzen der Berge, an denen sich die Stadt hinaufzieht, ist alles mit Lichtern übersät. Nur ein Streifen in der Mitte, wo es eben zu steil war zum Bauen, bleibt dunkel. In einem bedrückenden Gegensatz zu diesem herrlichen Anblick steht ein Blick auf den Hafendamm, an dem die Coblenz liegt. Während vorn am Schiff sich noch das Rasseln der Kräne mit den Rufen der Ladearbeiter mischt, legen sich andere weiter hinten zum Schlafen nieder. Ihre Kleidung besteht nur aus einer Hose, nicht viel größer als eine Badehose, und ihr Lager ist noch einfacher: ein paar Fetzen Papier oder Pappe, wie sie gerade herum liegen. Das Leben dieser Leute spielt sich eben von Kind an zum größten Teil auf der Straße ab.

Ein paar Stunden vor Shanghai, der „Stadt über dem Meer", wie der Name wörtlich übersetzt heißt, beginnt das Meer gelb zu werden. Das kommt von dem Jangtsefluß, der viel Löß, einen ganz feinen, lehmartigen Sand, mit sich führt. Shanghai liegt nicht unmittelbar am Meer, sondern etwa 20 km entfernt am Wangpufluß. In der Nähe ist eine deutsche Hochschule, die vor zwei Jahren bei dem Kampf in Shanghai stark beschädigt wurde.

Weil bei Shanghai fünf japanische Mönche misshandelt worden sein sollen, griff die japanische Armee mit etwa 70.000 Soldaten die Stadt an. Zuvor verbreitete sich von hier aus ein landesweiter Boykott japanischer Waren als Reaktion darauf, dass Japan in der Mandschurei den Staat Mandschukuo gegründet hatte.

Nördlich davon liegt der mehr chinesische Teil, Tschahpei, mit mehreren 100.000 Einwohnern. Auch hier haben die Japaner einen riesigen Trümmerhaufen hinterlassen. Wie weit die Stadt wieder aufgebaut ist, lässt sich nicht erkennen.

Etwa 600 Fabriken sind in Shanghai angesiedelt. Vom Schiff aus kann man einige sehen. Die Coblenz legt an der Seite nach Zikawei hin an, dem internationalen Teil der Stadt, wo es eine ganze Menge riesiger Wolkenkratzer gibt. Hier haben die französischen Jesuiten ihre große Zentrale mit Kathedrale, Bischofssitz, Priesterseminar, Gymnasium, Lehrerschule, Volksschule, große Druckerei. Das alles liegt eigentlich außerhalb dieser Stadt mit etwa 3 Millionen Einwohnern. Nicht zu vergessen die berühmte Wetter- und Sternwarte, die täglich drei Mal mit ihrem eigenen Sender den Schiffen auf dem Meer Sturmwarnungen schickt.

Von Zikawei fahren sie wieder 10 – 15 km ganz nach Süden in das rein chinesische Viertel. Eine einflussreiche Persönlichkeit der Viermillionenstadt, Lo pa hong, Direktor der städtischen Straßenbahnen, der Elektrizitäts-, Gas- und Wasserwerke, hat hier einen Teil seines riesigen Vermögens in ein Hilfswerk für Bedürftige investiert.

Etwa 15 Barmherzige Schwestern, meist Französinnen, leiten diese Einrichtung, zu der noch ein großes Hospital in einem andern Stadtteil gehört. Eine besondere Fürsorge gilt den ausgesetzten Kindern. Jeden Monat kommen etwa 150 dazu. Von 100 sterben 70, weil sie schon zu elend sind. Die anderen gibt man so weit wie möglich chinesischen Frauen, um sie zu nähren.

Später kommen die Kinder wieder zurück, um die hauseigene Schule zu besuchen.

Außerdem gibt es noch eine Abteilung für Blinde, für Geisteskranke, alte Leute über 60, für kranke Gefangene aus den staatlichen Gefängnissen. Auch eine schöne große Kirche gehört dazu.

Gäbe es auf der Welt nur mehr Menschen wie Lo pa hong, die für ihre notleidenden und hilfsbedürftigen Mitmenschen alles tun, was in ihren Kräften steht!

Auf der Fahrt durch die Stadt sehen sie noch Hunderte von so elenden Wohnungen, wie Servatius sie sich bisher nicht vorstellen konnte. *Daheim wären sie sogar noch zu schlecht als Viehstall.*

Die Reise nähert sich ihrem Ende zu. Auf der Coblenz ist es merklich stiller geworden. Nur noch 30 Reisende sind an Bord. Die Ankunft in Dairen ist für den 03. Oktober geplant. Servatius genießt den letzten Sonntag noch an Deck. Strahlend blauer Himmel, nur im Nordwesten einige weiße Wolken. Es ist zwar noch ziemlich heiß, von Süden weht jedoch eine leichte Brise. Da ist es angenehm, am Oberdeck zu sitzen, den leicht bewegten Wellen zuzuschauen und von der Zukunft zu träumen, was sie wohl bringen wird, oder von der Vergangenheit, von den Sonntagnachmittagen in der Heimat, von ähnlich schönen Tagen. Viel Neues hat er auf dieser Reise gesehen, aber das kam ihm fast vor wie ein Museum, das man besucht und wieder verlässt. Von jetzt an soll er auch die Orte und vor allem die Menschen kennenlernen, unter denen sich sein ferneres Leben abspielen wird.

4. TEIL

Mandschurei – die neue Heimat

Ankunft in Yenki. Land und Leute, Sitten und Bräuche, Lebensgewohnheiten.

Chinesisch und Koreanisch lernen.

Die praktische Arbeit auf verschiedenen Missionsstationen erfahren.

Die politische Situation im Marionettenreich.

Vor ein paar Monaten wurde das Kaiserreich Mandschukuo proklamiert. Der letzte Kaiser von China herrscht jetzt hier als der neue Kaiser in dem Land, aus dem seine Vorfahren stammen. Der Letzte in einer über zweitausend Jahre zurückreichenden Tradition der chinesischen Monarchie, der Letzte aus der Dynastie der Mandschu, die von außen gekommen ist und seit dem 17. Jahrhundert China beherrscht hat.

Die Geschichte der kaiserlichen Herrschaften ging nun mit der Revolution von 1911 zu Ende. Die Qing-Dynastie hatte sich zu lange hermetisch abgeschottet und sich jeglichem Fortschritt verschlossen und war einfach unfähig zu grundlegenden Reformen.

Es gab Druck von außen, nämlich die Bemühung der Westmächte, China unter sich aufzuteilen und es gab die unterschiedlichen Umsturzversuche von innen. Hungersnöte und Naturkatastrophen trugen dazu bei, dass die Gesellschaft in sich zerrissen war und aus den unterschiedlichsten Beweggründen ihr Heil in der Revolution suchte.

Aus der Vielzahl von Strömungen bildeten sich zwei dominierende Richtungen heraus: die einen wollten grundsätzlich das Kaisertum bewahren, aber in Form einer konstitutionellen Monarchie. Die anderen wollten dem gesamten Kaisertum ein Ende bereiten und eine parlamentarische Republik einführen.

Dann wurde eine Partei gegründet, die Kuomintang. Das war anfangs die einzige Partei, aber in ihr war ein breites Spektrum politischer Meinungen vertreten. Später kam – als einzige Alternative – die Kommunistische Partei hinzu. Auf Druck der Kommunistischen Internationalen [Komintern] bildete die Kuomintang eine Einheitsfront mit den chinesischen Kommunisten. Aber mal waren beide Parteien verbündet, mal verfeindet. Und das Volk verarmte immer mehr.

Dazu kamen ziemlich überall in China unkontrollierte Aktionen von Provinzgenerälen, den „Warlords". In dieser völlig verworrenen politischen Situation in einem zerrissenen Land, hatten die Japaner bei ihren militärischen Übergriffen keine ernstzunehmende Gegenwehr von chinesischer Seite zu erwarten.

Am frühen Nachmittag des 03. Oktober, einem Mittwoch, legt die Coblenz im Hafen von Dairen an. Eine Schiffsreise, die fast dem halben Erdumfang entspricht, geht zu Ende. Servatius betritt zum ersten Mal mandschurischen Boden. *„Das ist das Land meiner Sehnsucht."* Dabei weiß er sehr genau, dass das, was ihn erwartet, nicht das Land des Lächelns ist.

Von Dairen aus fahren sie mit einem kleinen Dampfer nach Seoul, der Hauptstadt Koreas, und von dort weiter mit der Bahn nach Wonsan. Sie bleiben ein paar Tage bei ihren dortigen

Mitbrüdern, die ihnen schon einen Willkommensbrief auf die Coblenz geschickt hatten.

Endlich nach 2 Monaten kann ich meine Briefe mit Yenki überschreiben. Gestern Vormittag sind wir alle glücklich hier angekommen.

Am 16. Oktober kommen die sechs neuen Missionare, begleitet von zwei hiesigen Patres, mit der Bahn von Seoul nach der nördlichen Grenzstadt Hoiryong am Tumen. Zwölf Stunden geht die Reise dauernd durch Koreas Berge - das ist wörtlich zu nehmen - denn wie ein Mitbruder zählte, durchfuhren sie 110 Tunnels. Lange Strecken geht es am Meer entlang, ein Strand mit vielen Buchten und Einschnitten. Das Landschaftsbild wechselt ständig, aber ändert sich nicht wesentlich: Berge mit Kiefern bewachsen, in den Tälern Reis- und Hirsefelder und Sojabohnen. Die Dörfer sind auch alle gleich, einstöckige Häuser, Lehmwände mit Strohdach. Auch in den Städten ist es so.

Es ist schon empfindlich kalt, als sie frühmorgens in Hoiryong ankommen, zumal sie noch keine Winterkleider anhaben. (Im Zug gibt es zum ersten Mal kalte Füße.) Hier können sie den ersten Blick in das Land werfen, das sich jenseits des

Tumenflusses ausbreitet. Lange blickt Servatius über die Ebene auf der anderen Seite, das Land seiner Sehnsucht, seine neue Heimat.

In Hoiryong übernachten sie zum ersten Male echt koreanisch, nämlich auf dem Boden in einem engen niedrigen koreanischen Hause, in dem ihre Mitbrüder wohnen.

P. Olaf hat dieses Jahr dort eine schöne große Kirche gebaut. Der Turm überragt weit die ganze Stadt. Das bisherige Gebäude ist ein Koreanerhaus, innen kaum mehr als mannshoch, an den Türen musste man sich ducken. *In solch einem engen Zimmer muss man selbst einmal drin gewesen sein, um zu verstehen, welch eine Wohltat ein Zimmer ist, wie wir es gewohnt sind,* geht es Servatius durch den Kopf.

Zuerst kommt der ehemalige Ochsenstall, in dem jetzt ein Bruder haust. Daneben ist die schwarze dunkle Küche. Dann kommen ein enges Wohnzimmer und die ebenso engen Zimmer für die zwei Patres. Betten gibt es keine. Als es Zeit ist zum Schlafengehen, wird eine Decke auf den Boden ausgebreitet und das Bett ist fertig. Das heißt, ein koreanisches Kissen gibt es auch noch. Das hat ungefähr die Form eines Balkens und ist mit Häcksel gefüllt. Die Hauptsache ist, dass man genügend Decken hat, denn die Türen schließen schlecht und bestehen, ebenso wie die Fenster, nur aus einem Stäbchengerüst, das mit weißem Papier verklebt ist. Servatius schläft gut in dieser neuen Umgebung.

Schon um halb vier heißt es wieder aufstehen, denn um sechs geht es weiter nach Yenki. Eine Stunde fahren sie noch am Tumen entlang, der zu dieser Jahreszeit nur wenig Wasser führt. Zu beiden Seiten ragen Berge einige hundert Meter in die Höhe, aber sie sind nicht mehr von Kiefern bestanden wie in Korea, sondern nur mehr von niedrigem Eichengestrüpp. Ab der Grenze sind die Berge kahler und allmählich auch niedriger.

Dann gibt es einen Halt an der Zollstation Sampun. Anderthalb Stunden stehen sie in der Kälte. Aber es gibt, davon abgesehen, keine nennenswerten Probleme.

In einem mandschurischen Triebwagen geht es weiter. Zwei Soldaten fahren zur Bewachung mit. Aber sowohl sie als auch die Wachen an den Tunnels und Brücken brauchen jetzt wohl kaum mehr in Aktion zu treten.

Kurz nach elf Uhr kommen sie nach Yenki, rechtschaffen müde und gleichzeitig froh, endlich am Ziel zu sein. Zwei Mitbrüder holen sie am Bahnhof ab, und im Omnibus geht es zum Kloster.

Wie alle größeren Häuser hier ist auch das Kloster von einer dicken Lehmmauer umgeben. Es wurde voriges Jahr [1933] aus schwarz-grauen Backsteinen gebaut, hat ein Blechdach und ist

außen noch nicht verputzt. Das Grau passt gut in die ganze
Stimmung dieser Städte, Dörfer und Landschaft, anders als bei
den Stationen in Korea, die alle aus leuchtend roten Backsteinen gebaut sind. Die übrigen Gebäude sind noch von Chinesen
übernommen, mit Lehmmauern, Papierfenstern und Blechdach,
und ebenfalls einstöckig wie alle Chinesenhäuser, die Kapelle
nicht ausgenommen. Es sind teils Werkstätten, teils Wohnungen für chinesische und koreanische Angestellte. Innen sind
Maurer, Anstreicher, Schreiner und Elektriker eifrig beschäftigt.
Die meisten Räume sind unbewohnt und kahl. So wirkt das
Ganze noch nicht wirklich gemütlich.

Abtei Yenki

Groß ist die Freude des Wiedersehens nach so langer Zeit und herzlich ist die Begrüßung durch die Patres und die Brüder. Auch die vier Kanarienvögel, die Bruder Philipp für Vater Abt mitgegeben hat, haben die Reise gut überstanden. Sie wenigstens waren nicht seekrank geworden.

Viele Fragen müssen die Neuankömmlinge beantworten, denn vieles kann man in diesen Zeiten schon nicht mehr in einem Brief erörtern. Die Gefahr ist zu groß, die Aufmerksamkeit oder Neugier der Zensur zu wecken.

Erinnerungen an die gemeinsame Zeit im Kloster und zum Teil auch das gemeinsame Noviziat werden ausgetauscht. Und ebenfalls werden alte, heitere Anekdoten aufgewärmt. Herzlich

Alte Abtei 1932

gelacht wird wieder über die Geschichte von einem Pfingstausflug der Novizen. Irgendwo in der Landschaft hatten sie ihr Lager aufgeschlagen und einer sagte, indem er auf ein Dorf in der Ferne zeigte: "Das ist doch X-dorf". Worauf Servatius entgegnete: "Das glaube ich nicht." Danach war Servatius verschwunden. Nach drei oder vier Stunden tauchte er auf mit der Bemerkung: "Ihr hattet recht".

Kirche der Abtei Yenki

Vom Fenster aus sieht Servatius zunächst den Garten, dann die Kirche mit ihrem Wellblechdach. Kirche ist eigentlich zu viel gesagt.

Ein etwa 25 m langer Schuppen mit 2 m hohen Seitenmauern aus Lehm. An der ihm zugekehrten Nordseite sind Papierfenster.

Dahinter breitet sich die Stadt aus, von der aber kaum mehr zu erkennen ist als ein paar Bäume und wenige Dächer. Alles ist einstöckig. Der Blick geht über eine weite Ebene. In großem Kreise ziehen sich ringsherum mäßig hohe, kahle, abgeglättete Höhenrücken hin. Von den vielleicht 20.000 Einwohnern Yenkis sind etwa je die Hälfte Chinesen und Koreaner, aber auch einige hundert Japaner leben hier.

Das Kloster liegt im chinesischen Teil von Yenki, ganz am Ende der Stadt, im Nordosten. Ein paar Minuten Fußweg sind es bis zum Schwesternkloster und in der Nähe davon ist das Grab des ermordeten P. Konrad, das Servatius am Morgen schon besuchte. Als damals die Nachricht von dessen Ermordung nach St. Ottilien kam, war sein erster Gedanke: „Da ist ein Platz für mich frei geworden." Auch daran erinnert er sich jetzt.

In der Abtei sind außer ihm noch drei Patres: P. Propräfekt Viktorin und die beiden einzigen hier, die Chinesisch können: P. Prokurator und P. Meinrad. Dann ist noch ein gutes Dutzend Brüder da, die überwiegend

Schwesternkloster in Yenki

handwerkliche Tätigkeit in den Missionsstationen ausüben.

Für die örtlichen Verhältnisse ist das Kloster ziemlich groß. Aber es wohnen hier ständig über 20 Personen und von den Patres draußen auf den Stationen hat jeder hier sein Zimmerchen. Mehrmals im Jahr kommen alle zu Tagungen und Exerzitien zusammen und da muss doch jeder sein Zimmer haben. Auch wenn er sonst mal kommt, um sich etwas zu erholen und Ferien zu machen. *Die meisten wohnen draußen noch in koreanischen Lehmhäusern, sodass man es ihnen schon gönnen kann, wenn sie ab und zu ein paar Tage wieder im Steinhaus wohnen können.*

Wenn ich Euch das Haus zeigen könnte, in dem die ersten Patres jahrelang gewohnt haben, würdet Ihr wahrscheinlich sagen: Da möchte ich keine Nacht zubringen. Die jetzigen Stationen sind zwar etwas besser, aber wie gesagt, doch nur Lehmhäuser. Vor vier Wochen haben wir unser Kloster feierlich eingeweiht nach unserem Ordensrituale, das für die meisten Räume ein eigenes Gebet hat.

Schwesternkapelle

Während der Zugfahrt durch Korea hat er oft erlebt, dass Bahnbeamte oder Polizisten kein Koreanisch konnten, sondern nur Japanisch oder bestenfalls noch ein bisschen Englisch. Dabei hatte er sich oft gewünscht: „Wenn ich doch nur einige Sprachen wirklich sprechen könnte und nicht bloß ein paar Fragmente!"

Fast täglich geht Servatius nun zu der etwa 20 Minuten entfernten Missionsstation für die Koreaner in einem ganz anderen Stadtteil, wo Pater Kanisius ihm Koreanisch-Unterricht gibt.

Die Kirche dort besteht vorläufig und wohl noch ziemlich lange aus einem größeren Zimmer in der Schule. Sonntags nimmt man einfach die Wand zwischen zwei Schulzimmern weg, um mehr Platz zu schaffen.

Acht Stunden Koreanisch in der Woche! Es wird schwierig und sicher auch langwierig aber keinesfalls langweilig sein, sich in diese völlig andersartige Sprache einzuleben.

„Vieles ist eben total anders als in den europäischen Sprachen", führt Pater Kanisius in die Besonderheiten der koreanischen Sprache ein. „Die Verben werden nicht konjugiert "ich tue, du tust, er tut ... " Sondern da gibt es nur die Frageform und die Aussageform. Ob ich jetzt den Anderen meine oder mich, das muss daraus hervorgehen, dass ich an das Verbum "ehrende" Silben anhänge. Ehrende Silben. Es gibt gewisse Silben am Schluss, die sind ehrend. Damit ist immer nur der andere gemeint, nicht ich.

Die Grammatik hat drei Formen: ehrende, nicht ehrende und neutrale Form. Beispiel: ich spreche jetzt zu einem Professor über einen anderen Professor. Ich muss ehrende Grammatik verwenden und ehrende Worte, weil ich über einen anderen Professor spreche. Spreche ich aber zum Professor über einen Schüler, dann gebrauche ich ehrende Grammatik, weil ich zum Professor spreche, aber ein niederes Wort für Schüler. Spreche ich zu einem Schüler über einen Professor, dann gebrauche ich niedere Grammatik, weil ich zum Schüler spreche, aber ehrende Worte, weil ich über einen Professor spreche.

Nehmen wir ein Beispiel: handa kann heißen: ich tue, du tust, er, sie, es, man, wir usw. tun. Dafür gibt es aber die verschiedenen Höflichkeitsformen. Spreche ich zu einem Kind oder Untergebenen, so sage ich handa, zu einem Erwachsenen hao, zu einem Höhergestellten hamnida, ist der Betreffende selbst auch der Handelnde, so muss ich auch seine Handlung ehren und sage: hasio oder hasisimnida, zu einem sehr hochgestellten hasipsio oder hasipsimnida. Zu Kindern sage ich unter Umständen auch hananira, Familienmitglieder unter sich sagen: hajo oder hadji, Freunde: hane. Weitere hohe Ehrungsformen sind: hajojo, hadjio, hamnända, haoida.

Das Ganze ist total verschieden von unserer Satzstruktur, und das macht es so schwierig. Und wenn dann noch hinzukommt, dass die Begriffe nicht übereinstimmen, wie etwa der Begriff "Schwester". Da kann man nicht einfach im Lexikon nachschlagen, was heißt "Schwester"? Sondern, da muss man jetzt unterscheiden. Wird die Schwester gesehen vom jüngeren Bruder als ältere Schwester, die heißt anders, als wenn dieselbe Schwester vom älteren Bruder aus gesehen wird. Das Gleiche gilt bei Studenten an der Universität, die sagen auch Bruder und Schwester zu einander. Aber die müssen auch genau unterscheiden, ob der Student, den sie ansprechen, älter ist oder jünger. Wenn ich nun von einer Klosterschwester spreche oder einer Krankenschwester dann ist das wieder jeweils ein total anderes Wort. Also, der Begriff "Schwester" so wie wir ihn kennen, existiert nicht. Ich muss unterscheiden, welche Art von Schwester ich jetzt meine. So geht es mit sehr vielen Begriffen."

Das Sprachstudium geht langsam vorwärts. Kein Wunder, dass auch sein koreanisch-englisches Lexikon, das 82.000 Wörter enthält, ihn noch oft im Stich lässt beim Nachschlagen. Dann findet er ein Verzeichnis aller Verbalformen. Auf viele ist er schon gefasst, aber seine Erwartungen werden weit übertroffen, als er 600 Formen verzeichnet findet. Dabei sind für die einzelnen Personen nicht einmal verschiedene Formen da.

Ein Hauptgrund für den riesigen Wortschatz ist die große Menge der aus dem Chinesischen übernommenen Wörter. Weil der chinesische Silbenschatz sehr gering ist, gibt es oft 8, 10 und mehr ganz gleichlautende Wörter im Koreanischen. Im Chinesischen wird das ausgeglichen durch die Töne oder beim Schreiben durch die Zeichen.

Von der aus drei Teilen bestehenden koreanischen Grammatik habe ich jetzt einen Teil durch, allerdings noch nicht alles davon im Kopf und im Sprechen noch gar keine Übung. Doch das wäre gerade das wichtigste. Das Verstehen ist ja immer leichter als das Selbstreden. Doch mit der Zeit wird es schon gehen. Schlimmer sind andere äußere Schwierigkeiten für die Missionsarbeit. Da können wir nichts anderes tun als beten.

ㄱ ㄴ ㄷ ㄹ ㅁ ㅂ ㅅ
ㅏ ㅑ ㅓ ㅕ ㅗ ㅛ ㅜ ㅠ ㅡ ㅣ ·
ㆁ ㅈ ㅊ ㅋ ㅌ ㅍ ㆆ

k n t r(l) m p s(d)
a ya ŏ yŏ o yo u yu ŭ i ă
ng tj tch kh th ph h.

Koreanisches Alphabet

Auf dem Wege zum Sprachunterricht bekommt Servatius genügend Gelegenheit, seine neue Umgebung genauer zu beobachten. Das Straßenbild ist für ihn als Europäer gewöhnungsbedürftig. Alle Häuser sind mit einem hohen Zaun aus meist ungehobelten starken Brettern umgeben, selbst wenn das Haus nur einen Meter von der Straße entfernt steht. Asphalt und Pflaster gibt es nicht. Für die Architektur bleibt bei diesen einstöckigen Häusern kein weiter Spielraum. So wirkt alles ziemlich eintönig und grau. In den Geschäftsstraßen sieht es etwas anders aus. Da es ursprünglich keine Glasfenster gab, nahm man tagsüber einfach die ganze vordere Wand weg. Das tun sie jetzt in der warmen Jahreszeit auch noch, obwohl es nicht mehr nötig ist. Inzwischen gibt es ja Glas.

Rikschas gibt es hier auch, aber die werden wohl bald durch Autos ersetzt werden. Daneben sind ziemlich viele von den zweirädrigen, einspännigen Ochsenwagen unterwegs. Kleinere Lasten tragen die Männer an einer Stange, die über die Schultern gelegt wird.

An die chinesischen Aufschriften all überall muss Servatius sich gewöhnen. Seine geringen Chinesisch-Kenntnisse reichen aber noch nicht aus, um sie zu entziffern. Die Schriftzeichen über einem Lebensmittel-Laden müssen wohl Lebensmittel-Laden bedeuten. Oder geben sie nur den Namen des Inhabers an?

Doch selbst wenn er Koreanisch könnte, käme er noch oft in Verlegenheit. Sämtliche Inschriften auf Bahnhöfen, in den Straßen, alles ist Chinesisch beschrieben. Die paar Zeichen, die er bisher kann, reichen da noch lange nicht aus.

Servatius macht auch die Erfahrung, dass man vieles nicht zu sehen bekommt, solange man die Sprache nicht versteht und mit den Leuten in Berührung kommt. Manches sieht man und versteht es nicht, anderes übersieht man leicht.

So sah er kürzlich einen Mann mit einer chinesischen Flöte durch die Straßen gehen. Unter dem linken Arm hielt er eine etwa drei Meter lange Stange, deren vorderes Ende ein Junge in der Hand hatte. Sollte der auf diese Weise Reklame für ein Geschäft machen? Des Rätsels Lösung fand sich etwas später zufällig. Es war ein Blinder. Von diesen glaubt man hier, dass ein göttlicher Geist in ihnen wohnt. Wer nun diesen Geist befragen will, kann den Mann hereinrufen und den Geist befragen und gibt dafür ein Entgelt.

Zum Unterricht bei Pater Kanisius geht Servatius meist zu Fuß, gelegentlich benutzt er auch ein Motorrad, genauer gesagt, ein Fahrrad mit Hilfsmotor.

Fast jeden Tag erlebt er dabei andere Überraschungen. Einmal musste er sich wegen der Kälte fast die Lunge herausstrampeln, bis der Motor ansprang, ein anderes Mal bescherte ihm ein Nagel einen platten Reifen. Dann stürzte er auch schon mal, weil er auf der schmierigen Straße eine Kurve zu schnell nahm. Das verbogene Vorderrad war schneller wieder in Ordnung als seine aufgeschürfte rechte Hand. Ein großer Hund verfolgte das Motorrad und wollte sogar nach dem Fahrer beißen. Ein kleiner Hund versuchte es ebenfalls, überlebte aber leider den Zusammenstoß mit dem Motorrad nicht, an dem dabei ein Pedal abbrach.

Mit dem Motorrad scheine ich kein Glück zu haben. Dass der Schlauch unterwegs ein Loch kriegt, oder ein Hund ins Rad läuft usw. kann ja auch anderen passieren. Aber bisher traf es sich immer nur, wenn ich damit fuhr. Doch handelt es sich um ein einfaches Rad mit eingebautem Sachsmotor. Ein richtiges Motorrad wäre doch was anderes.

Die Fahrten sind bisher durchaus nicht langweilig. Zu Fuß ist der Weg aber auch nicht uninteressant.

An den Menschen auf der Straße erregt vor allem auch die Kleidung seine Aufmerksamkeit. Die Mehrzahl hält an der überkommenen Tracht fest. Die chinesische gefällt ihm am besten. Sie ist bei Männern und Frauen ziemlich die gleiche, fast ähnlich einem Ordenshabit, wird aber nicht vorn, sondern auf der rechten Seite geschlossen, und zwar mit Knöpfen aus Knoten, wie er sie sonst noch nirgends gesehen hat. Auf beiden Seiten sind etwa fünf cm lange Schnüre, von denen die eine in einer Verdickung, die andere in einer Schleife endet. Die Kleider sind meist schwarz oder blau, nur die Kinder haben nette großgeblümte mehrfarbige Stoffe. Für die Mode bleibt da kein weiter Spielraum. Jetzt, wo es kälter wird, sind die Kleider wattiert. (Servatius hat auch schon eine wattierte Weste an.)

Die Koreaner sind an dem Schnitt des Kragens leicht zu erkennen, sowohl bei Jacken als auch bei Mänteln, für Frauen und Männer gleich.

Die Familie fragt natürlich, wie er im fernen China lebt.

Du möchtest etwas in unseren Küchenzettel schauen. Morgens gibt es, weil die Kühe noch trocken stehen, schwarzen Kaffee, aber mit Zucker. Dazu Weizenbrot, das jedoch schnell hart wird. Man sagt, das liege am Mehl. Ferner abwechselnd selbstgemachte Wurst, Marmelade aus mir noch unbekannten Früchten, Eier und Dofu. In aller Frühe laufen schon Verkäufer mit einem großen Brett auf der Schulter in der Stadt umher und rufen ihren darauf liegenden Dofu zum Verkauf aus. Wie er hergestellt wird, weiß ich nicht. Es sind etwa handgroße aus der Sojabohne hergestellte Würfel. Die werden dann zerrieben und geröstet. Der Geschmack ist etwas merkwürdig. Ich esse ihn ganz gern. Jeden Tag wollte ich ihn aber nicht haben. Mittags gibt's Rind- oder

Schweinefleisch mit Kartoffeln und süßem oder saurem Kappes oder Blokappes. [Sauerkraut oder Rotkraut]

Das Essen ist hier in der Abtei fast wie daheim. Es gibt also auch Brot und Kartoffeln. Also in dieser Hinsicht sind die Opfer, die wir bringen müssen, im allgemeinen nicht gar so groß. Einzelne Patres haben auf ihren Stationen keine gute Köchin. Die sind schon mehr zu bedauern, wenn es fast Tag für Tag denselben Reispab gibt. Pab ist das koreanische Wort für Essen.

Wenn ich einmal kleine Außenstationen besuchen werde, kann ich Bekanntschaft machen mit häuslichen Lebensgewohnheiten der Koreaner. Mit Stäbchen habe ich erst einmal gegessen. Nur etwas Chinesisches haben wir beim Essen. Als Nachtisch gibt es immer Erdnüsse, ein, zweimal in der Woche zum Frühstück Soyabohnen. Selten dagegen sind Milch, Butter und Obst. Für letzteres ist es zu kalt und Milchwirtschaft betreiben die Chinesen nicht. Wir haben zwar zwei Kühe, aber die geben 1. nicht viel und 2. stehen sie seit einigen Wochen völlig trocken.

Hier essen wir ziemlich europäisch. Dass unsere Kühe noch trocken stehen, daran habe ich mich schon ganz gewöhnt. Geißenzucht betreiben wir auch, machen Geißenbutter und -käse.

Eure Besorgnisse um mein leibliches Wohlergehen sind unbegründet. Bei den meisten Koreanern sieht der Speiseplan anders aus. Sie kochen den Reis ohne jede Zutat oder vielleicht ist es mehr ein Dämpfen. So genau bin ich noch nicht eingeweiht. Er kommt jedenfalls ganz trocken auf den Tisch und zwar Tag für

Tag, morgens, mittags und abends, bei Ärmeren nur morgens um 8, 9 und nachmittags um fünf. Das Mittagessen fällt da aus. Noch Ärmere müssen sich mit Hirse oder Mais begnügen. Damit man aber dessen nicht überdrüssig wird, kommt ganz scharfes Gewürz dazu, vor allen Kimtschi. Doch genaueres kann ich aus eigener Erfahrung noch nicht sagen.

Hier ist ein Bruder, an dem Mama sicher ihren Spaß hätte. Morgens muss er in der Kapelle Küster machen, dann das Vieh füttern: zwei Geißen, ein paar Schweine, die so zahm sind, dass sie immer an ihm hochspringen und ihm einen Kuss geben wollen, dann noch 40 Kaninchen und 2 Hunde. Nachher schafft er in Haus und Garten und kocht dem Pater das Essen, und zwar stehen Suppentopf und Schweinsdippen [Topf für das Schweinefutter] dabei nebeneinander. Es mag ja vielleicht nicht immer so ganz sauber hergehen, aber das ist nicht so schlimm. Daran gewöhnt man sich schon. Heute musste ich dort Messe lesen. Zum Frühstück gab es Geißenbutter und Aprikosenschmier [Marmelade] – fast das einzige Obst, das hier gedeiht – alles selbstgemacht, auch das Brot selbstgebacken.

Als Servatius in Yenki ankommt, erwartet ihn schon ein Brief seines Bruders Aloys als *"Erste Botschaft ins neue Heim"*:

Auch hab ich Näheres über die Tage Deines Abschiedes hier gehört. Es muss ja schön gewesen sein. Dass ich nicht dabei sein konnte, tat mir deshalb leid, weil Ihr mich vermisst habt. Ich hatte es mir schön ausgemalt, wie ich Dir in allem zur Hand gehen würde, um Dir die letzten Tage recht schön zu machen. Nun musstest Du Deine letzte Minute noch für mich verwenden. Von heute aus gesehen macht es doch für das, was kommt, kaum etwas aus. Darum wollen wir mehr auf alles vor uns schauen."

Auf das schauen, was vor uns liegt. Für Aloys ist dies die Fortsetzung seines Studiums in Salzburg. Inzwischen ist er dort immatrikuliert, wenn auch "nur vorläufig" wegen der "besonderen Umstände" nämlich des Fehlens der Exmatrikulationspapiere von München.

Die Nachricht, dass in Deutschland wieder eine allgemeine Wehrpflicht eingeführt werden soll, ist für Servatius eine große Überraschung, denn: *Man sprach zwar vor fünf, sechs Monaten davon, aber ich zweifelte immer noch etwas, ob man so offen den Versailler Vertrag beiseite schieben werde. Aber die*

Vertragsmächte scheinen sich jetzt ja doch mit der Tatsache abzufinden. Und am 1. April soll nun schon die Einberufung sein. Ich hätte gar nicht gedacht, dass man so schnell die nötigen Vorbereitungen treffen kann. Muss Aloys auch einrücken? Da würden seine Pläne ja arg über den Haufen geworfen. Zwischen Deutschland, Polen und Japan soll, wie es heißt, ein Freundschaftsvertrag abgeschlossen worden sein. In den Zeitungen erfährt man aber nichts davon. Doch will ich mich nicht in die Politik einlassen. Heutzutage muss man da sehr vorsichtig sein, um nicht zu Missverständnissen Anlass zu geben.

Was die äußere Lage angeht, so ist es hier immer ruhig und auch für die Zukunft nichts zu befürchten. Denn zu einem Krieg mit Russland wird es wohl kaum kommen. Die Russen würden dadurch im eigenen Innern wahrscheinlich sich zu große Schwierigkeiten heraufbeschwören. Die Schwierigkeiten, die es hier gibt, kommen von den „eingesessenen" Räubern.

Die Umgebung der Stadt kann Servatius auch schon ein wenig erkunden. Was ihm gleich auffällt, sind die einige Kilometer breiten Flusstäler, die mit Reisfeldern bedeckt sind. Umschlossen werden sie von flachen Bergen, die etwa 500 – 800 m hoch sind. Die Berge sind kahl. Von Wäldern nirgends eine Spur.

Statt dessen dehnen sich riesige Hirsefelder auf den Hochebenen aus. Reis, Hirse und Sojabohnen werden hier am meisten angebaut. Kartoffeln und Weizen dagegen seltener, obwohl sie gedeihen würden.

Allmählich lernt Servatius auch die mandschurische Kälte kennen. *Vorige Woche fing es an, richtig kalt zu werden. Bei 18 Grad blieb das Thermometer aber dann doch stehen, und die letzten Tage war es sogar wieder etwas wärmer. So kann ich noch warten, bis ich auch die wattierte Hose anziehen muss. Wenn man so dick eingepackt ist, kann man sich schon in die Kälte wagen, aber bequem ist es gerade nicht.*

Was die Lebenshaltung hier sehr verteuert, ist der lange strenge Winter mit vorherrschend trockener Kälte, die durch einen heftigen eisigen Wind noch verschärft wird. Wälder gibt es keine, so findet der Wind keinen Widerstand und fegt dahin durch die breiten Täler und über die kahlen Berge und wirbelt riesige Staub- und Sandwolken in den Straßen und auf den Feldern auf. Meistens bläst er zwei bis drei Tage ohne jede Unterbrechung, Tag und Nacht, dann ist es wieder ein oder zwei Tage ruhig und der Wind setzt von neuem ein.

Und darüber wölbt sich ein blauer wolkenloser Himmel. Ohne diesen von Sibirien kommenden Wind wäre es jetzt auch schon viel wärmer.

Die Kälte ist aber doch zum Aushalten, wenigstens hier in Yenki-Stadt, wenn man auch froh ist, wenn der Winter wieder Abschied nimmt.

Wenn wir von Kälte reden, denken wir meist auch an Schnee. Davon bekommen wir aber nur sehr wenig zu sehen. Gewöhnlich schneit es nur Anfang und Ende des Winters etwas. Aber der Wind vertreibt bald alles wieder. Wie es im Sommer ist, kann ich noch nicht sagen. Als wir ankamen, war die Natur schon ganz am Absterben.

Unsere Aborte in den oberen Stockwerken sind allmählich alle eingefroren. Das heißt, die nach unten gehenden Rohre sind allmählich vollständig zugefroren. Auch das Ausschütten des Waschwassers ist hier nicht so einfach. Voriges Jahr bekamen wir einen ganzen Eisberg neben das Haus. Letzten Herbst hat man daher eine große Grube für diesen Zweck ausgehoben. Die ist nun aber voll. Die Koreaner schütten einfach alles Wasser auf die Straße. Man kann es ihnen nicht verdenken. Es ist schwer, eine andere Möglichkeit zu finden. Nur würden wir Europäer es nicht immer grade mitten auf die Straße schütten wie sie es tun, sondern an den Rand der Straße.

Anfang Dezember hofft Servatius, seinem Bruder Willi zu einem neuen Sprössling zu gratulieren und bedauert, dass er ihn nicht taufen kann.

Neulich hätte ich mein erstes Koreanerkindlein taufen können, traute mich aber noch nicht wegen Sprachunkenntnis. Dagegen habe ich ein Kinderbegräbnis gehalten. Die Leute haben hier alle sehr viele Kinder, allerdings sterben viele bald wieder. Das war in Paltoku, wo ich vor fünf Wochen bei der Erstkommunion dabei war.

Es geht auf Weihnachten zu. Für Servatius das erste Weihnachtsfest im fernen Ostasien. Schon ein paar Tage vorher bringt ein Koreaner mit dem Fuhrwerk in zweitägiger Fahrt von der weiter nördlich gelegenen Missionsstation Hamatang eine Portion Föhren als Ersatz für Christbäume, die es hier nicht gibt. Damit wird dann die Kirche geschmückt.

Jetzt an Weihnachten wird Euch meine Abwesenheit besonders schwer fallen. Doch braucht Ihr Euch meinetwegen keine Sorgen zu machen. Ich bin ja gut versorgt, und es fehlt mir an nichts. Mein einziger Wunsch ist, dass Ihr daheim alle zusammen recht frohe gnadenreiche Weihnachten feiert, schreibt er an die Familie.

Das Kreuz, das den Klosterbau überragt, strahlt mit farbigen Birnen weit in die Nacht über der Stadt, an einem, für die nicht christlichen Einwohner, gewöhnlichen Werktag. In der Kirche ist die Decke mit Papiergirlanden und der Altar mit Papierblumen geschmückt. Für echte wäre die Kirche zu kalt. Morgens wird kurz ein eisernen Ofen geschürt, um die Kirche leicht anzuheizen. Tagsüber wird die Temperatur immer so um den Gefrierpunkt herum sein. Wenigstens bleibt das Weihwasser immer gefroren.

Abends kommen die Christen schon ab acht Uhr, beten und singen gemeinsam (chinesisch). Um halb elf beginnt dann der Gottesdienst, fast wie in St. Ottilien. Auch mit lateinischen Gesängen. Auf den koreanischen Stationen wird, soweit wie möglich, alles koreanisch gebetet und gesungen. Servatius darf dann das Mitternachtsamt halten.

Als sie am nächsten Morgen zur Hirtenmesse aufstehen, hat sich die Erde in einen weißen Schleier gehüllt, der dem Wind und der Sonne nicht sehr lange trotzen kann.

Nach dem Tagesamt kamen die Christen, um uns Glück zu wünschen zum Feste und besonders auch den neuen Shenfu, so nennen die Chinesen den Pater, zu begrüßen, ich konnte nur stumm die vielen Verneigungen erwidern.

Als die ganze Klosterfamilie versammelt war, sprach der Anführer der Chinesen ein paar Worte, worauf die ganze Schar sich tief verneigte. Dann wiederholten sie diese dreimalige Verneigung für jeden einzelnen Pater und schließlich für alle Brüder zusammen, weil das doch zu viele seien.

Auch der Gehilfe des Hausmeisters, der mir immer das Wasser und die Kohlen bringt, kam zu mir auf die Zelle und wünschte mir Glück. Ich verstand ihn natürlich nicht, sondern erwiderte auch seine dreimalige Verneigung und gab ihm zum Schluss auf seine Bitte hin den Segen. Er will überhaupt immer wieder mit mir reden. Ich tu dann wenigstens so als ob ich ihn verstände.

An Weihnachten wurde auch eine 68-jährige Koreanerin getauft. Ihr Sohn, der in die Schule der Missionsstation geht und im Juli getauft wurde, hatte dann ganz allein seine Mutter unterrichtet. Obwohl sie nicht lesen kann, wusste sie den ganzen Katechismus für alte Leute auswendig.

Eine Familienweihnachtsfeier kennen die Christen hier nicht, aber in der Kirche sind sie an den hohen Festen besonders eifrig. Auf der Nachbarstation Ryongdyong waren sie am Montag schon von fünf Uhr abends an in der Kirche und hielten aus bis zum Schluss des Gottesdienstes nachts um zwei. Es ist schon nicht einfach für sie, in einer heidnischen Umgebung die Sonntage und hohen Feiertage zu halten.

Servatius hält am Dreikönigstag die Hausweihe mit Weihwasser und Weihrauch. Bei dieser Gelegenheit kommt er auch einmal im ganzen Schwesternkloster herum. Auch den Geißenstall muss er segnen, wobei die Geißen ihn mit großen Augen anschauen. Unterwegs gefriert das Weihwasser und der Weihwedel hängt voll mit kleinen Eisklümpchen.

Früher war es an Neujahr eine Pflicht der Höflichkeit, dass man alle Leute, zu denen man irgendwie in Beziehung stand, aufsuchte und Glück wünschte zum neuen Jahr. Neben dem Totentag ist Neujahr der einzige Tag im Jahr, an dem die Arbeit völlig ruht. Inzwischen hat man sich die Sache etwas vereinfacht. Man schickt rote Neujahrskarten – rot ist die Farbe der Höflichkeit – oder in roten Umschlägen. Die lässt sich jeder einzeln drucken.

Während das Neue Jahr im Kloster ziemlich still seinen Einzug hält, haben die Japaner schon eine ganze Woche lang die Fahnen aushängen. *Sie feiern jetzt Neujahr wie wir und die Chinesen machen äußerlich mit. Ihr Neujahr fällt drei bis vier Wochen später. Das ist dann wohl der höchste Feiertag im Jahr.*

Die Japaner stellen zwei mannshohe Kiefern vor das Haus und hängen ein geflochtenes Seil aus Reisstroh über die Tür. Außerdem stellen sie vor den Stamm der Kiefern drei kurze, oben schräg abgesägte Stücke Bambusrohr. Schmuck oder Aberglaube? Nirgends sind mehr als zwei Kiefern. Die Chinesen haben die fünffarbige Mandschuflagge ausgehängt.

Gestern begannen hier die Chinesen und Koreaner, Neujahr zu feiern, das höchste Fest des Jahres. Vor ein paar Tagen schon sah ich die Chinesen die Vorbereitungen treffen. Wer es sich leisten konnte, schlug sämtliche Fenster und Türen ein und

Stelzentänzer

machte sie neu. Das ist aber sonderbar, werdet Ihr denken. Doch in Wirklichkeit ist die Sache nicht so schlimm. Die Fenster sind ja nur aus Papier. Ob sie auch großen Hausputz halten, weiß ich nicht. Über die Haustür und die beiden Seitenpfosten werden leuchtend rote Papierstreifen geklebt, die mit sechs sieben großen Zeichen beschrieben sind, die Segenswünsche für das neue Jahr enthalten. An manchen Türen sah ich auch noch Bilder angeklebt, auf denen in einem Gewirr von Linien und Verzierungen eine Gestalt zu sehen ist, die eine tragbare Laterne in der Hand hält, so ähnlich wie wir sie an Fronleichnamstag haben. Ein weiteres Zeichen des Feiertages - und für die Koreaner war das das einzige -, dass alle Kaufläden geschlossen waren, was man sonst im ganzen Jahr nie erlebt. Die Hauptbeschäftigung am ersten Tag ist Essen, so lange man kann und etwas da ist. An den nächsten Tagen dann macht man allen, mit denen man irgendwie in Beziehung steht, seinen Neujahrsbesuch. Wir mussten gestern auch den Besuch der Chinesen und die dreimalige Verneigung über uns ergehen lassen.

Aber auch dieses Fest geht nicht vorüber, ohne sich nach altem Brauch zu verabschieden:

Seit drei Tagen will das Trommeln gar nicht mehr verstummen. Die Chinesen feiern nämlich den Abschluss des Neujahresfestes. Sie haben heute den 16. des 1. Monates, Vollmond.

Ziemlich früh am Morgen geht es schon los. Zwei, drei Dutzend jüngere und ältere Burschen haben statt ihres gewöhnlichen

Abschluss des Neujahrs-Festes - Servatius rechts vorn

einfarbigen, meist blauen oder schwarzen Kleides, buntfarbige geblümte Kleider angezogen und sich bis zu den Knien reichende Stelzen an die Beine gebunden. Viele haben sich das Gesicht geschminkt und einen Zopf samt weiblichem Kopfschmuck zugelegt. Wenn ich es nicht gewusst hätte, hätte ich es nicht herausgebracht, dass es keine echten Damen sind. In der Hand tragen alle einen Fächer, den sie nach dem Takt der Musik schwingen und dabei auf ihren Stelzen herumtanzen.

Viel Volk ist unterwegs. Abends tragen sie Fackeln. Auch an den Häusern stellen sie Fackeln neben und über der Haustür auf, geschmückt mit chinesischen Zeichen oder mit kunstvollen Bildern,

Drachen, Wappen, Pflanzen. Gegen entsprechendes Entgelt geben die Tänzer Sondervorstellungen.

Beiliegend ein Bild von den Stelzentänzern, die die letzten Tage zum Abschluß der Neujahrsfeier und zum Laternenfest wieder ihre Kunst zeigten. Das Bild wäre noch viel interessanter, wenn es auch die leuchtenden Farben zeigen könnte. Unmittelbar vor dem Zaun sind zwei Köpfe ohne Mütze zu sehen, das ist P. Bonifaz und ich. Das Gebäude dahinter ist die Kapelle. Die Tänzer sind alle Chinesen. Auch die Zuschauer fast alle.

Die Musik ist sehr einfach: Zwei Mann tragen an zwei Stangen festgebunden eine Trommel. Dahinter geht ein Dritter, der sie mit großer Ausdauer bearbeitet. Er wird begleitet von einem anderen mit zwei Tschinellen - ich glaub das ist das richtige Wort für die zwei runden Blechscheiben, die aneinander geschlagen werden, im Großen Herder kann ich noch nicht nachschlagen. - Wenn der mit den Tschinellen müde ist, bezw. wenn der ganze Zug Halt macht vor Häusern, bei denen es ein reicheres Trinkgeld gibt, tritt ein Zimbelspieler und ein Flötist in Tätigkeit. Die Stelzenmänner tanzen dann im Kreis herum. Die Melodie ist immer die gleiche.

Ich bewundere nur das Geschick und die Ausdauer der Kerle, die stundenlang freihändig da herumhüpfen und auch noch mit dem Körper allerlei Bewegungen machen.

Dem Zug wird eine Mandschufahne voraus getragen. Es scheinen immer auch Polizisten ihn zu begleiten und eine große

Menge Volk, besonders heute am Schlusstag, an dem nicht ge-arbeitet wird.

Heute Abend soll der Höhepunkt der ganzen Geschichte sein mit Raketen und Straßenbeleuchtung. Auch so sieht es abends schon ganz gespensterhaft aus, wenn sie ihre Kerzenfackeln in den Händen schwingen. Gestern war eine Gruppe da von ei-nem Konfuziustempel. Da hatte sich jeder ein Gestell gemacht wie ein etwa drei Meter langer Kahn. Alles war mit bunten Tü-chern verhängt und darüber war ein blumengeschmückter Bal-dachin. Im Kahn saß einer drin und schaukelte den Kahn nach dem Takt der Musik hin und her. Wenigstens schaute es von oben gesehen so aus. Zuerst meinte ich, der Kahn fahre auf Rä-dern. In Wirklichkeit ist es viel einfacher. Der Betreffende sitzt gar nicht, obwohl die sitzende Stellung sehr täuschend nachge-ahmt ist, sondern läuft einfach auf seinen Beinen hin und her.

Kurz vor Weihnachten erlebt Servatius schon die erste Enttäu-schung. Im Januar 1935 schreibt er seinem Bruder Aloys nach Österreich:

Unsere klösterliche Weihnachtsfeier verlief in gedrückter Stim-mung. Einige Stunden vorher kam nämlich die Nachricht, es sei

streng verboten, in Deutschland Almosen für die Mission zu er-
bitten, ja sogar sie anzunehmen. Ich verstehe nicht, wie es zu
einem solchen Erlass kommen kann. Selbst vom rein politischen
Standpunkt aus sollte man deutschen Missionaren doch dank-
bar sein für ihre wertvollen Dienste, die ihr Wirken im Ausland
auch für das Ansehen und die Stellung Deutschlands in der
Welt bedeutet.

Franzosen und Italiener denken da ganz anders. Mussolini gab
dieses Jahr fünf Millionen Lire für die italienischen Missionen.
Frankreich hat dazu – trotz der Trennung von Kirche und Staat –
eine andere Einstellung. Im Auftrag der Regierung hat der
Kommandant des Orientgeschwaders dem Bischof von Daegu
in Südkorea das Kreuz der Ehrenlegion überreicht. Über die
Feier wurde auch im Rundfunk berichtet. Die Missionsarbeit
wird zwar von Rom unterstützt, aber das reicht bei weitem nicht.
So müssen wir uns sonst wo um Hilfe umsehen.

Da man von der Mission aus in Briefen nicht um Unterstützung
bitten darf, so vergiss bitte nicht, wenn Du heimkommst zu sa-
gen, dass sie in ihren Briefen auch vorsichtig sind und nicht
Dinge schreiben, die falsch aufgefasst werden können oder zu
völlig unberechtigten Schlüssen führen könnten. Auch ich muss
aus diesen Gründen mich vielleicht manchmal mit Andeutun-
gen begnügen. Warenlieferungen darf man schon von daheim
erbitten, nur kein Geld.

Seiner Schwester schreibt er:

Für Deine vielseitigen Bemühungen herzlichen Dank. Da in Deutschland nicht gestattet ist, brieflich um Missionsalmosen zu bitten, haben wir, um etwaige Missverständnisse seitens der Devisenüberwachungsstelle zu vermeiden, von daheim Weisung erhalten, in Briefen keinerlei diesbezügliche Äußerungen zu machen. In Zukunft muss ich mich auch Euch gegenüber daran halten. Dies, damit Ihr Bescheid wisst. Und auch Ihr müsst vorsichtig sein in Euren Mitteilungen an mich, um nicht Anlass zu falschem Verdacht zu geben. Was sich in Zukunft tun lässt, das muss ich Euch überlassen. Vielleicht ist es den Eltern gestattet, etwas für ihren Sohn im Ausland zu tun. Wir wollen hoffen, dass die Zukunft doch nicht so dunkel wird, wie es bis jetzt den Anschein hatte.

Dann keimt eine schwache Hoffnung auf, die aber keinen Bestand hat:

Was die Unterstützung der Mission angeht, so schöpfen wir wieder etwas Hoffnung. Die deutschen Konsulate sollen das Auswärtige Amt und die Regierung aufmerksam gemacht haben auf den großen Schaden, der dem Deutschtum im Ausland aus dem Untergang der deutschen Missionen erwachsen würde.

Neulich las ich in einer Frankfurter Illustrierten, wer zum Wintersport in die Schweiz wollte, könnte in drei Monaten insgesamt 1.760 M dafür erhalten. Wenn für solche Zwecke Devisen da sind, könnte man für die Missionen doch auch eine Ausnahme machen.

In einem andern Brief bemerkt er:

Dein Zeitungsausschnitt über die Missionsgelder wurde hier mit großem Kopfschütteln aufgenommen. Das sollte wahrscheinlich eine Beruhigungspille sein für Uneingeweihte. Wir haben jedenfalls schon über ein Jahr nicht mehr das geringste bekommen von daheim. Und was die Waren angeht, woher sollen wir denn das Geld für den Zoll nehmen. Viele Sachen, die wir von daheim kommen lassen, bekämen wir hier viel billiger. Die Zölle der Mandschurei sind durchgehend sehr hoch, gewöhnlich mindestens 30%. Doch wollen wir den Mut nicht verlieren. Wir versuchen jetzt, im Ausland, besonders in Amerika, neue Hilfsquellen zu finden.

Wie ich hörte, sollen die Schweiz und Amerika auch beabsichtigen, die Devisensperre einzuführen. Damit habe ich schon wieder eine Frage gestreift, die bei uns immer aktuell ist, doch ganz ohne jede Nebenabsicht, wie ich Dir neulich schon schrieb.

Zur Not kann Servatius sich schon mit den Leuten auf der Straße verständigen und nützt auch jede Gelegenheit dazu, aber das reicht noch nicht aus. Richtig unterhalten geht noch nicht, predigen auch nicht.

Aber ich weiß doch noch zu wenig und bin wohl auch etwas zu schüchtern, um einfach drauf los zu reden. Wenn die Koreaner merken, dass ich sie nicht recht verstehe, geben sie meist bald das Gespräch wieder auf. Die Chinesen sind, soweit ich sie kenne, in dieser Hinsicht viel umgänglicher. Der Nutzen meines Aufenthaltes war demnach nicht so groß als ich erwartet hatte. Dafür konnte ich aber in anderer Hinsicht manches Neue sehen und lernen.

Seine Mitbrüder wären ja sehr froh, wenn er ihnen wenigstens im Beichtstuhl aushelfen würde. Das traut er sich noch nicht zu. *„Ich kann nicht mit dem Schwierigsten beginnen"*, meint er. Aber er brauche doch nur den Beichtspiegel auswendig zu lernen, dann gehe das schon. Ums Beichthören wird er aber kaum mehr lange herumkommen. Den sehr umfangreichen koreanischen Beichtspiegel – jedes Gebot hat durchschnittlich 50 Fragen – hat er bald gelernt. Aber mit dem Verstehen der Leute ist es allein noch nicht getan. Er will auch in der Lage sein, ihnen etwas zu sagen. Nun ja, vielleicht geht es nach Ostern.

Weil das Kloster im Chinesenviertel liegt, hat er dort leider keine Gelegenheit, sich im Sprechen zu üben.

Als er herkam, glaubte er, durch Mitbeten mit den Christen manches lernen zu können. Doch daraus wurde nichts. Die Koreaner machen nach den einzelnen Wörtern keinerlei Pausen, kennen auch keine besondere Betonung außer der letzten Silbe des Satzes. Sie beten in singendem Ton alles ganz gleichmäßig und weil sie alle Gebete auswendig können, beten sie ziemlich schnell. So ist es ihm ganz unmöglich mitzulesen, selbst wenn er sich die Gebete vorher angeschaut und übersetzt hat.

Die Saarabstimmung

Auch Servatius und seine Mitbrüder erwarten mit Spannung das Ergebnis der Volksabstimmung an der Saar am 13. Januar 1935. Sehr gespannt sind sie, wenn auch mit weniger Aufregung als daheim, wo man dauernd den ganzen Trubel miterlebt. Bis das geschriebene Wort hierher dringt, vermag es doch nicht mehr solche Wirkungen hervorzubringen.

Am Sonntag, 20. Januar, kommen dann - gerade vor der Vesper - die Tientsiner Deutsch-Chinesischen Nachrichten mit dem genauen Ergebnis. Eine große chinesische Zeitung stellt ihren Landsleuten die Saarländer als Vorbild hin. So müssten die Chinesen in den Grenzprovinzen auch mit nationalem Geist erfüllt sein.

Für Deinen Saarbericht danke ich Dir noch eigens. Du kannst Dir denken, wie oft ich danach gefragt wurde, ohne viel sagen zu können. Da half mir Dein Brief aus der Verlegenheit. Selbstverständlich hat er auch mich selbst sehr interessiert. Vielleicht geht es auch, einmal über die Entwicklung im „Vaterland" zu schreiben.

Wir hören wie gesagt, immer nur die eine Seite, abgesehen von den spärlichen Nachrichten des "Vaterland".

Von daheim kommen dann allenthalben die Berichte über die großen Ereignisse der letzten Wochen, über die Rückgliederungsfeiern, Übergangsverordnungen und was zwangsläufig damit verbunden ist. *Bis der brandende Wellenschlag von all dem hierher gedrungen ist, ist immer alles bereits vorüber. Wenn wir auch an allem innigen Anteil nehmen, so können wir doch nur mehr die Rolle eines Zuschauers spielen.*

Servatius wird oft gefragt, ob er nicht wegen der Volksabstimmung heimfahre. Die Saarländer in Japan z.B. würden kostenlos heim befördert. *Es kann doch niemand erwarten, dass ich eine Reise von etwa fünf Monaten - denn so lange würde ich für beide Wege brauchen - unternehme, nachdem ich kaum hier bin. Die Bahnfahrt durch Sibirien wird das Deutsche Reich kaum zahlen. Es wäre etwas anderes, wenn ich schon ein paar Jahre hier wäre.* Aber er will doch wissen: *Wie kommt es denn, dass in Bous so viele für Frankreich gestimmt haben? Wer muss denn die Abstimmung bezahlen? Wie wird es denn jetzt mit dem Bouser Werk? Was wird Heinens Trina machen?*

Wie wird sich das politische Klima an der Saar verändern, nach dieser überwältigenden „Heim-ins-Reich"-Mehrheit? Welche Folgen wird das für Trina und ihre Familie haben? Trina war eine gute Freundin seiner Mutter. Sie war mit einem Franzosen verheiratet, der als Kriegsgefangener nach Bous kam und im

Röhrenwerk arbeitete. Nach dem Krieg blieb er als freier Mann auf seinem Arbeitsplatz im Röhrenwerk. Ihr Sohn Edmond besuchte das bischöfliche Konvikt in Metz mit der Absicht, später Theologie zu studieren. Anton gab ihm Lateinunterricht.

Servatius schmunzelt bei der Erinnerung, wie seine Mutter und Trina auf dem Heimweg von einer Maiandacht in der Kirche

Juli 35 "Alle Missionare unseres Gebietes in Yenki: 19 Patres und 17 Brüder. In der Mitte Abt Theodor Breher." - Servatius 2. Reihe, 2. von links

noch vor dem Haus beieinander standen und plauderten. Vater Peter kam nach einer Weile heraus und ohne auch nur ein Wort zu sagen, stellte er zwei Stühle hin.

Bei einem weiteren Besuch – es waren noch andere Frauen da – stand Peter auf und mit der Bemerkung: „Wenn das Gespräch sollte stocken, könnt ihr mich ja rufen kommen", zog er sich in die Schlafkammer zurück.

[Trinas Familie wanderte im Februar 1936 nach Frankreich aus. Edmond war Priester in der Diözese Dijon.]

Der erste Winter in der Mandschurei ist nicht so kalt, wie Servatius erwartet hatte, eher „außergewöhnlich milde". 28 Grad unter Null war die größte Kälte. Nur dauert es sehr lange. Drei bis vier Monate war das Thermometer ständig unter Null.

In den letzten 3 Wochen konnte ich hie und da schon das Heizen unterlassen, wenn die Sonne schien und der Westwind ausblieb. Nachts fällt das Thermometer aber noch auf 10 - 14 Grad. Bis die Natur sich wieder zu regen beginnt, wird es wohl noch 6 - 8 Wochen dauern. Wir liegen fast auf demselben geographischen Längengrad - oder ist es Breitengrad?, die beiden verwechsele ich immer miteinander - wie Rom. -

Koreanische Betten gibt es eigentlich nicht. Der Zimmerboden ist von Heizkanälen durchzogen. Abends breitet man eine De-cke darüber aus, dazu ein Rollkissen und eine baumwollwattierte

Missionsstation Tairyongtong

Decke zum Zudecken und das Bett ist fertig. Ich schlief erst dreimal nach dieser Methode. Meist wurde es mir zu heiß dabei. Es war auch schon ein bisschen hart. Ich bin eben noch nicht daran gewöhnt. Auf unseren Stationen haben wir schon unsere altgewohnten Betten mit Strohsack und Woll- oder Steppdecken mit Baumwolle.

Bei den Chinesen ist ein Teil des Zimmers etwa 1 m hoch gemauert, der Kang. Darunter ist Tag und Nacht Feuer. Bei Tag sitzt man drauf und bei Nacht schläft man dort ungefähr genau so wie die Koreaner.

Tairyongtong

Die Missionsstation in dem Dörfchen Tairyongtong, in einem idyllischen Seitental gelegen, stand unter keinem guten Stern. Pater Konrad hatte sie gegründet. Er wurde bestialisch ermordet. Nach ihm leisteten die Patres Silvester und Engelbert unermüdlich Seelsorgsarbeit. Beide starben an Thyphus. Pater Salvator übernahm danach diese blühende Station.

Und dann kamen die Räuber.

Anfang Februar 1935 tauchten bereits kommunistische Banditen in kleineren Gruppen um Tairyongtong auf. Der Pater fühlte sich aber nicht unmittelbar bedroht. Trotzdem ließ er das Patreshaus mit Eisengittern und festen Türen versehen, so dass er sich vor kleineren Überfällen aus dem sicheren Versteck gut wehren konnte.

In der Nacht vom 23. auf den 24. Februar - er hatte sich oben zu Ruhe hingelegt - hörte er verdächtiges Rütteln am großen Tor. Sofort sprang er auf, riss das Fenster auf und sah vor sich fünf Banditen, die wohl gekommen waren, ihn zu fassen und mitzuschleppen. Noch ehe sie die Lage näher ausspähen konnten, vertrieb er sie mit einigen Schreckschüssen.

Seither befürchtete er einen größeren Überfall aus Rache. Deshalb übernachtete er in dem sicheren Nachbarort Tchatokou. Aus Vorsicht ließ er das Allerheiligste schon seit Wochen nicht

Die verbrannte Missionsstation
Tairyongtong

mehr über Nacht in der Kirche, jetzt nahm er auch die wichtigsten Pfarrbücher zur Sicherheit mit nach Tchatokou.

Genau acht Tage nach diesem Überfall schreckte er kurz nach Mitternacht aus seinem ohnehin unruhigen Schlaf auf, geweckt durch das Rufen und Schreien der wachhabenden Soldaten: Die Missionsstation Tairyongtong stand in Flammen. Schnell sprang er auf, kleidete sich eilig an und stürmte hinaus um zu retten, was noch zu retten sei. Die Soldaten waren nicht bereit, ihn zu begleiten, denn sie durften den pflichtmäßig zu bewachenden Ort Tchatokou nicht ohne Schutz und Deckung lassen. Was sollte er tun? Von Tairyongtong her dröhnte das Schreien der Banditen.

Nach qualvollen vier Stunden des Wartens konnte er endlich hinüber und sah statt der schönen Missionsstation zwischen dickem Qualm und schwarzem Rauch nur mehr kahle Mauern. Die Kerle hatten ganze Arbeit getan. Kirche, Patreshaus,

P. Salvator mit seinen Kommunion-Kindern vor dem jetzt abgebrannten Kirchlein.

Dienerhaus, Pferdestallung und Holzhütte alles ein Raub der Flammen.

[Diener - Poxa - bezeichnet einen Mitarbeiter der Missionsstation, der für ziemlich alles zuständig ist: Hausmeister, Gärtner, Hilfslehrer ...]

Weinend erzählten die Christen Einzelheiten: Kurz nach Mitternacht kamen viele schwerbewaffnete Banditen. Mit schussbereitem Gewehr hinderten die einen die Christen aus ihren Häusern herauszukommen, andere bewachten den Weg nach Tchatokou. Von den übrigen stürmten einige ans Patreshaus, damit ihnen dieses Mal der Missionar ja nicht entkomme - doch merkten sie bald, dass das Haus leer stand.

Andere brachen in die Kirche ein und schleppten das Harmonium weg. Der Rest, darunter auch Frauen, schleppten Holz herbei, schichteten es an den Ecken der Gebäude auf, übergossen es mit Benzin und zündeten es an. Im Nu stand alles in hellen Flammen, angefacht durch den gerade wehenden Wind.

Dann zogen die Banditen ab und fluchten auf den Pater, der ihnen entkommen war.

Schleunig suchten die Christen zu retten, was nur noch irgendwie in der Sakristei und im Pfarrzimmer zu retten war. Bücher, Kleider, Möbel waren verbrannt. In wenigen Minuten waren durch blinde Wut große Werte vernichtet.

Kurz darauf erhielt Pater Salvator Besuch von den Behörden, die den Tatbestand aufnahmen und versprachen, die Übeltäter zu bestrafen.

Schweren Herzens ging der Pater weg von der Stätte der Verwüstung, um in der bereits im Vorjahr nach Tchatokou verlegten Schule eine Notkapelle einzurichten. Während der Predigt in beiden hl. Messen ermunterte er seine Christen, auch in schwersten Schicksalsschlägen Gottes Fügung zu sehen, sie nach Jobs Vorbild mutig zu tragen und in gemeinsamer Not treu zusammen zu stehen. Pater Salvator will mit seinen Christen aus den Mauerüberresten sofort ein Notkirchlein bauen, zwar nicht an der gleichen Stelle, sondern im nahen, vor Räubern sichern Tchatokotou.

[Aus dem Bericht von Pater Salvator]

Von Paltoku aus hatte Servatius Gelegenheit, die niedergebrannte Kirche in Tairyongtong zu besuchen.

Es war ein trauriger Anblick. Der ganze schöne Bau samt Patreshaus und Nebengebäuden eine Ruine, ähnlich wie daheim etwa eine Burgruine. Nur liegt dort die Zerstörung schon Jahrhunderte zurück, während sie sich hier gerade erst jährt.

Mehrere Typen von Räubern sind zu unterscheiden. Es sind wohl Abenteurer dabei, aber auch desertierte Soldaten, Menschen, die keine Chance haben, eine ordentliche Arbeit zu finden, Widerstandskämpfer usw. Sie gehen zu den Räubern. Diese drücken ihnen eine Waffe in die Hand, bilden sie kurz daran aus, und so verdienen sie dann ihren Lebensunterhalt. Eine Schwester schildert: „Eine Stadt wurde schon dreimal geplündert. Die Mannschaften, die zur Gefangennahme und Bestrafung der Räuber entsandt wurden, haben dann zum vierten Mal die Stadt geplündert."

Die Banden sind oft ausgerüstet und organisiert wie eine reguläre Armee oder besser und manchmal bis zu viertausend Mann stark. Ebenso gibt es auch die Banden, die gezielt eine Gegend in Angst und Schrecken versetzen, damit die japanische Armee dann dort verstärkt „für Ruhe und Ordnung sorgen" kann.

Diese Räuber sind bolchevisierte Koreaner, die sich in fast unzugänglichen Bergwälder eingenistet haben, von wo aus sie ihre Raub- und Plünderungszüge machen. Weil die Mandschurei so groß ist, wird es wohl noch einige Jahre dauern, bis überall diese Banditen unschädlich gemacht sind.

Die Missionsarbeit wird zwar durch die unsichere Lage gehemmt, macht aber doch Fortschritte, so entstand etwa eine Schule für Koreaner. Obwohl heidnische Kinder nur unter der Bedingung aufgenommen werden, dass sie am Religionsunterricht teilnehmen und den Katechismus lernen, könnten jetzt etwa 300 Kinder aufgenommen werden. Der Platz reicht aber nur für dreißig.

Augenblicklich ist hier das Wetter nicht besonders gut. Man muss aufpassen, dass man sich nicht erkältet. Es ist die sogenannte kleine Regenzeit, es hat aber erst einmal geregnet. Das Thermometer hält sich nachts immer noch um Null herum, tagsüber hat es zwischen 10 und 15 Grad. Wind haben wir fast täglich, einmal Westwind, dann wieder den feuchten, etwas wärmeren Ostwind. Der Osten ist hier die Regenseite. Blätter haben sich noch nirgends hervorgewagt. Die Weiden dagegen blühen

schon seit etwa 14 Tagen. Am Palmsonntag dienten sie uns zur Palmenprozession.

Bei der Gelegenheit habe ich einmal Umschau gehalten, was es hier eigentlich für Bäume gibt. Es sind mehr als ich anfänglich dachte. Am häufigsten sind die Föhren und eine Art Eichen. Weiterhin Lärchen, Birken, Birnbäume, Pfirsichbäume und einige andere, die ich noch nicht kenne. Andere Baumarten wie z.B. Äpfel, würden hier auch gedeihen, man müsste sie aber im Winter ganz einmachen, damit sie nicht erfrieren, was natürlich schwer möglich ist. Eher geht es bei Trauben und Himbeeren. Da hat unser Gärtner jetzt viel Arbeit, alles wieder frei zu machen, was er im Winter gut zudecken musste.

Dieser Tage soll in Berlin der erste Prozess gegen Ordensleute beginnen wegen Devisenvergehen. Die Feinde der Kirche werden natürlich die Sache wieder recht ausschlachten. Aber selbst wenn Verfehlungen vorliegen, die Betreffenden waren ja fast gezwungen so zu handeln, wenn sie nicht unersetzliche Werte für das Deutschtum im Ausland einfach zugrunde gehen lassen wollten.

Der Verein der Glaubensverbreitung sammelte im letzten Jahr 1 Million. Das macht auf einen Katholiken 5 Pfennig, doch eine lächerlich geringe Summe. Und davon floss der allergrößte Teil der deutschen Industrie und Schifffahrt zu.

Die großen Reden erfahren wir hier schon. Eben kommt mir der Gedanke, der Anfang meines Briefes könnte bei einer etwaigen Kontrolle Anlass zu Missverständnissen geben und schließlich Dir noch Schwierigkeiten bereiten. So muss ich mich doch ganz deutlich ausdrücken: Ich wollte nur sagen, dass wir von Deutschland schon sehr lange nicht mehr das Geringste erhalten und jetzt die Gefahr besteht, dass es auch unseren Freunden in andern Ländern vielleicht unmöglich wird, uns zu unterstützen, und dass ich durch diese Mitteilung in keiner Weise dazu beitragen wollte, dass Du Dir meinetwegen Sorgen machst. Gott wird uns schon nicht verlassen. Sorget nicht ängstlich, sagte der Heiland. Euer Vater weiß ja, dass ihr dies alles nötig habt.

Kurz zuvor bat er seinen Bruder:

Ich erwarte von Dir einen ausführlichen Bericht über Deine letzten Wochen in M, das heißt über die Zeit im Polizeigefängnis in München. Offen zu schreiben, gar offen um Hilfe zu bitten, wagte er nicht mehr nach der Erfahrung, die sein Bruder mit der Briefzensur gemacht hatte.

Und eben das war ja der Grund, weshalb Aloys ihm diese Frage nicht beantwortete, denn schon die Andeutungen in den Briefen von Servatius hätten die Gestapo auf seine Familie daheim aufmerksam machen können. Und Aloys war in dieser Hinsicht ja "ein gebranntes Kind."

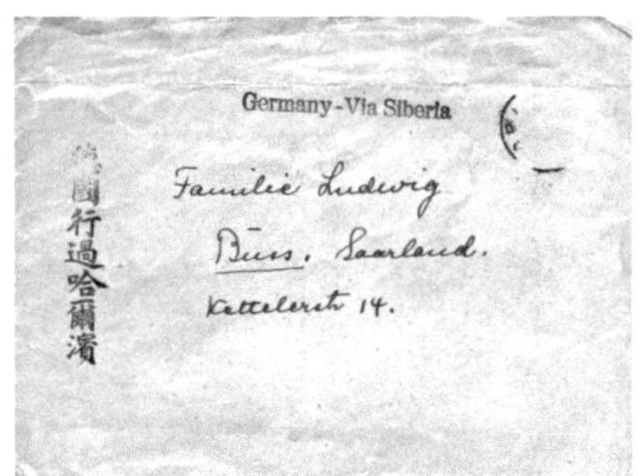

Feind liest mit

Dann schlägt er seinem Bruder vor, *"wie wär's, wenn wir in Bouser Platt schrieben, um die Muttersprache nicht zu verlernen. Auch hätte das noch andere naheliegende Vorteile. Es müsste dann aber alles in Platt gehalten sein. Für den dunklen O-Laut müsste man wohl einfach o nehmen, z. B. Worscht d' domols aach hämm?"* [„Warst du damals auch heim?"]

Ein Missionar sucht einen Weg, seinen heimatlichen Dialekt nicht zu vergessen? Das ist genau der Holzweg, auf den er die Briefzensur bringen wollte. Der Hinweis auf Bouser Platt ist nämlich nur eine Mogelpackung. Inhalt ist die konkrete Frage an seinen Bruder: "Bist du nach deiner Haftentlassung in

München direkt nach Österreich weitergereist oder hattest du zwischendurch auch noch Gelegenheit, zu den Eltern heim zu fahren?" – *"Worscht d' domols aach hämm?"*

Wie ein Tag in einem Missionskloster abläuft, erkundigte sich Aloys.

Nach Chorgebet, hl. Messe, Betrachtung, Frühstück setze ich mich gewöhnlich hinter die koreanische Grammatik für 1 - 2 Stunden. Dann geht's hinaus zu P. Kanisius in die Stunde. Dann ist im Chor Sext und Non, anschließend Mittagessen und Rekreation. Gewöhnlich sind wir Patres nur zu dritt oder viert. Oft kommt aber der eine oder andere von den anderen Stationen hierher für einen oder einige Tage. Dann erfahren wir wieder "Neues" von draußen. Darauf ist Vesper. Anschließend gibt es oft verschiedenes zu tun, in der einzurichtenden Bibliothek, im Lesezimmer, manchmal etwas, was mit dem Gottesdienst zusammenhängt, Briefe zu schreiben, anderen Patres etwas auf der Maschine zu schreiben usw. Jedenfalls die verschiedensten unerwarteten Dinge kommen immer wieder vor. Nachher heißt es wieder studieren. Um 6 ist Matutin, Abendessen und Rekreation mit den Brüdern zusammen. Dabei gibt es immer wie auch mittags Tee und ein Pfeifchen. Mich haben sie aber bisher trotz aller Bemühungen noch nicht dazu gebracht.

Im normalen Tageslauf gibt es aber öfter Abwechslungen, zunächst durch öffentliche Feiern. Seit ich hier bin, war schon eine Denkmalsenthüllung für Krieger, die Erhebung von Yenki zur Provinzhauptstadt, Neujahr, Chinesisch Neujahr, Kriegergedenktag, Reichsgründungstag, Ankunft oder Abreise höherer Persönlichkeiten usw. Man gewöhnt sich ja bald an die dabei stattfindenden Umzüge und Festveranstaltungen, doch vorläufig sind sie mir noch neu.

Paltoku

Paltoku

[Für diesen Ort verwendet Pater Servatius in seinen Briefen meist die koreanische Schreibweise Paltoku, aber auch gelegentlich die chinesische
Schreibweise Badagou. Der Ort heißt jetzt "Baodaogou"]

Die ersten Seelsorge-Einsätze führen Servatius nach Paltoku,
etwa 35 km nördlich von Yenki, um seine bisher erworbenen
Sprachkenntnisse in der Praxis zu erproben. Zum Christkönigs-
fest begleitet er P. Propräfekt Viktorin zur Aushilfe dorthin. Ein
öffentliches Auto holt sie am Kloster ab und dann fahren sie
noch eine ganze Stunde in der Stadt herum, bis alle Fahrgäste
beisammen sind. Als erste hatten sie aber die besten Plätze
gleich vorn, und das war sehr wichtig, wie es sich erwies. In der
Stadt sind die Wege gut, natürlich kein Pflaster oder Asphalt.

*Kaum waren wir aus der Stadt, da kam ein Fluss mit einer
schmalen Brücke. Ich dachte mir, was ist denn jetzt los, als das
Auto plötzlich abbog zum Fluss hin. Da die Brücke so schmal
war, fuhr es einfach so durchs Wasser. Bald wurde der Weg immer schlechter, kreuz und quer 30 - 40 cm tief ausgefahren,
aber wenigstens fest gefroren. Ich glaube, ein deutsches Auto
wäre sicherlich umgekehrt. Aber wir fuhren seelenruhig weiter
und wurden noch verhältnismäßig wenig geschüttelt, weil wir
eben einen guten Platz hatten und das Auto auch ganz vollge-
pfropft war. Bei der Rückfahrt war es damit viel schlimmer, weil
das Auto halb leer war. Für mich war die Landschaft ja völlig
neu, sie ist aber doch wenigstens um diese Zeit etwas eintönig.*

der Mehrheit. Das Land gehört aber meist den Chinesen, die es an die Koreaner verpachten. Die Koreaner sind zum größten Teil eben Auswanderer, die in ihrer Heimat Korea kein Auskommen mehr fanden.

Die Chinesen wohnen nicht in Dörfern, sondern in Einzelhöfen, die stets mit einer dicken, etwa zweieinhalb Meter hohen Mauer umgeben sind zum Schutz gegen Räuber.

Zum gleichen Zweck ist auch seit dem Frühjahr eine Lehmmauer rund um den ganzen Ort Paltoku gezogen. Außerdem ist jetzt auch dauernd japanisches Militär dort, das sehr energisch gegen die Räuber vorgeht. Sehr gemütlich scheint der Ort trotzdem nicht zu sein.

Die beiden Patres haben sich den Kirchturm zur Schlafstätte gewählt, denn nur dreißig Meter entfernt ist ein Wald, von dem aus die Räuber zu ihren Überfällen aufbrechen. Im Kirchturm sind unten und im ersten Stock sämtliche Öffnungen vermauert, außer der Tür und die wird von innen mit schweren Balken verrammelt. Der eine Pater schläft im zweiten, der andere im dritten Stock. Oft hören sie die Kugeln pfeifen und können sogar die Räuber sehen. In die Mission sind sie Gott sei Dank bisher nie eingedrungen. Derzeit besteht keine Gefahr

Paltoku

mehr. Das bedauerlichste ist, dass die Patres nicht auf die Dörfer hinaus können, wo das Christentum bisher am meisten Fortschritte machte.

Die Koreaner haben unter ihren Häusern geheime Gänge und Löcher, wo sie sich verkriechen, wenn Räuber kommen. Trotzdem – als ich dort war, schleppten die Räuber am Nachmittag etwa 20 Mann und viel Vieh mit fort.

Seine Hauptarbeit hier bestand im Beichthören und Abnehmen des Katechismusexamens. Im Frühjahr und im Herbst müssen sämtliche Christen vor dem Pater eine Prüfung darüber ablegen.

Den Katechismus auswendig können ist Vorbedingung für die Taufe. Viele, besonders Frauen, können noch nicht lesen. Eigene Gebete formulieren können sie auch nicht. Also müssen sie einen gewissen Schatz von Gebeten auswendig können.

Ich konnte jetzt selbst dabei sein und mich auch im Abfragen versuchen. Wie überall gibt es Laue, die immer wieder kommen, ohne etwas gelernt zu haben oder sogar überhaupt nicht mehr zur Prüfung kommen, und Eifrige, die einem wieder Freude machen. Z.B. eine Frau konnte den ganzen Katechismus mit seinen vielen Fragen, obwohl sie nicht lesen kann. Ihr 10jähriger Sohn besucht die Katechismusschule und er muss ihr die dort gelernten Fragen so lange vorsagen, bis sie sie auch kann. Mit besseren Sprachkenntnissen hätte ich natürlich mehr wirken können, aber zur Not ging es.

P. Balduin erzählte, er habe einen alten Christen, der mit 70 Jahren noch den ganzen Katechismus lernte. Solche Fälle sind natürlich Ausnahmen, doch sie kommen immer wieder vor. Vor allem, dass ein Kind seiner alten Mutter, die nicht lesen kann, den Katechismus beibringt. Um den Jubiläumsablass zu gewinnen, zeigten sich manche sehr eifrig. In den letzten Tagen des hl. Jahres waren einige fast den ganzen Tag in der Kirche.

Da hatte ich nun Gelegenheit genug, mit Koreanern zu sprechen und sie zu hören. Einiges habe ich dabei schon gelernt, aber ich sah, dass ich noch tüchtig studieren muss, bis ich einmal einigermaßen reden kann. Während dieser Zeit machte hier im Kloster der Provinzgouverneur einen Besuch.

In der Kirche ist dann eine sehr schöne Erstkommunionfeier. Die Knaben haben alle Schleifen an und die Mädchen Kränze aus künstlichen Blumen auf, beides ist von der Mission geliehen. Eigene Kommunionkleider können sich die Leute nicht leisten.

Die Kirche sollte bloß größer sein, die Leute sitzen wie die Heringe dicht beieinander.

Die Kirche stand schon, als im Juni 1921 die ersten Missionare hierher kamen. Auch eine Schule war da. Nach außen sehen Kirche, Schule und koreanische Häuser ganz nett aus, sowohl in Wirklichkeit als auf Bildern. Das Innere enttäuscht anfangs allerdings stark. Die Kirche hat je 6 ganz gewöhnliche Fenster, ist ziemlich niedrig, hat keine Decke, sondern einen offenen Dachstuhl. Die Schule wirkt insgesamt ungepflegt, die Lehmwände

Zwei Erstkommunion-Feiern in Paltoku

teilweise nicht einmal getüncht, die Zwischenwände nur aus Brettern mit fingerbreiten Spalten. Die Koreaner tapezieren ihre Wände je nach Vermögen mit Zeitungen, weißem Papier oder richtigen Tapeten.

Neulich sah ich eins, das schon äußerlich an allen vier Wänden mit Druckbogen aus einem koreanischen Buch beklebt war. Alles bisher Geschilderte ist nach hiesigen Begriffen ganz an der Ordnung, auf die Kirche kann man sogar stolz sein. Die Dächer sind noch durchweg aus Stroh und jetzt im Frühjahr legen viele wieder eine neue Schicht darauf, damit in der bald kommenden kleinen Regenzeit und der großen im Juli und August alles dicht ist.

Ein chinesischer Arbeiter der Abtei bringt einen Geldschein im Werte von zehntausend chinesischen Silberdollar, aber kein wirkliches, sondern nur Opfergeld. Solches Geld kann man bei den buddhistischen Mönchen kaufen und als Opfergeld für Verstorbene verbrennen. Es steht darauf, wer es verbrenne, könne einer Seele im Jenseits zum Eintritt in den Himmel verhelfen, indem die Seele sich dafür loskaufen könne.

Es gibt eben noch genug Menschen, die das schon Jahrtausende alte Heidentum noch ganz in seinem Banne hält. So kann man auf den Feldern noch viele kleine Holzhäuschen sehen, etwa 80 cm hoch, in denen man den Feldgöttern oder Geistern opfert. Vor etwa 3 Jahren hat die Regierung zwar diesen Aberglauben verboten, aber die Japaner erlaubten es wieder. Die besseren Familien wenigstens haben auch bei ihrem Hause ein größeres gemauertes Tempelchen. Auf der Station unseres P. Kanisius ist der Abort etwas vom Haus entfernt im Garten. Damit er nicht so auffällt hat der Bruder ringsum Schlingpflanzen und Blumen gepflanzt. Da fragte eines Tages ein Heide, ob das unser Tempel sei.

Gerade wollte ich den Osterbrief beginnen, da kamen die Chinesenchristen, um ihre Aufwartung zu machen, wie sie das an jedem Hochfest tun. Die Hauptsache dabei ist einzig eine dreimalige gemeinsame Verneigung vor dem Pater und die Bitte um den Segen. Diesmal war auch die Schule erschienen mit ihrer schneidigen Lehrerin. Wir nennen sie nur den Feldwebel. Zuerst sangen sie ein Osterlied auf Chinesisch, dann kommandierte die Lehrerin zu den drei Verneigungen, dann wieder:

Ganze Abteilung kehrt und abrücken. Dann stellen sich die männlichen Christen vor dem Pater auf und als sie wieder abgezogen waren, die weiblichen.

Gleichzeitig antwortet er seiner Schwester Bäbchen:

Du schreibst, im Laufe der Zeit gewinne man von den Dingen mehr Abstand und sehe sie in ihrer wahren Bedeutung. Jede Zeit sei schließlich von Gott. Ich habe mich auch immer bemüht, von diesem Gedanken aus alles zu betrachten. Aber es wird oft schwer, wenn man sich das erst immer wieder selbst zuerst vorsagen muss. Denn von anderen hört man es sehr selten. Im alltäglichen Gespräch und Gedankenaustausch oder im geschriebenen Worte betrachtet man die Dinge meist nur vom rein menschlichen Standpunkt. Es ist eigentlich bedauerlich, dass selbst religiöse Menschen so zurückhaltend sind, im täglichen Leben den Glauben an Gottes Vorsehung zum Ausdruck zu bringen und ihn in allen Dingen in Rechnung zu stellen.

Die Heiligen waren da sicher anders. Augustinus lebte auch in einer Zeit gewaltigster Umwälzungen. Aber er betrachtete alles im Lichte Gottes und auch der Vandaleneinfall vermochte seinen in Gott gefestigten Geist nicht aus seiner Bahn zu bringen.

Wenn wir uns allzu große Sorgen machen um die Zukunft, so zeigt das nur, wie wenig weit wir es in der Ergebung in den Willen Gottes gebracht haben. Wir fürchten die Zukunft eigentlich nur, weil sich unser Schicksal vielleicht anders gestalten könnte, wie wir es uns gerne wünschen und erträumen.

Mehr oberflächliche Geister haben manchmal anscheinend eine große Freude daran, sich und anderen die Zukunft möglichst düster auszumalen. Warum, darüber habe ich mir schon oft den Kopf zerbrochen. Dass es ihnen aber nicht gar zu ernst ist damit, glaube ich daraus schließen zu können, dass man in ihrem Leben gar nichts davon merkt. Wenn es so käme, wie sie prophezeien, dann müssten sie doch für sich selbst auch die notwendigen Folgerungen daraus ziehen.

P. Beda schrieb mir, dass du aus meinen Briefen auch den Eindruck einer ungewissen Zukunft erhalten habest. Das ist aber nicht berechtigt. Als Beispiel will ich nur einmal die Befürchtung eines Krieges hernehmen. Was ich darüber nicht schon alles für Ansichten gehört habe. Die neuste Nachricht ist nun aber, dass man an der russisch-mandschurischen Grenze abrüste. Ein paar Tage vorher noch hieß es, man rechne allgemein mit einem baldigen Kriege. Eine ganze Menge Truppen sei schon auf dem Weg zur Grenze.

Aber du denkst wohl vor allen an die finanziellen Sorgen. Wenn ich manchmal Berichte heimschickte oder von unseren Bedürfnissen berichtete, so geschah das nur, um Material zu liefern, damit Ihr gelegentlich andere zur Wohltätigkeit anregen könnt. Nicht aber wollte ich euch zu übermäßigen Opfern antreiben. Dass Ihr gerne tut, was Ihr könnt, weiß ich, und ich will durchaus nicht, dass Ihr euch etwa deswegen selbst Einschränkungen auferlegen müsstet. Ich finde nicht die richtigen Worte, doch du *wirst schon verstehen, was ich meine. Bei anderen dagegen ist die Gebefreudigkeit nicht so groß, dass man befürchten müsste, sie strengen sich über ihre Kraft an.*

In Paltoku darf er mal wieder auf koreanische Art schlafen, nämlich auf dem geheizten Fußboden. Abends breitet man seine Decken aus und im Nu ist das Bett fertig. Die ersten Nächte war es ihm wohl vom Boden her etwas zu warm, dann wurde es aber draußen inzwischen so kalt, dass er den geheizten Boden ganz angenehm empfand.

Dabei konnte er dann auch, wie er seiner Familie berichtete, „seine naturwissenschaftlichen Kenntnisse erweitern", denn:

Ich hatte reichlich Gelegenheit den Floh und seine Lebensweise näher zu studieren und im Kampf mit ihm meine ersten Erfahrungen zu sammeln. Heute las ich zufällig, dass er das stärkste Tier ist. Er springt nämlich 200 Mal so weit als er lang ist. In besseren Kreisen spricht man zwar nicht von diesem Tierchen, aber es ist doch interessant, was P. Callistus sagte, der es schon 25 Jahre kennt, als er vor einigen Monaten wieder von Deutschland nach Korea zurückkam: Daheim war es doch schön, keine Flöhe gab es, keine Wanzen gab es, und noch ein drittes nannte er. Das könnte ich dir aber nur mündlich sagen. Es ist nichts schlimmes, aber im Brief geht es nicht.

Am Montag Morgen machen sie einen Spaziergang zu einem buddhistischen Kloster. Als die Mission in Paltoku die Kirche baute, bauten die Chinesen auf der gegenüberliegenden Seite, jenseits des Flusses, dieses Kloster.

Die Mönche sperren ihnen bereitwilligst den Tempel auf. Mit ihren paar Brocken Chinesisch können sie zwar nicht viel über die Bedeutung der einzelnen Götzenbilder und der sonstigen Geräte fragen. Der Tempel ist von mittelmäßiger Größe und die Ausstattung etwas reicher als etwa daheim eine Dorfkirche.

Als wir wieder gehen wollten, lud der Mönch uns sogar ein, auch das Wohnhaus zu besichtigen. Diese buddhistischen Mönche haben sicher ein gemütlicheres Leben als wir katholischen Missionare.

Beinahe hätte er auf der Rückfahrt nach Yenki keinen Platz mehr im Auto bekommen. Schließlich muss sich einer auf einen Koffer setzen und Servatius hat ein schmales Plätzchen beim Fahrer. Dort vorn sitzen sie nun zu fünft und das ganze Auto ist völlig besetzt, auch der schmale Gang in der Mitte nicht ausgenommen. Doch es will noch ein Mann mit. Servatius hält das für unmöglich. Aber schließlich bringt man eine leere Benzinkanne, legt sie ihm quer zwischen die Beine und der Mann setzt sich drauf. So muss er denn den ganzen Weg mit ausgespreizten Beinen dasitzen.

Ryondjong

Die erste Fronleichnamsprozession erlebt Servatius in Ryondjong. Aber auch da gibt es anfangs „kosäng" (das ist ein von
den Koreanern viel gebrauchtes Wort für Mühen, Beschwerden
und ähnliches). Einige Tage vorher hatte es fast drei Tage ununterbrochen geregnet. Der stark angeschwollene Fluss riss etwa
15 m der hölzernen Brücke mit sich. Eine Fähre musste dann
den starken Verkehr zum Bahnhof und nach Ryondjong bewältigen. Das Auto, das sie abholte, sollte um drei Uhr wegfahren,
kam aber schon um Viertel vor zwei. Dass das Auto eine halbe
Stunde zu früh oder zu spät kommt, damit muss man hier immer
rechnen. Aber fünf Viertel Stunde zu früh ist eher sehr ungewöhnlich. Am Fluss aber ist alles abgesperrt. Da muss Servatius
dann doch noch eine gute halbe Stunde zwischen dicht ge-
drängten Chinesen und Koreanern in der Sonne stehen, bis er
an die Reihe kommt.

Es ist schönes Wetter für die Prozession. Aber hier genügt das
noch nicht. Es muss mindestens auch zwei Tage vorher nicht
geregnet haben. Sonst sind nämlich die Wege aus einer halb-
lehmigen schwarzen Erde für eine Prozession einfach ungangbar.

*Die Prozession selber war sehr schön und ging fast durch die
ganze Stadt hindurch. Unangenehm war nur der Gedanke, dass
vielleicht die meisten Zuschauer nicht wussten, was da vor sich
geht. Die Leute gingen ihrer Arbeit und ihren Geschäften nach*

wie an allen Werkta-gen. Die Behörden halten zwar offiziell den Sonntag, aber das einfache Volk nicht.

Die Hitze beginnt überhaupt erst seit einigen Tagen sich bemerkbar zu ma-chen. In drei Wochen werden die Aprikosen reif, die außer den Zwetschen so ziemlich das einzige Obst bilden. *Daran können wir uns aber gründlich satt essen und haben noch für das ganze Jahr Marmelade davon. So gut gedeihen sie.*

Fahnen bestimmen an diesem Tag Mitte Mai 1935 das Stadtbild von Yenki. Jedes Haus ist mit der mandschurischen oder mit der japanischen Fahne beflaggt, oft beide nebeneinander. Kein Hausbesitzer wagt es, sich auszuschließen. Und es gibt einige Anlässe für Fahnenschmuck. In den japanischen Kalendern ist es jeweils gleich angegeben, wann die Fahne auszuhängen ist.

„Erinnert Sie das an etwas?" fragte Pater Kanisius halblaut den dicht neben ihm gehenden Pater Servatius. "Erschütternd deutlich an mein letztes Jahr in München.

Mitte Oktober 33 muss es gewesen sein. Da war München für einen Festzug mit dem Führer ähnlich herausgeputzt. Ich war wirklich überrascht über den großartigen Schmuck der Straßen, durch die der Festzug ging. Die ganzen Häuserfronten waren etwa 5 m hoch mit Fahnenstoff behangen und vom Dach herunter hing etwa alle 6 m eine riesige Hakenkreuzfahne."

„Und der Festzug selber?"

„Hab ich nicht gesehen. Es sollen 8 bis 10.000 Teilnehmer gewesen sein. Die Bevölkerung habe sich dem Umzug gegenüber ziemlich kühl verhalten, hieß es. Aber das hat sich inzwischen wohl geändert. Die Begeisterung für den Führer wächst."

Aus allen Richtungen marschieren nun Kolonnen von Schülern – Lehrer wie Schüler in dunkelgrünen Uniformen – auf den großen rechteckigen Hof neben dem Amtssitz des Provinzgouverneurs zu. Voran ein älterer Schüler mit der Schulfahne und jedes Kind hält ein Mandschu- oder japanisches Fähnchen in der Hand.

„Und alle sind uniformiert", wundert sich Servatius.

„Ja, Uniformen werden getragen von der ersten Volksschulklasse bis zur Universität. Jede Schule hat ihre eigenen Abzeichen und Knöpfe. Auch unsere Schüler müssen sich dem Brauch fügen wie auch in anderen Dingen, vor allem der Anschaffung von Lehrmitteln. Darauf legen die Japaner großen Wert."

„Hier dominiert die grüne Farbe, in München war es braun."

„Ja, grün ist die Farbe des Concordia-Vereins. Ursprünglich war es die Partei der japanisch-mandschurischen Freundschaft. Aber sie stieß bei der Bevölkerung auf nur geringe Gegenliebe. Dann wurde sie in ‚Verein' umbenannt und die Mitgliedschaft wurde zur Pflicht für jeden Mandschu."

„Und diese Veranstaltung, zu der wir jetzt gehen, da müssen heute alle Schulen hin?"

„Natürlich, alle. Das ist eine Pflichtveranstaltung, und kein Unterricht kann doch nur annähernd so wichtig sein." Pater Kanisius ist schon länger im Land und kennt inzwischen die Gepflogenheiten. Auch er als Leiter der katholischen Volksschule mit rund 400 Kindern muss an diesem Tag den Unterricht ausfallen lassen, genau wie die staatliche japanische, die koreanische und die protestantische Schule, einschließlich der chinesischen Lehrer- und Lehrerinnenschule und der Handwerkerschule.

„O-hayo gozaimasu", begrüßt sie am Eingang des Hofes eine junge, dunkelgrün uniformierte Frau mit dem üblichen undurchsichtigen Lächeln, einem Lächeln, das sich wie eine Wand vor das eigentliche Ich schiebt. Mit beiden Händen nimmt sie die ebenfalls mit beiden Händen angereichten Visitenkarten entgegen.

„Arigato, Danke“. Und jeder Gast bekommt von ihr eine Rose, entweder gelb oder rot. Gelb ist die Kaiserfarbe, rot die Farbe der Höflichkeit. Feierlich in Reih und Glied stehen Schüler und Lehrer vor einem Podium, das auf ein großes weiß-rotes Tuch, den Farben Japans, aufgebaut ist. Die Lehrer vorn, die Schüler dahinter.

„Für eine solche Menge Menschen ist es erstaunlich ruhig“, bemerkt Servatius.

„Mhm, kommt Ihnen doch auch bekannt vor. Wer nichts sagt, sagt auch nichts Falsches.“

„Ist es nun gleichgültig, wohin wir uns stellen?“, will Servatius wissen.

„Eigentlich schon“, meint Kanisius. „Es sind viele japanische Offiziere und höhere Polizeibeamte da. Mit Sicherheit noch viel mehr Polizisten, aber unerkannt. Sie sehen, die Japaner und besser gestellten Koreaner sind bevorzugt europäisch gekleidet. Wer als vornehm gelten will, kleidet sich europäisch. Viele Chinesen haben aber auch zur Feier des Tages ihre traditionelle Festtagstracht angelegt. Ach ja, die japanische Feuerwehr gehört auch dazu.“

Inzwischen hat sich der Hof gefüllt. Ein Japaner betritt das Podium und verkündet, dass die Veranstaltung beginnt. Satzweise wird seine kurze Ansprache ins Chinesische übersetzt. Auf ein Kommando hin marschieren zwei japanische Offiziere zum

Fahnenmast und ziehen die Mandschufahne hoch. Allgemeine Verneigung vor der Fahne, die mit ihren fünf Farben die fünf Nationalitäten der Mandschurei versinnbildlicht: Mandschus, Han-Chinesen, Koreaner, Mongolen und Japaner, die gern an erster Stelle genannt werden.

Die Schulkinder singen die mandschurische Nationalhymne:

> *„Rote Jungen und grüne Mädchen*
> *spazieren durch die Straßen,*
> *alle sagen, dass Mandschukuo ein glückliches Land ist.*
> *Du bist glücklich, ich bin glücklich,*
> *alle leben in Frieden und arbeiten gern*
> *und frei von Sorgen."*

„Sehr begeistert klingt das nicht", bemerkt Servatius.

„Auch nicht überzeugend. Aber Achtung, jetzt kommt das eigentliche Zeremoniell", flüstert Kanisius. Der Provinzgouverneur, in schwarz gekleidet, steigt auf das Podium. Absolute Stille in der Menge. Auf einem schwarzen Tablett wird ihm ein Irgendetwas, in gelbes Tuch gewickelt, angereicht. Er hebt es an und zeigt es dem Volk, das sich dreimal davor verneigt.

„Mit einer Neun-Zehntel Verbeugung. Und die war jetzt für den Kaiser", kommentiert Kanisius leise. Der Gouverneur wickelt mit weißen Handschuhen aus dem Tuch eine Schriftrolle und liest sie mit andächtiger Betonung vor. Die Feierlichkeit ist fast zum

Greifen. Wahrscheinlich sollten die Schulkinder später noch ihren Enkeln erzählen, dass sie dabei waren.

Servatius bemüht sich, den Zusammenhang zu erkennen. Der Mandschu-Kaiser weilte einen Monat zuvor zu Besuch beim japanischen Kaiser und seine glückliche Rückkehr ist der Anlass für diese handgeschriebene Botschaft an sein Volk. Japan hat offenbar alle Register gezogen, um ihn zu beeindrucken.

So feierlich, wie die Schriftrolle ausgewickelt wurde, so wird sie auch wieder eingerollt. Weitere Reden folgen, alle satzweise ins Chinesische übersetzt.

„Achten Sie mal drauf", flüstert Kanisius, „solche Reden werden nicht frei gehalten. Jeder hat sein Manuskript auf einer Rolle."

Soweit man erkennen konnte, waren die Reden fein mit dem Pinsel auf mehr oder weniger besseres Papier geschrieben. Einige waren sogar auf rote oder grüne Seide gemalt. Der Redner legt die Umhüllung auf den Tisch und verliest die Rede, was auch schon eine Kunst ist, denn die chinesischen Zeichen können ja nur besser Gebildete lesen. Dann verpackt er sie wieder und legt sie feierlich vor dem Gouverneur nieder.

Ein mehrfaches „Banzai", ein Hoch auf die japanisch-mandschurische Freundschaft, die zehntausend Jahre währen soll, und dann werden die Gäste zu Tisch gebeten zu einem kurzen und verhältnismäßig einfachen Imbiss, der von weiß uniformierten Japanerinnen serviert wird.

Im Hof bemühen sich Zauberkünstler und Stelzenläufer, das Volk zu belustigen. Die Menge verliert sich danach ziemlich schnell. Für die vornehmen Herrschaften stehen deren Autos, Kutschen oder Rikschas bereit. Vor den beiden Missionaren liegt der Weg zum Kloster am anderen Ende der Stadt.

„So, was war das jetzt genau?" will Servatius wissen.

„Nun", beginnt Kanisius bedächtig, „wenn der Kaiser dem Volk eine Belehrung erteilt, verfasst er ein kaiserliches Reskript. Dieser handgeschriebene Text ist einerseits eine Botschaft, andererseits hat er rechtsverbindlichen Charakter. Dieses Reskript von heute wird in Zukunft in jedem Jahr an diesem Tag mit dem gleichen Ritual verlesen.

Pu Yi, der Mandschu-Kaiser, hat dem Kaiser von Japan vor vier Wochen einen Höflichkeitsbesuch abgestattet, um die ‚Japanisch-Mandschurische Freundschaft' zu festigen. Dabei durfte er auch der Mutter des Tenno seine Aufwartung machen und sie bei einem Spaziergang im Park begleiten."

„Gut, das war ein Anstandsbesuch", wirft Servatius ein. „Sind aber beide Kaiser wirklich gleichberechtigte Partner? Pu Yi ist gerade mal ein gutes Jahr älter als ich."

„Tja, das ist eine heikle Frage. Sie haben doch in der Schule Storms Novelle ‚Pole Poppenspäler' gelesen. Der Puppenspieler braucht die Puppe und die Puppe braucht den Puppenspieler.

Ich will damit sagen, der eine tanzt und der andere zieht die Fäden. Aber beide brauchen einander.

Am Schluss des heutigen Reskriptes hat er jedenfalls verkündet: ‚Jeder Japaner, der gegen die Interessen von Mandschukuo handelt, verrät den Kaiser von Japan, und jeder Mandschure, der gegen die Interessen von Japan handelt, begeht Verrat am Kaiser von Mandschukuo. Verrat an Seiner Majestät, dem Kaiser von Japan, ist Verrat an Uns, und Verrat an Uns ist Verrat an Seiner Majestät, dem Kaiser von Japan.'

Ich fürchte, Pu Yi ist in dieser Hinsicht reichlich naiv und schätzt die Lage und vor allem seine eigene Position nicht richtig ein. Er ist ganz bestimmt nicht derjenige, der die Fäden zieht. Man könnte es auch anders nennen."

„Wenn man diese Allgegenwart japanischer Uniformen sieht, drängt sich einem doch die Frage auf: Sind wir hier in China oder in Japan?"

„Und die Antwort kann dann nur ebenso eindeutig wie unverständlich lauten: weder – noch und gleichzeitig: sowohl – als auch. Wir sind in China und doch wieder nicht. Wir sind im Kaiserreich Mandschukuo.

Die Geschichte ist ziemlich verworren. Japan betreibt eine Politik der gewaltsamen Japanisierung der besetzten Gebiete. Und deshalb wurden wir vorhin, als wir ankamen, auch nicht auf

Chinesisch, sondern Japanisch begrüßt. Mit solchen scheinbaren Kleinigkeiten fängt es schon an.

Die Japaner wachen streng über das gesamte Erziehungssystem, vor allem Geschichtsunterricht und alles, was mit Weltanschauung zu tun hat. In diesen Fächern findet der Unterricht in Japanisch und nicht Chinesisch statt. Nach dem vierten Schuljahr ist der gesamte Unterricht in Japanisch. Die meisten Lehrer sind Japaner.

Japanische Kinder haben eigene, gut ausgestattete und geheizte Schulen, die mandschurischen Kinder nicht. Deren Schulen sind nicht einmal im Winter beheizt. Kälte von 20 Grad und mehr ist nicht selten.

Dann verlangt es die neue Höflichkeit, dass sich Chinesen oder Mandschus vor Japanern verneigen und zur Seite treten müssen, wenn sie ihnen auf der Straße begegnen.

Immer mehr bilden die Japaner und nicht mehr die Chinesen die herrschende Schicht in der Bevölkerung, vor allem vor den Koreanern. Sie berufen sich gern darauf, dass die Koreaner ja ihre Untertanen seien. Auch in der Beamtenlaufbahn müssen die Koreaner hinter den Japanern und Chinesen zurückstehen.

Um nun auf Ihre Frage von vorhin zurückzukommen: Sind wir nun in Japan oder in China? Aber das werden Sie alles noch beobachten können.“

„Wie steht es denn unter diesen Bedingungen eigentlich mit dem Religionsunterricht?"

„Jedes Kind, das unsere Schulen besucht, muss am Religionsunterricht teilnehmen und den Katechismus lernen, auch die Heiden. Natürlich zwingen wir niemanden katholisch zu werden, und es werden auch nicht alle katholisch, aber sie kennen wenigstens die katholische Religion, und der ausgestreute Same geht später vielleicht doch noch auf.

Ach ja, mit meinen Schulkindern hatte ich kürzlich etwas Nettes erlebt. Wir waren mit dem Lastauto zu einem Fest gefahren und dabei wurden einige seekrank. Ich gab ihnen auf einem Stück Zucker ein paar Tropfen Schweiklberger Geist und im Nu waren sie wieder munter. Die Kinder fanden es merkwürdig, wie schnell diese Medizin des Paters wirkte. Am nächsten Tag merkte ich, dass ich mich tags zuvor in der Flasche vergriffen hatte. Statt Schweiklberger Geist hatte ich den Kindern versehentlich – Weihwasser gegeben."

„Hätte ich doch nur gewusst, dass Weihwasser als Schweiklberger Geist getarnt auch gegen Seekrankheit hilft, hätte ich mir auf der Reise einiges ersparen können!", scherzte Servatius.

„Dann hatten Sie wohl nicht den rechten Glauben. Sie wissen doch: der Glaube versetzt Berge. Und Weihwasser hatten Sie doch sicher dabei auf dem Schiff."

Paltoku

Am Samstag Nachmittag reitet Servatius dann mit P. Reginald nach Paltoku, wo er jetzt schon zum dritten Mal hinkommt. Für die dreißig Kilometer brauchen sie genau drei Stunden. Da kann er sich jetzt die Gegend etwas genauer anschauen. Der ganze Weg führt durch eine große Ebene. Rechts und links nichts als Reisfelder. Die meisten sind schon gepflügt. Die großen und kleinen Bewässerungskanäle in Stand gesetzt, aber meist noch ohne Wasser.

Am Sonntag kam der erste längere Regen seit ich hier bin. Den ganzen Tag konnten wir nicht vor die Türe. Erst am Abend ließ es allmählich nach. Die nächste Nacht scheint es nur mehr auf den Bergen ringsum geschneit zu haben. Die Sonne brauchte 5 - 6 Stunden, um den Schnee wieder zum Schmelzen zu bringen, obwohl sie doch schon recht heiß werden kann. Der Fluss war glücklicherweise noch nicht besonders angeschwollen, sodass wir mit unseren Gäulen leicht durchkamen.

Bei herrlichem Wetter ritten wir am Montagmorgen nach Yenki zurück. Nur der Weg war teilweise sehr schlecht. Wenn man im Frühjahr die Gräben wieder in Stand setzt, wirft man die ausgehobene Erde einfach auf den Weg. So entsteht da ein fußtiefer, zäher Brei. Beim Reiten hat das Pferd es dann ziemlich schwer, während das Motorradfahren bald überhaupt unmöglich wird.

Die Bauern waren jetzt überall eifrig an der Arbeit. Einige pflügten, andere arbeiteten auf dem schon unter Wasser gesetzten Feld. Denkt Euch einen anderthalb Meter breiten und einen halben Meter tiefen Kamm oder Rechen aus armdicken Hölzern. Den ziehen ein oder zwei Ochsen durch den breiigen Schlamm, ähnlich wie bei uns die Egge. Die Leute gehen dabei barfuß.

Wenn es bei Sonnenschein tagsüber auch warm ist, so sinkt das Thermometer nachts doch immer noch auf zwei oder drei Grad über Null. Einige Leute waren daran, auf dem fertig bearbeiteten und bewässerten Feld den Reis auszusäen. In etwa 4 Wochen ist er dann so groß, dass man die Setzlinge versetzen kann. Ihr habt es da schon leichter mit dem Getreide und den Kartoffeln. Wo man kein Wasser mehr hinleiten kann, wird Hirse angebaut.

In unserm Garten ziehen wir verschiedene Gemüse. Vor zwei drei Wochen hat der Gärtner es gesät. Damals begannen auch als erste die Aprikosen zu blühen und die Weiden grün zu werden. Dann folgten die Zwetschen, Birnen und Pappelweiden. Wilde Azaleen blühen schon an Ostern. Auch den ersten Salat bekamen wir da aus unserem kleinen Treibhaus. Die Weinstöcke, die wir voriges Jahr versuchsweise gepflanzt hatten, sind fast alle erfroren. Es ist also wenig Aussicht, dass wir uns unseren Messwein einmal selber herstellen können. Weil wir jetzt meist bewölktes Wetter haben, ist es, wie gesagt, immer noch nicht besonders warm.

Tutoko

Drei Tage später weilt Pater Servatius zur Firmung in Tutoko, einer Stadt mit 10.000 Einwohnern, etwa 40 km westlich von Yenki in einem breiten Flusstal gelegen. Drei Stunden Autofahrt auf unbeschreiblichen Wegen. Samstag Nachmittag müssen alle 110 Firmlinge, darunter auch eine größere Zahl Erwachsener Examen machen. Einige fallen dabei durch, auch zwei ältere Frauen können nicht alle Katechismusfragen hersagen und werden zurückgestellt. Die eine macht sich wieder ans Lernen und kommt abends nochmals zum Examen. Es geht zwar noch

nicht viel besser aber da sie so flehentlich bittet, sie möchte doch die hl. Firmung empfangen, wird es schließlich gewährt. Die andere kommt am nächsten Tage einfach mit den anderen

Firmlingen an den Altar. P. Ambros, der Stationsobere, ist sich bewusst, wie nötig sie das Sakrament der Stärke schon hätte, da sie noch viel mit heidnischen Verwandten zu kämpfen hat. So erhält schließlich auch sie die hl. Firmung.

Servatius tut Dienst als Diakon. Trotz des kalten Tages schwitzt er am Schluss, ein solches Gedränge herrscht in dem kleinen Kirchlein, das ursprünglich ein Koreanerhaus war.

Da war es manchmal nett, die Kleinen auf dem Rücken der Mutter zu betrachten, während die Mutter die hl. Kommunion empfing. Im allgemeinen verhalten die Kinder sich immer ganz still in der Kirche. Die schon etwas größer sind, suchen sich etwas Zeitvertreib bei anderen Altersgenossen, spielen sich Verstecken. Wenn sie es nicht zu schlimm treiben, findet da niemand etwas dabei. Mit etwas müssen sie sich doch beschäftigen.

Ryondjong

Dann hätte er nach Ryondjong fahren sollen - mit dem öffentlichen Auto. Das blieb aber in einem Schlammloch stecken, kurz nachdem es einen Fluss durchquert hatte. Ein anderer Autofahrer kam zu Hilfe. Mit einem Strick wollten sie das Auto herausziehen. Doch der Strick riss. Dreimal banden sie ihn wieder zusammen, bis sie endlich einsahen, dass es so nicht gehen kann.

Dann versuchten sie es mit einer Art Schneekette, aber auch die riss. Schließlich brachten sie doch das Auto heraus, aber nur gerade so weit, bis das Vorderrad in das Loch geriet, in dem vorher das Hinterrad gesteckt hatte. Dann, nach ungefähr zwei Stunden Wartens, zum Glück bei schönem Wetter, wurden sie von einem andern Auto abgeholt. Die beiden Fahrer versuchten ihr Glück weiterhin mit einer Schaufel und einem Drahtseil.

Der Missionar und das Findelkind

Schule in Ryondjong

So könnte man überschreiben, was sich da vor einiger Zeit in Ryondjong ereignete:

Eines Tages hörte P. Balduin ein Kinderweinen vor der Tür. Ihm schwante nichts Gutes, und er ging vorsichtshalber nicht aus dem Haus. Doch da kam der Christenvorsteher und bestätigte, was der Pater bereits befürchtet hatte:

„Pater, man hat Ihnen ein Kind vor die Türe gelegt. Was sollen wir nun tun?"

Den fragenden Blick des Paters deutete der Christenvertreter gleich richtig:

„Nein. Ich kann es nicht nehmen."

„Dann suchen Sie ihm wenigstens für den Augenblick eine Mutter, damit es nicht verhungert."

Damit begann die Suche nach einer Mutter für das Kind. Bald hieß es, eine kinderlose heidnische Familie sei bereit, das Kind aufzunehmen. Doch einem Heiden wollte man das Kind nicht geben.

Nun hatte die Frau in der Nacht zuvor einen Traum: „Wenn sie katholisch würde", so wurde ihr prophezeit, „würde ihr Kinderwunsch bald erfüllt." Ihr Gatte war einverstanden, katholisch zu werden. So würde ihr Traum bald wahr werden und das Kind würde eine Familie bekommen.

Damit nicht der Eindruck einer doch recht seltsamen Bekehrung entsteht, sei hinzugefügt, dass die Leute sich schon etwas länger mit dem Gedanken beschäftigt haben, das Christentum anzunehmen. Aber den eigentlichen Anstoß gab dann doch diese merkwürdige Fügung.

Damit ist diese Geschichte aber nicht zu Ende, sondern es ergaben sich noch ein paar Komplikationen. Der Christenvorsteher hatte inzwischen nämlich auch Gefallen an dem Kind gefunden und wollte es nicht mehr herausgeben. Auf langes Zureden gab er schließlich nach:

„Sie sollen es haben, aber nur, wenn es meinen Familiennamen erhält."

Doch darauf wollten sich die künftigen Adoptiveltern nicht einlassen. Sie wollten doch einen Stammhalter haben. Schließlich musste P. Balduin ein Machtwort sprechen:

„Das Kind gehört doch mir, vor meiner Türe hat es gelegen und du hast ausdrücklich erklärt, du wolltest es auf keinen Fall haben."

Und sofort schickte er eine Frau mit zum Christenvorsteher, um das Kind zu holen, damit diesen seine Nachgiebigkeit ja nicht wieder reue.

In Ryondjong kann Servatius auch einmal die Schule besuchen und dabei noch besser als in Paltoku erfahren, dass das Unterrichten hierzulande keine leichte Sache ist. *Die Koreaner lernen fast nur mit dem Gedächtnis, während die Erziehung zu eigenem Denken nach unserer Anschauung sehr vernachlässigt wird. Der Lehrer sagt ein Wort, einen Satz vor, die Schüler wiederholen ihn stets gemeinsam so lange, bis ihn alle können. Auch wenn der Lehrer fragt, schreit stets die ganze Klasse die Antwort gemeinsam. P. Arnold sagte mir, er habe einmal gehört,*

wie ein Lehrer ein japanisches Wort buchstäblich 50 Mal hintereinander vorsagte und wiederholen ließ.

Wir suchen natürlich im Religionsunterricht, die Kinder auch zum Erfassen der Wahrheiten mit dem Verstand anzuleiten. Das ist aber eine sehr mühselige Arbeit, schon an sich, weil sie das nicht gewohnt sind und zudem, weil wir selbst noch die Schwierigkeit mit der Sprache haben. Kinder mit 8 – 9 Jahren können manchmal schon den ganzen Katechismus auswendig und sagen ihn her wie am Schnürchen, aber verstehen vielleicht gar nichts davon. Das Lernen macht ihnen eben verhältnismäßig wenig Schwierigkeiten.

Was die Unruhe angeht, so werden die Koreaner den Kindern daheim kaum nachstehen. Es ist eher noch schwieriger, sie alle im Zaume zu halten, weil die Eltern wenig Einfluss auf sie haben. Diese sind froh, wenn ihre Kinder wenigstens zum Essen heimkommen. Sonst sind sie den ganzen Tag beim Spielen auf dem Schulplatz oder der Straße. Die Schulschaukel ist z.B. morgens um halb fünf besetzt bis es abends dunkel wird. Es lassen sich aber doch jedes Jahr eine schöne Anzahl von den Schülern taufen und von den andern kann man hoffen, dass sie sich im späteren Leben doch einmal der in der Schule kennengelernten Religion zuwenden.

Die Schulsorgen der Missionare sind anderer Natur als die in der Heimat, von denen seine Schwester Barbara, die Lehrerin, schrieb. Eines der Probleme sind die Lehrer. Das kann Servatius in Paltoku selbst aus nächster Nähe erleben. Am Schluss des Schuljahres erklärte eine Lehrerin, sie wolle noch weiter studieren. Nun hieß es, in 10 Tagen eine neue zu finden. Sofort machte P. Ado sich auf die Suche, schrieb Eilbriefe und schickte Telegramme. Unterdessen begann das neue Schuljahr. Es meldeten sich über 100 neue Schulkinder. So musste man zwei Klassen bilden.

Tag um Tag wartete er auf Antwort, stellte einen Vertreter ein, der nach einer Woche nicht mehr weitermachen wollte. Sein in Aussicht genommener Nachfolger wurde vom Lehrerkollegium einstimmig abgelehnt usw. Schließlich hörte P. Ado, in Ryondjong sei ein stellenloser Lehrer. Sofort fuhr er hin, um ihn zu „besichtigen" und stellte ihn gleich an.

P. Kanisius hat mit den Lehrern mehr Glück. Dafür weiß er nicht, wo er die Schüler alle unterbringen kann. Er hat 6 Klassen, eine Armen- und eine Männer- und Frauenabendschule, aber nur drei Klassenzimmer, die deshalb täglich dreimal benützt werden.

P. Balduin sagte einmal im Scherz, bei den Fluchpsalmen habe er mal nachgedacht, wen er denn verfluchen solle. Da fielen ihm seine Lehrer ein. Die meisten betrachten ihre Stelle eben nur als Durchgangsposten, bis sie etwas Besseres finden. Meist wäre dem Übel gar nicht so schwer abzuhelfen, nämlich durch eine Gehaltserhöhung. Doch das ist leider nicht möglich.

So tritt einem immer wieder die materielle Not entgegen. Mit den Schulen selber ist es genauso. Da verschlingen besonders die staatlich vorgeschriebenen Lehrmittel große Summen. Zu den Lehrbüchern gibt es für jede Klasse eine ganze Reihe großer Wandbilder, die an sich schon teuer sind und noch dazu alle Augenblick geändert werden. Daneben sind die Instrumente für den Physik- oder Chemieunterricht. Doch eine Mission ohne Schule wäre wie eine Familie ohne Kinder.

Die Schulen der Missionsstationen sind zwar staatlich genehmigt, arbeiten nach einem japanischen Lehrplan, sind jedoch nicht den staatlichen Schulen gleichgestellt. Um die staatliche Anerkennung zu erlangen, dürfen nur Absolventen von staatlichen Lehrerbildungsanstalten angestellt und zum offiziellen Tarif bezahlt werden. Der liegt etwa bei dem Dreifachen von dem, was die Mission zahlen kann.

Auch an die Lehrer werden große Anforderungen gestellt, da der Unterricht in japanischer Sprache erteilt wird, auch für koreanische oder chinesische Kinder. Vorläufig ist der Staat noch nicht imstande, selbst genügend Schulen zu errichten. Wie es aber später wird, ist sehr fraglich.

Heute hat die Regierung sämtliche Lehrer der Provinz Yenki hierher berufen zu einem fünftägigen Kursus über Schulfragen. Welcher Art wissen wir aber noch nicht näher. Es geschieht das

Schule in Mingyüehgou

zum ersten Mal. Vielleicht sollen die Lehrer unterrichtet werden, in welchem Geiste sie ihre Arbeit im wiedererstandenen Mandschureiche gestalten sollen.

Offenbar ist jetzt auch die Zeit des Hausbaues. Gespannt beobachtet Servatius, wie hier ein Haus entsteht. Zuerst wird das Balkengerüst samt Dachstuhl aufgerichtet, dann die Zwischenwände mit Stangen und einem Geflecht wie aus Schilf oder langen Ruten ausgefüllt. Er kann nicht genau erkennen, was es ist. Darauf wird das Ganze mit Lehm und Erde verschmiert. Weil die Hauseinrichtung sehr einfach ist, brauchen die Häuser lange nicht so groß zu sein wie er es von daheim gewohnt ist.

Zuerst kommt die Küche mit gemauertem Herd, zur Hälfte im Boden drin, in dem 2 – 3 große Kessel eingemauert sind. Stühle und Tische gibt es nicht. An der Wand sind höchstens ein – zwei Bretter angebracht, auf denen sich einige Schüsseln, Flaschen und das Essgerät befinden. Die übrigen Räume sind alle gleich, auf dem Boden geflochtene Matten, in der Ecke zusammen gerollt eine Unterlage und Steppdecke samt Rollkissen: das Bett. Da legen sich alle in eine Reihe nebeneinander und schlafen ganz gut auf dem warmen Boden, bis die Sonne sie am nächsten Morgen wieder weckt. Ja, das ist nicht bloß eine schöne Redewendung, sondern wirklich so. Die gewöhnlichen Leute haben keine Uhr und viele auch kein Licht. So richten sie sich ganz nach der Sonne.

Besonders interessiert ihn die Fußbodenheizung, der Ontol. 30-40 cm unter dem späteren Fußboden werden Steine, etwa zwei Hand breit, in mehreren ebenso weit auseinander liegenden Reihen so aneinandergelegt, dass viele Kanäle entstehen, die alle beim Feuer beginnen und an einer gegenüberliegenden Ecke münden. Durch einen ausgehöhlten Baumstamm kann dort der Rauch in die Luft entweichen. Die Kanäle werden mit breiten flachen Steinen überdeckt und dann schön eben mit einem Erdbrei verschmiert. Darüber kommt eine geflochtene Matte und ein sauberes, warmes Zimmer hat man nicht nur bei Tag, sondern auch bei Nacht, denn in den Steinen hält die Wärme sich sehr lange. Aber jetzt im Sommer wird es manchen doch des Guten etwas zu viel und sie stellen ihren Kochkessel vor das Haus auf ein paar Steine.

Die Japaner entwickeln ebenfalls eine rege Bautätigkeit. Ein Photograph hat in etwa drei Wochen ein dreistöckiges Haus gebaut, für Yenki der reinste Wolkenkratzer. Er passt gar nicht in die Umgebung und verunstaltet das ganze Stadtbild. Wenn man das Haus von hinten anschaut, sieht man, dass es eigentlich nur zwei richtige Stockwerke hat. Der große Aufbau dient vor allem dazu, der ostasiatischen Eigenart Rechnung zu tragen, die großen Wert auf das Äußere legen. So haben manche Häuser ihre Fassaden um einige Meter erhöht durch – eine angestrichene Bretterwand.

Seit zehn Tagen wird auch in der Missionsstation gebaut. An die Koreanerschule werden zwei Säle und ein Raum für die Kirche angebaut, im ganzen etwa 40 m lang und 8 -10 m breit. In drei Tagen war das Fundament betoniert, ungefähr 80 cm im Boden und 1 m darüber. Inzwischen sind sie schon mit dem Mauern fertig. Das machen nämlich alles Chinesen. Ein Bruder führt die Aufsicht. Mitte August kann man erst mit dem Bauen beginnen und Mitte Oktober fängt es schon an zu frieren.

„Krankenhaus" in Yenki

Außerdem wird das Krankenhäuschen vergrößert. Bisher bestand es nur aus einem Sprechzimmer, Behandlungszimmer und Apotheke. Jetzt kommt ein Operationszimmer dazu und einige Krankenzimmer mit etwa 12 Betten. Täglich kommen etwa 50 Kranke zur Behandlung. Den ganzen Vormittag ist ein Arzt da.

Dann muss auch noch ein Haus für die Schreinerei gebaut werden. Das bisherige stammt noch von einem Chinesen, ist aber baufällig.

Für die Betonarbeiten werden Arbeitslose angeheuert. Frühmorgens, sobald es Tag wird, geht ein chinesischer Angestellter der Mission in die Stadt, wo an bestimmten Plätzen sich immer Leute finden, die nichts zu tun haben. Maurer und Zimmerleute dagegen sind gelernte Kräfte.

Da es hier noch keine Backsteinfabrik gibt, müssen die Steine erst gebrannt werden. Das geht aber nur im Mai, wenn der Boden wieder auftaut. Das Holz zum Brennen ist zum größten Teil schon beigefahren, aber mit dem Beschaffen von Bauholz gibt es große Schwierigkeiten. (Hoffentlich scheitert der Bau nicht daran.) Kohlen gibt es auch hier, aber da sie von weit her gebracht werden müssen, kommt die Fracht sehr teuer.

Servatius nutzt die seltene Gelegenheit, den Ziegelbrennern bei der Arbeit zuzuschauen. Leider sind es lauter Chinesen, so dass er sie nichts fragen kann.

Vor zwei Monaten fingen sie auf einem früheren Reisfeld an. Ganz schwarzer Boden ist dort. So roten Lehm wie daheim habe ich hier noch nirgends gesehen. Man nimmt hier zum Ziegelbrennen die gewöhnliche Ackererde.

Zuerst trugen sie die Erde zu 7 etwa 20 m langen und 2 m hohen Haufen zusammen und fingen dann gleich an, die Ziegel zu schlagen. Jeder Arbeiter hat ein langes Kästchen, in das 2 Stück hinein gehen. Der gut vermischte Dreckklumpen wird hineingeworfen, oben abgestrichen, umgekippt und 2 Stück sind fertig. Im Tag macht einer etwa 800. Als die ersten einigermaßen trocken waren, bauten sie sich damit ein kleines Haus und dann den Brennofen, etwa 35 m lang für 40.000 Stück, auch aus den luftgetrockneten Ziegeln. Der Ofen hat eine gewölbte Decke, etwa 2 m hoch. Dann wurde er gefüllt. Als etwa 2/3 voll waren, machten sie vorn schon Feuer. Brennmaterial ist Eichenholz. Kohlen kämen hier wegen der hohen Frachtkosten zu teuer. Ein Mann muss jetzt dauernd nachlegen.

Wie lang ein Brand dauert, weiß ich nicht. Die Chinesen sind sehr fleißig beim Arbeiten. Ich hab mich gewundert, wie schnell sie die Erde zusammengetragen haben. Beim Tragen der Ziegel nimmt einer 28 Stück auf einmal, die an einer Stange über die Schultern herabhängen, vorn 12 und hinten 16. Das Mauern später geht noch viel schneller. Meist stehen die Mauern in ein bis zwei Wochen.

Seit etwa 14 Tagen beginnt es hier allmählich Herbst zu werden. Die Bäume sind zwar noch ganz grün, aber in drei Wochen ist wahrscheinlich das Laub schon abgefallen. Einige Nächte sank das Thermometer auf 2 Grad, es ist aber jetzt noch ganz angenehm, weil der Regen endlich aufgehört hat. Die Herbstfreude, die einem daheim die Obsternte bereitet, ist hier ziemlich gering. Aber wir freuen uns doch, wenigstens etwas zu haben.

Im August gab es einige Wochen lang täglich Aprikosen. Dann wurden die Tomaten reif und zuletzt die Tschami. Ob's ein deutsches Wort dafür gibt, weiß ich nicht. Sie sind etwa so lang wie eine Hand, etwas dicker als eine Faust und grün wie die Gurken. Man schält sie auch wie diese, schneidet sie auf und entfernt die Kerne. Es bleibt dann noch ein gut fingerdickes Gehäuse übrig, das roh gegessen wird. Der Geschmack lässt sich nicht mit einer deutschen Frucht vergleichen. Wochenlang gibt es sie an allen Straßenecken und Verkaufsständen massenhaft zu kaufen. Die Koreaner essen sie ebenso wie die Gurken mit samt der Schale. Anfangs fand ich keinen besonderen Geschmack daran, esse sie jetzt aber sehr gern.

Hier gibt es aber noch weniger Obst als in Yenki wegen des raueren Klimas. Wenn deshalb der Herbst auch fast keine Früchte bringt außer eingeführten, so ist er doch wohl die angenehmste Jahreszeit, nicht zu heiß, wenig Ungeziefer. Damit habe ich der Hauptsache nach alles aufgezählt. In den Chinesenläden sieht man zwar auch Miniaturbirnen und -äpfel liegen, die aber gar nicht besonders verlockend aussehen.

Aus den Briefen von daheim wurde es immer deutlicher, dass sich Antons Gesundheitszustand rapide verschlechterte.

Servatius bedauert, dass er bei der vielen Arbeit und Mühe, die die Pflege erfordert, nicht auch mithelfen kann. Öfter als sonst wandern seine Gedanken jetzt heim, voll Ungewissheit, was die Zukunft bringen wird. Täglich wartete er auf Nachrichten von der Familie. *Doch eines tröstet mich: die Gewissheit, dass Ihr und Anton einen starken Trost bei allem Opfer darin findet, dass nichts geschieht, ohne Gottes Zulassung. Sonst wäre es manchmal schwer, die Geduld zu bewahren mit den andern und mit sich selber.*

Sein letzter Brief erreicht Anton schon nicht mehr:

Da es mir nicht vergönnt ist, wie Aloys dich auf deinem Kranken-lager aufzusuchen, will ich dir wenigstens einige Zeilen schicken als Zeichen meines Gedenkens. Das einzige, was ich tun kann, ist, immer wieder zu Gott flehen, dass er dein Leidensopfer zum Segen mache für dich und andere. Trotz des Beispiels des Hei-landes ist es ja doch immer wieder schwer, sich gänzlich in den Willen Gottes zu fügen, wenn er uns die aktive Tätigkeit versagt. Da mag das Beispiel vieler Heiligen uns eine Aufmunterung sein, ihnen nachzustreben. Vor mir auf dem Schreibtisch habe ich das Bild der drei ersten Martyrermissionare stehen, die nach nur ein- oder zweijährigem Wirken in Korea doch für Tausende Wegführer zu Gott wurden, und zwar viel mehr durch ihr Gebet und Leiden als durch sonstige Arbeit.

Ein Brief seiner Schwester Bäbchen bringt dann die traurige Gewissheit. Sein Bruder Anton ist nach jahrelangem Leiden friedlich eingeschlafen.

Der größte Trost ist es mir, dass er so gottergeben gestorben ist, und sein Leben noch besonders für mich aufgeopfert hat. Er hätte als Priester vielleicht mehr gewirkt als ich, dieser Gedanke ist mir schon oft gekommen. Doch Gott hat ihm im Leiden einen andern Beruf zugewiesen, der in gewissem Sinn noch größer war. Der Heiland hat ja auch sein Erlösungswerk im Leiden und Sterben vollbracht. Nun bleibt uns nichts anderes mehr übrig, als uns ein Beispiel zu nehmen an seiner Gottergebenheit durch lange Jahre hindurch in allen Lagen und Fügungen, und für ihn zu beten, wenn er dessen noch bedarf. Ich will gleich für ihn das kirchliche Totengebet verrichten und drei hl. Messen lesen. Wir wollen Gott dankbar sein dafür, dass er ihn uns solange gelassen hat und er eines so schönen Todes gestorben ist. Früher oder später kommt für alle einmal die Trennung. Mögen wir im Himmel einst alle einmal ein schönes Wiedersehen feiern.

Da kommt es Servatius sehr gelegen, dass er Yenki für einige Wochen verlassen muss, um den Pater in Hunchun, etwa 100 km östlich von Yenki, zu vertreten, während dieser den Schwestern in Yenki Exerzitien hält. So kann er in seiner Trauer das geräuschvolle Leben im Hauptkloster mit dem stilleren auf einer Station für eine Zeitlang vertauschen. *„Am Tag nach Empfang der Todesnachricht reiste ich hierher, wo mich kein Mensch kennt. So ist man stets allein mit seinen Gedanken. Andrerseits aber muss man sich mit seiner täglichen Beschäftigung und Umgebung abgeben, was dann bald mehr oder weniger die ganze Aufmerksamkeit darauf hinlenkt.*

Hunchun liegt direkt am Tumen. Das gegenüberliegende Flussufer ist bereits Korea. Die russische Grenze verläuft 15 km östlich. Die alte, mit Lehm bestrichene Stadtmauer mit ihren vier Toren zeugt von dem hohen Alter der Stadt. Früher war in Hunchun ein großes Zollamt und der Sitz der späteren Yenki-Regierung. Nach dem Boxeraufstand wurde dann auch hier der chinesische Zoll zur Entschädigung der alliierten Mächte eingetrieben. Und hier ist auch der wichtigste Grenzübergang für die vielen Koreaner, die in China, genauer in der Mandschurei, ein besseres Leben erhofften.

Vor der Stadt steht eine große Kanone als Denkmal fest gemauert. Darauf ist zu lesen: "Krupp, Essen 1884". Spuren der Vergangenheit.

Über eine neue Autostraße, die nicht mehr über koreanischen Boden geht, ist Hunchun von Yenki aus ziemlich gut zu erreichen. Bisher musste man mit der Bahn immer einen großen Umweg machen und ein Stück durch Korea fahren. Beim

Grenzübertritt wurde für Ausländer jedes Mal eine Gebühr von 2,50 Mark oder sogar von 10,00 Mark erhoben.

An sich hätte ich es ganz schön hier. Die Mission ist vor 2 Jahren ganz neu gebaut worden auf einem sehr geräumigen Platz am Rande der Stadt, vollständig umgeben von einer Mauer. In meinem Zimmer gehen die Fenster nach Westen auf den Schulplatz, der den ganzen Tag von Kindern belebt ist, die Kirche und Schule und unmittelbar anschließend das Koreanerviertel, im Süden auf Garten, Krankenhäuschen und dahinter das japanische Konsulat. Im Osten ist die staatliche Volksschule und die Chinesenstadt, im Norden freies Feld mit einzelnen Chinesengehöften. In ein- bis zweistündiger Entfernung ringsum Berge, im Osten schon russische. Das Klima ist wärmer als in Yenki. Als ich von dort wegging, hatten wir schon mehrmals Frost, hier erst vor einigen Tagen zum ersten Mal. Tagsüber ist es bei Sonnenschein noch so warm, dass man gut ohne Ofen auskommt. Das Essen machen mir Schwestern.

Mit der Arbeit ist es aber nicht so schlimm. Die Christenzahl ist noch klein. Altchristen sind fast keine da. Den neuen fehlt es infolgedessen an einem Beispiel und Vorbild, was sich vor allem im Besuch des Gottesdienstes bemerkbar macht.

Die Hauptarbeit besteht nun für Servatius darin, morgens die hl. Messe zu feiern und abends eine Rosenkranzandacht zu halten. Die Predigten müssen eben ausfallen und für den Beichtstuhl zerstreute Vater Abt seine Bedenken: „ecclesia supplet", die Kirche ergänzt, was fehlt. Das beruhigt ihn zwar nicht ganz, doch einmal muss schließlich der Anfang gemacht werden. Der Andrang ist aber wegen der Erntezeit sehr gering.

Die übrige Zeit ist hauptsächlich der koreanischen Sprache gewidmet. Doch der Fortschritt geht sehr langsam. Wenn er sich die Gebete vorher angeschaut habe, so hofft er, könne er sie auch mitbeten. Aber daran ist nicht zu denken, solange er sie nicht halbwegs auswendig kann. Einer der Gründe dafür ist das Fehlen des Wortabstandes und der Interpunktion.

Endlich beten die Koreaner nach unseren Begriffen manchmal ungeheuer schnell. Weil ihre Sprache aber sehr silbenreich ist, mag trotzdem ein andächtiges Gebet möglich sein. Unsere 3 Silben: Bitt für uns z. B. sind im Koreanischen 10: Ururül uihaja pirafosö. Das Ave Maria, das ich mir in früheren Monaten schon öfters angeschaut hatte, konnte ich jetzt aber erst beim 2. und 3. Rosenkranz vollständig mit beten.

Eine in Hunchun neu angekommene Schwester möchte so gern einmal in einem richtigen Ochsenwagen fahren. Der Wunsch kann leicht erfüllt werden. Nicht ganz so einfach erging es der Generaloberin, die ein Jahr zuvor in Hunchun weilte, wo sie wegen Hochwasser 14 Tage festsitzen musste. Schließlich versuchte man, mit einem chinesischen Pferdewagen durchzukommen. Die Oberin meinte nun, es käme ein feiner Wagen. Die Hunchuner Oberin aber wusste schon, es werde nur ein ganz gewöhnlicher dreckiger Chinesenkarren kommen. Dem war auch so. „Steigen Sie nur ruhig ein, Mutter Oberin, es ist ganz gut, wenn sie mal erfahren, wie wir hier draußen herumkutschieren müssen." Am Abend kamen sie dann aber doch wieder unverrichteter Dinge nach Hunchun zurück.

Die Hunchuner Oberin hat mir gefallen. Wo sie nur irgend eine Möglichkeit hat, den Leuten beizukommen, versucht sie es. Als ich dort war, war gerade ein heidnisches Kind krank. Es war bereit, getauft zu werden. Dann wandten die Leute aber alle möglichen heidnischen Bräuche an und suchten außerdem das Kind vor der Schwester zu versteckten, indem sie es immer wieder in andere Häuser brachten. Diese gab aber nicht nach und suchte immer wieder danach. Als die Eltern sagten, sie brauche nicht mehr zu kommen, sagte sie: Ja, es ist schon recht, aber diese Medizin muss ich ihm doch noch geben und dann taufte sie es schnell. Sie sagte mir, man müsse wirklich jede Seele dem Teufel abringen. Ich konnte leider noch kaum etwas tun außer den Gottesdienst halten.

Zu deinen ersten Weihen meinen herzlichen Glückwunsch, schreibt er seinem Bruder Aloys von Hunchun aus. *Benutze die Zeit bis zum Empfang der letzten gut, besonders zur Pflege des inneren Lebens. Denn je inniger und fester der Priester da mit Gott verbunden ist, um so segensreicher und wirksamer wird die Arbeit an den Seelen sein.*

Aloys hatte kurz zuvor den Entwurf zu einer Predigt und einen Vortrag nach Yenki geschickt:

Deine Predigt hat mich etwas überrascht, weil dieser aphorismenartige Stil mir selbst gar nicht liegt. Für Festpredigten und bei entsprechendem Vortrag halte ich ihn nicht ungeeignet. Nachmachen ließe sich diese Art wohl schwer. Wollte man immer so predigen, so würden sich wohl bald gewisse Schattenseiten entwickeln: Die Wirkung auf die Dauer und in die Tiefe ließe zu wünschen übrig, manche Wendung ginge vielleicht über die Köpfe hinweg, nicht weil sie an sich unverständlich wäre, sondern weil sie nicht recht greifbar ist. Konkret, praktisch weiß der Hörer nichts damit anzufangen. Diese Bemerkungen gelten nicht deiner Predigt, sondern seien nur allgemein gesagt.

Dein Vortrag kam mir sehr interessant, weil wir hier gerade auch das Vereinsproblem zur Sprache gebracht hatten. Hier in Yenki bestehen keine, sodass ich nichts darüber sagen kann, wie man bisher praktisch gearbeitet hat. Wegen Zeitmangel musste ich deinen Vortrag aber auch ganz schnell lesen. Ich hatte erwartet, dass du darin noch mehr über die Einstellung der heutigen Jugend zu Religion und Kirche sagen würdest. Die Folgerungen, die sich für den Jugendseelsorger daraus ergeben, kann ja jeder schon eher selbst ziehen.

Einen Beitrag zu der Frage, wie weit der Priester sich mit nicht direkt religiösen Dingen im Dienst der Seelsorge befassen soll, liefert wohl eine Bemerkung von Pius Parsch, der doch sicher neuzeitlich eingestellt ist und mit ganzer Kraft das Volk zu einem auch ins Leben hinaus wirkenden Christentum führen will. Er sagt, früher haben manche Priester, wenn auch nicht in der ausgesprochenen Absicht, so doch praktisch die Sakramentenspendung als untergeordnete Tätigkeit betrachtet. Heute aber wüssten wir, seine Hauptarbeit sei "die Geheimnisse Gottes zu spenden." (Bib u. Lit. 10. Jg. Nr. 1, Umbruch in der Seelsorge). Dass das in zeitentsprechender Form und Mittel geschehen müsse, ist ihm dabei selbstverständlich.

Zu deinem Eifer im theologischen Studium kann ich dir nur Glück wünschen. Hoffentlich leidet aber die Gründlichkeit und Dauerhaftigkeit nicht unter allzu schneller und heftiger Aneignung. Und ebenso wie Grabmann immer sagte, der Lebenswert der Dogmen, d.h. das persönliche tiefe Eindringen und Nutzbarmachen. In diesem Punkt bringt hoffentlich auch die mächtig wachsende Bibelbewegung viel Segen. Es fällt mir zum Beispiel gerade Paulus ein. Seine leidenschaftliche Aktivität springt vielen beim Lesen der Bibel sofort in die Augen. Dass er aber auch allzeit ein tiefinnerliches und sogar mystisches Leben führte, das kommt einem meist erst bei betrachtendem Nachdenken zum Bewusstsein. Das war aber Paulus die unumgänglich notwendige Kraftquelle, ohne die er bei seinen wahrlich nicht geringen inneren und äußerlichen Schwierigkeiten kaum bis zum Lebensende seine jugendliche ungebrochene Begeisterung bewahrt hätte, Christi Frohe Botschaft den Heiden zu bringen.

Es wird Dich und daheim wohl interessieren, dass seit einiger Zeit der Postanweisungsverkehr zwischen Deutschland und Manschukuo eröffnet ist. Dürfen daheim nur Angehörige monatlich 10 M ins Ausland schicken oder auch andere? Manche würden bei mir vielleicht gerne Messen bestellen. Sie könnten das in einem Brief mitteilen und auf der Postanweisung würde wohl als Adresse genügen: Servatius Ludwig, Yenki, Prov. Chientao Manchukuo, falls man auch eine chinesische Adresse draufkleben kann. Sonst müsste man noch beifügen: Catholic Mission.

An Allerheiligen kann er einem Kind christlicher Eltern die Taufe spenden. Da hier meistens der Pater den Namen bestimmt, so taufte er es Anton.

Freude und Leid sind dicht beieinander. An Allerseelen muss er ein neunjähriges Mädchen beerdigen. Seit mehreren Monaten war sein Hals halb gelähmt. Die Krankenschwester konnte nicht recht herausbringen, was es eigentlich für eine Krankheit war. Die ganze Familie ist noch heidnisch. Sie erlaubten aber vor zwei Monaten, dass das Kind getauft werde. Einige Male brachte Servatius ihm die hl. Kommunion und gab ihm auch die hl. Ölung.

Anfangs kam mir das sehr merkwürdig vor. Aber ich konnte nichts daran ändern. Die Katechistin nur begleitete mich und betete mit dem Kind die Kommuniongebete. Da lag es auf einer Decke am Boden, wie es hier Brauch ist. Im gleichen Raum war die Küche, wo die Leute ihren verschiedenen Beschäftigungen nachgingen. Doch kann man ihnen das nicht verdenken, da sie ja wahrscheinlich nicht wissen, was die hl. Kommunion ist. Da kein Tisch da war, blieb mir nichts anderes übrig als das Aller-heiligste einfach auf den Boden zu legen.

Als später bei der Beerdigung der Sarg vor das Haus getragen wurde, kamen die Frauen heraus und weinten, gingen aber nicht mit zum Friedhof. Das dürfen sie erst drei Tage nachher tun. Ob von den männlichen Familienmitgliedern jemand mit-ging, weiß ich nicht, anscheinend nicht, wahrscheinlich weil sie nicht an einem christlichen Begräbnis teilnehmen wollten. Die Koreaner scheint der Tod gar nicht so ernst zu stimmen, wie das bei uns der Fall ist.

In seiner Erinnerung sah er wieder seine kleine Schwester Maria, die im Alter von nur acht Jahren starb.

Von mir selbst kann ich noch keine besondere Erlebnisse berichten, es sei denn mein erster Kongsobesuch in Paltoku. Seit 2 Monaten weilt P. Reginald in Tokio zum Japanischstudium, der erste aus unserem Gebiet. Nun wollte P. Ado für die Kongsozeit mich als Mithelfer haben. Vor acht Tagen zog er dann nach der Messe mit dem koreanischen Diener los.

Die ganze Landschaft war statt des eintönigen Grau in blendendes weiß gehüllt, für hiesige Verhältnisse eine große Seltenheit. Gewöhnlich gibt es nur im Februar ein wenig Schnee.

Da die Sonne herrlich vom Himmel strahlte, spürte ich die 10 Grad Kälte kaum. Der warme Münchener Lodenmantel, den ich von daheim mitbrachte und die chinesischen Pelzhandschuhe tun ihren Dienst zu meiner vollen Zufriedenheit. Nur die gefütterten Lederhandschuhe erwiesen sich als unzureichend. Nach halbstündigem Marsch waren wir schon am Ziel, einem Dörfchen mit etwa 30 Häusern. Ein etwas größeres Haus hatte einen eigenen Raum für die Zusammenkunft der Christen und für die hl. Messe.

Nach Landesbrauch zog ich die Schuhe aus und betrat den etwa 2 m hohen Raum. Für den Pater waren zwei neue Matten ausgebreitet. Einer bringt eine Kiste herbei, die sonst den Bewohnern als Schrank dient, ein anderer bringt vom Nachbarhaus eine etwas bessere Steppdecke und breitet sie darüber und ladet mich zum Sitzen ein. Nebenbei bemerkt ist diese Sitzgelegenheit ein Entgegenkommen gegenüber den europäischen Gewohnheiten.

Das Leben ist bisher ganz normal und ohne besondere Zwischenfälle verlaufen. Im Frühjahr war er allerdings bei einem koreanischen Zahnarzt. Er hat gute Arbeit geleistet, aber er musste sich extra große und starke Bohrer besorgen. Er glaubt, die Europäer haben doppelt so große und harte Zähne wie sie.

Ein halbes Jahr später gab es wieder Zahnschmerzen. *Mein vor einem halben Jahr plombierter Zahn machte wieder Schwierigkeiten. Die Krankenschwester hielt es für das sicherste, ihn durchleuchten zu lassen. So fuhr ich zum japanischen Krankenhaus in Ryondjong - 25 km von hier - wo ein Apparat ist. Wie überall hierzulande gibt es nur abends Strom. - Wir machen ihn uns hier selber. - Der Arzt machte zwei Aufnahmen für je 50 Sen und meinte, das beste sei: ziehen. Davor hatte ich aber wegen schlechter Erfahrungen von früher große Angst. Ich ließ dem Arzt sagen - ich kann natürlich nicht Japanisch, sondern musste immer einen Bruder als Dolmetsch bei mir haben - dass die Einspritzungen bei mir anscheinend nicht viel helfen. Er habe Novokain, das wirke sicher, war die Antwort. Und so war es auch.*

Die Sache war allerdings nicht einfach. Fast zwei Stunden dauerte es, bis der Zahn heraus war. Nach meiner Ansicht war der Arzt sehr sorgfältig und behutsam. Jetzt habe ich ein riesiges Loch, das wohl noch mehrere Wochen braucht zum Zuheilen. Vor dem Essen stecke ich jedes Mal Watte hinein, weil ich sonst die größte Mühe hätte, die Speisereste wieder herauszubringen.

Wenn auch das Kirchlein in Yenki ziemlich eng ist, kann doch ein schöner Weihnachtsgottesdienst gefeiert werden, sogar *pontifikaliter*. Servatius wird *in Ermangelung besserer Kräfte als Kantor* tätig. Die häusliche Feier ist ähnlich wie daheim. Und um zwei Uhr in der Nacht liest er dann die erste Messe, für die daheim.

Vater Abt sagte kürzlich, wenn er nur Geld hätte, dann stünde schon längst eine andere Kirche da. Für hiesige Verhältnisse ist es ja ein ganz netter Bau, aber außer dass er zu klein ist, hat er noch verschiedene andere Mängel, die nur unter großen Kosten behoben werden könnten. Da man aber von Jahr zu Jahr hofft, eine neue bauen zu können, lohnt sich das Reparieren nicht. *Wenn unsere Christen alle ihre Sonntagspflicht erfüllen, kann auch bei 2 Messen die Kirche sie nicht alle fassen.*

Am letzten Adventssonntag wird ein neues Kirchlein für die Koreaner eingeweiht. Es ist noch sehr kahl und nüchtern, offener Dachstuhl, die Mauern nur roh verputzt, ohne jeglichen Schmuck außer dem Altarbild, das die 79 koreanischen Märtyrer darstellt. Aber trotzdem ist die Freude groß. Jetzt haben doch alle genügend Platz und man braucht nicht mehr wie früher jeden Sonntag erst die Schulbänke hinauszutragen.

Unerwartet muss Servatius nach Weihnachten wieder für vier Wochen nach Hunchun, um den dortigen Pater zu vertreten, der in Wonsan [Korea] Exerzitien für koreanische und deutsche Schwestern hält. Da er ja im Oktober schon vier Wochen hier war, hat er sich bald wieder eingelebt.

Der Neujahrstag dort verläuft sehr still, denn das Volk begeht ihn überhaupt nicht und ein kirchlicher Feiertag ist es auch nicht.

Hier bin ich ganz mein eigener Herr, aber es hängt auch alles an mir und deshalb kommt es mir jetzt erst so recht zum Bewusstsein, wie schön man es im Kloster hat, wo man im allgemeinen doch ungestört auf seiner Zelle arbeiten kann. Hier dagegen muss ich immer auf Besuch gefasst sein und manchmal gehen sie stundenlang nicht mehr fort und direkt hinausschicken will ich sie auch nicht. So komme ich kaum aus dem Haus heraus.

Ein gutes halbes Dutzend Kinder, so zehn- bis zwölfjährig, kommen um sich zu wärmen, dann vermutlich aber auch, weil sie nichts zu tun haben und daher beim *Shenfu*, dem Pater, etwas Abwechselung suchen. Der hat wohl nichts dagegen, aber die Kerle wollen gar nicht mehr heimgehen. Einmal soll er ihnen Bilder zeigen, dann wollen sie Rosenkränze umtauschen oder der Pater soll ihnen Medaillen dran machen, ein anderes Mal wollen sie Heiligenbilder.

Nach drei Stunden fordert er sie dann doch auf, heimzugehen, er müsse noch arbeiten. *Doch wollten sie zuerst Bildchen haben. Ich wollte ihnen aber keine geben, bis sie den Katechismus besser gelernt hätten - die meisten sind übrigens noch Heiden - schließlich blieb mir nichts anderes übrig, als sie buchstäblich hinauszuwerfen. Am Abend waren sie aber schon wieder da.*

Allmählich hat sich Servatius an den Betrieb gewöhnt. Eine schöne Gelegenheit, die Sprache zu lernen? *Doch mit Kindern ist da einfach nichts anzufangen. Das ist ihnen viel zu langweilig, mir lange etwas zu erklären, wenn ich es nicht gleich verstehe.*

Hunchun ist eine schöne neue Station, die Kirche allerdings sehr kalt. *An Dreikönig ist mir zum ersten Mal das hl. Blut halb gefroren, weil ich den Wein über Nacht in der Kirche gelassen hatte. Sonst muss ich ihn ebenso wie das Weihwasser immer in meinem Zimmer aufbewahren. Die Schwestern kehren die Kirche mit Schnee. Putzen wäre unmöglich. Auch heißes Wasser würde bald gefrieren. Im übrigen habe ich mich schon etwas an die Kälte gewöhnt. Das Schlafen im ungeheizten Zimmer macht mir gar nichts. Das Waschwasser lasse ich abends vorher kochen, dann ist es bis morgens noch nicht gefroren.*

Seine Hauptbeschäftigung besteht derzeit darin, Predigten vorbereiten, die er dann auch anderswo halten kann. Am letzten Sonntag des Jahres hielt er seine erste koreanische Predigt, zu deren Übersetzung Vater Abt ihm mehrere Stunden geholfen hatte, an einem Abend sogar bis Mitternacht. Auswendig lernen konnte er sie natürlich nicht. Das hätte zu viel Zeit beansprucht. Für das Vorlesen musste er sich aber ebenso lang vorbereiten wie daheim für das Auswendiglernen. *Das Koreanische ist eben, wie ich bereits einmal schrieb, nicht leicht zu lesen. Die Predigt selbst ist eigentlich mehr das Werk von V. Abt als von mir.*

Das Thema war: *Jesus, ein Zeichen des Widerspruchs für die Heiden, aber auch für den sündhaften Menschen in uns, der stets dem Kreuze widerstreitet. Mit weitgehender Hilfe des koreanischen Dieners machte ich hier die zweite über die Notwendigkeit des Gebetes und jetzt die dritte über dessen Eigenschaften. Natürlich habe ich sie vorgelesen, was die Christen aber hierzulande ganz gewohnt sind. Im Übrigen geht es sehr langsam mit der Sprache. So ganz allmählich bekomme ich etwas Übung und beginnt der immer wieder vergessene Wortschatz etwas bleibender zu werden.*

Trotzdem freute ich mich, auch das Evangelium selbst zu den Christen sprechen zu können.

Heute hielt ich die zweite Predigt, diesmal weitgehend ein Werk des koreanischen Dieners. Ich machte ihm, so gut es ging, meine Hauptgedanken klar und gab ihm dann die koreanische Fassung. Es war interessant, wie er manchmal die Gedanken umdeuten wollte, wenn ich nicht unbedingt auf meinen Gedankengängen bestanden hätte.

Viele Zitate und auch ganze Abschnitte aus der hl. Schrift erleichtern die Sache etwas. Das alles nimmt viele Stunden in Anspruch. Für einen Text von zwei Seiten im Heft braucht er mit dem Koreaner drei Stunden. Dann muss er es noch mal sauber schreiben zum Vorlesen in der Kirche und endlich mehrfach lesen und sich vorlesen lassen, also eine sehr zeitraubende Sache. Aber es führt kein Weg daran vorbei. Allmählich gewinnt er auch Freude daran, denn zum sonstigen Sprachstudium, zur Festigung und Erweiterung des Wortschatzes kommt er doch fast gar nicht.

Das Wetter ist dies Jahr etwas kälter. Ich habe deshalb auch eine wattierte Hose angezogen. Im Zimmer wäre sie ja nicht gerade notwendig, aber im Chor ist es doch ziemlich kalt. Hier noch mehr als in Yenki, weil die Kirche größer ist und nur einfache, nicht ganze dicht schließende Fenster da sind. Der Wind ist immer noch der gleiche. Tagelang weht er mit unverminderter Heftigkeit. Dieser Tage fiel zum Beispiel etwas Schnee. Nach einigen Stunden war aber der Boden wieder vollkommen blank gefegt. Von Anfang Dezember bis jetzt sank das Thermometer ziemlich gleichbleibend jede Nacht auf 20 bis 25 Grad. An Dreikönig hatte ich nachts den Messwein in der Kirche gelassen und deshalb war er nach der Wandlung halb gefroren. Mit einem warmen Tuch taute ich ihn wieder auf.

Der Gottesdienst richtet sich nach der Sonne. Wenn es dämmert, steht der Mesner auf und läutet Betglocke. Servatius geht meist schon etwas vorher in die Kirche und macht den Ofen an. Bis der richtig ins Brennen kommt und Wärme abgibt, dauert es fast eine Stunde.

Als erster Messbesucher erscheint dann gewöhnlich, sobald es hell ist, der frühere Christenvorsteher. Dann dauert es noch gut dreiviertel Stunden bis die Sonne aufgeht und die Messe beginnt. Die Schwestern kommen etwa 10 Minuten vorher mit Rücksicht auf ihre koreanischen Mitschwestern, die wenigstens im Winter vom Frühaufstehen gar nicht begeistert sind.

Etwa fünf Minuten lang werden vor der Messe die Vorbereitungsgebete vorgelesen. Die festen Teile der Messe beten die Christen koreanisch mit. Die Danksagung nach der Kommunion wird gemeinsam gesprochen, denn das stille Gebet kennt man hierzulande kaum. Das dauert etwa 25 Minuten und beginnt, wenn es dunkel wird. Viele Leute kommen ja nicht, aber 20 – 30 sind es doch. Die hiesige Christenzahl ist noch nicht groß.

Mit der Schule wurde vor zwei Jahren begonnen. In diesem Jahr kommt also die 3. Klasse hinzu. Die Katechumenen sind meistens Frauen, denen die Schwester sonntags Unterricht gibt. Sie ist jetzt fünf Jahre hier in der Mandschurei, hatte zwar Gelegenheit sich im Sprechen zu üben, aber konnte sich nicht so ausschließlich dem Sprachstudium widmen, so dass sie natürlich noch ihre Schwierigkeiten bei der Verständigung hat.

Nach dem Abendgebet kam ein Fremder in die Kirche. Servatius hielt ihn zunächst für einen Polizisten oder einen japanischen Offizier und ging auf ihn zu. Der Fremde grüßte zuerst. Es war, wie sich gleich herausstellte, ein ehemaliger russischer Offizier, der jetzt in japanischen Diensten im Straßenbau beschäftigt ist.

Sein Besuch hat mich sehr ergriffen. Seinen Vater und 2 Brüder haben die Bolschewisten erschlagen, von seiner Frau und seinem Kind weiß er nichts. So steht er ganz allein in der Welt, führt ein mühsames Leben, bald hier bald dort bei oft schlechter Unterkunft und teurer Verpflegung. Er bekommt im Monat 60 Rubel, das sollte wohl heißen 60 Yen, ungefähr 50 Mark. Alle

Russen in Harbin, wo etwa 30.000 wohnen, seien arbeitslos, sagte er. Diese Flüchtlinge sind doch bedauernswerte Menschen.

Vor ein paar Wochen ist in Hunchun ein russischer Soldat gestorben. Er war im Mandschukuo-Dienst. Seine Kameraden hätten gern zum Begräbnis einen orthodoxen Priester gehabt. Aber in der ganzen Gegend war keiner zu finden. Deshalb kamen sie zum Pater und baten ihn um die Beerdigung.

Was wir in einem solchen Fall tun könnten, weiß ich nicht. Vielleicht interessiert sich ein Kirchenrechtler oder Liturgiker dafür. Gestern habe ich sein Grab gesehen. Ein hölzernes russisches Kreuz mit russischer Namenstafel sowie ein kleines Foto weist auf den Toten hin. Ein alter Koreaner, der bei mir war, konnte mir die Inschrift vorlesen. Ein einsames Grab in ferner fremder Erde.

Vor 14 Tagen sagte mir die Schwester, gehen Sie schnell zu einem schwindsüchtigen Mädchen, das sehr wahrscheinlich diese Nacht noch stirbt. Als ich hinkomme, waren Protestanten dort. So redeten wir denn nichts von der Taufe. Zum Glück starb es aber nicht und nachdem man ihm die notwendigsten Kenntnisse beigebracht hatte, spendete ich ihm die hl. Taufe. Ich besuchte es öfters. Es klagte über große Hitze in der Brust und verlangte Eis zu essen, was man ihm auch gab. Auch musste es viel husten und nach Atem ringen. Nach einigen Tagen konnte ich ihm

auch die letzte Ölung geben, worauf es etwas besser wurde. Vor sechs Tagen ist es dann gestorben. Es war 18 Jahre alt. Die Eltern sind Heiden.

Die Mutter erzählte etwas von einem Traum, in dem sie gesehen hätte, wie der Pater der Kranken etwas auf die Brust schrieb, worauf sie den Pater rufen ließen. Zunächst dachten sie natürlich, er könne es vielleicht wieder gesund machen, erklärten sich später aber einverstanden mit der Taufe. Ein Trost scheint es ihnen dann wenigsten noch gewesen zu sein, als ich und viele Christen mit zum Begräbnis gingen.

In Hunchun erlebt Servatius auch eine Bekehrung nach 15 Jahren. Der Mann zog nach der Taufe in heidnisches Gebiet und kam so wieder vom Glauben ab. *Vor 14 Tagen hatte er im Bergwerk einen Unfall. Zufällig erfuhr unsere Katechistin, dass es ein Christ sei. P. Egbert suchte ihn auf und fand ihn willig, wieder nach seinem Glauben zu leben. Tags darauf ist er dann gestorben. Solche laue Christen gibt es verhältnismäßig viele. Aber wenn man die Verhältnisse kennt, keine Möglichkeit, durch Unterricht und Predigt den Glauben lebendig zu erhalten, wundert man sich nicht mehr so darüber.*

Eine ähnliche Begebenheit wurde ihm von einer Missionsstation in Nordkorea berichtet:

Eine Frau, die vor 20 Jahren getauft wurde, lebte später - aus welchen Gründen weiß ich nicht - aber nicht mehr als Christin, so dass ihr eigener Sohn nichts von ihrer Taufe wusste. Nun wurde sie krank und man rief einen Zauberer. Dieser erklärte aber bald, der Geist habe ihm gesagt, diese Frau hätte an die beste Religion geglaubt, die es gebe. Er sei da machtlos. Näheres weiß ich nicht. Auf jeden Fall bekehrte sich die Frau wieder zu ihrem christlichen Glauben. Es war nicht auf einer Missionsstation, sondern auf einem Dorf draußen.

Kalt ist es in den letzten Tagen seines Aufenthaltes in Hunchun. Zwölf Tage wehte der Wind Tag und Nacht ohne Unterbrechung in ziemlicher Stärke, die nie nachließ, sondern höchstens 2 – 3 Tage lang sich noch so steigerte, dass man es sich kaum noch stärker vorstellen konnte.

Außer in der kalten Kirche konnte er mir aber nichts anhaben. Nur musste ich einmal ein Begräbnis halten. Da pfiff er durch den Mantel und die wattierten Kleider, als ob es nur leichte Sommerkleider wären. Da das Grab wie gewöhnlich nicht ganz passte, mussten wir warten, bis es soweit war. Ich war dann froh, als ich heimgehen konnte und dadurch etwas Bewegung bekam. Im übrigen habe ich mich, wie ich bereits schrieb, mich ziemlich an die Kälte gewöhnt. Wenn kein Wind geht, kommen mir -20 Grad gar nicht mehr besonders zum Bewusstsein. Natürlich muss man entsprechend angezogen sein. Bis jetzt habe ich immer noch die Möglichkeit, die Kleidung zu vermehren. Diesen Winter habe ich zum ersten Mal wattierte Hosen angezogen.

In Yenki ist es allerdings fast am wärmsten von allen unseren Stationen. Hier kommt mir die Kälte schon gar nicht mehr so schlimm vor. Das Chorgebet beten wir jetzt nicht mehr in der Kirche, sondern in der kleinen Abtskapelle, die leicht zu heizen ist. Die Kirche war der einzige Ort, wo man die Kälte ordentlich spüren musste. Obwohl zur Messe Feuer gemacht wurde, blieb es am Altar immer unter Null. Damals dachte ich, jetzt wäre es gut, wenn Mama mir ein Paar Kniewärmer stricken würde. Die meisten Strümpfe gehen mir nämlich nicht übers Knie und so ist das die Stelle, an der man am leichtesten friert. Auch beim Motorradfahren wären sie nützlich. Vorläufig fehlt das Motorrad aber noch.

Während in einem Brief von daheim von einem milden Winter berichtet wird, erlebt Servatius in Yenki das Gegenteil:

45 Grad Kälte gibt es hier kaum, sondern in der Nordmandschurei. Hier ist über zwei Monate ununterbrochen der Durchschnitt etwa 20 – 25 und um Mittag 10 – 15 unter Null. Mit wattierten

Kleidern und Pelzkappe kann man es schon aushalten. Arme Koreaner, besonders Frauen, sind dagegen oft zu bedauern, weil ihre Kleidung ganz ungenügend ist.

Nach zwei Wochen meldet er sich wieder von Paltoku, weil der dortige Kaplan krank wurde:

Wie Ihr seht, bin ich schon wieder anderswo. Nur 10 Tage war ich in Mingjüehgou, da schickte Vater Abt mich unvermutet hierher, wo es bedeutend mehr Arbeit gibt. Innerhalb weniger

Zwei neugeweihte koreanische Priester zu Besuch

Tage hatte ich allein schon mehrere Kinderbegräbnisse zu halten, Taufen zu spenden, Versehgänge zu machen.

Dafür kann er jetzt in Paltoku die in Hunchun gemachten Predigten wieder halten. Zu neuen ist er noch nicht gekommen. Dafür hat er bereits einige hundert Beichten gehört, aber zum Unterrichten langt es vorerst noch nicht.

Bei etwa 2.000 Christen und 10.000 Heiden haben wir zu zweit sehr viel Arbeit und ich bin leider überhaupt erst halb arbeitsfähig. Vielleicht bekommen wir im Sommer doch noch eine Hilfe. Im Juli werden unsere beiden ersten koreanischen Priester geweiht.

Abgesehen davon, dass ich wenig Zeit zum Sprachstudium habe, ist es in Paltoku sehr schön. Die Station liegt auf einer kleinen Anhöhe, von der man den ganzen Ort leicht überschauen kann. Unser Garten besteht zur Hälfte noch aus Eichengebüsch und den Überresten des ehemaligen Waldes, der vor drei, vier Jahren wegen der Räuber fast völlig umgeschlagen wurde. Zur Zeit ist es ruhig. Wenn sie trotzdem kamen, waren wir im Kirchturm, in dem wir im Sommer schlafen, ziemlich sicher. Jetzt ist es nämlich da ganz schön. Auf drei Seiten sind Fenster,

die man ungestört offen lassen kann und so hoffe ich während der Regenzeit dort die schwüle Hitze am besten ertragen zu können.

Du fragst, wie mir meine Selbständigkeit gefalle und meinst wohl, ich sei allein. So ist es aber nicht. Ich bin mit P. Ado, der auch noch jung ist – vor 5 – 6 Jahren kam er in die Mission – auf unserer größten Station mit etwa 2.000 Christen. Für deren Pastorierung allein wären 2 Patres nicht zu viel. Dazu kommt aber noch die Gewinnung der Heiden. Da kann ich aber vorläufig noch nicht viel tun.

Die Hauptbeschäftigung derzeit sind die Kongso-Besuche, *die Frühjahrsprüfungen.* Da müssen die Christen ein Examen ablegen im Katechismus und können dann die Ostersakramente empfangen, wenn sie es bestehen. Wenn ich einmal besser Zeit habe, will ich Euch ausführlicher schreiben, wie das geht.

Zwei Dörfchen habe ich schon fertig. Nach Sonnenaufgang ging ich hin, feierte die hl. Messe – den Messkoffer hatte man schon am Tag vorher geholt – brachte auch den Kranken die hl. Kommunion und nahm dann das Frühstück, das die Frau des Christenvorstehers inzwischen bereitet hatte. Mit den Essstäbchen habe ich jetzt schon soviel Übung, dass ich mich schon sehen lassen kann bei den Koreanern. Nachher nahm ich Katechismusprüfungen ab bis zum Mittagessen und am Nachmittag hörte ich Beicht bis es dunkel wurde.

Das Brevierbeten und sonstige religiöse Übungen musste ich morgens vor dem Weggehen und am Abend erledigen. Da bleibt für andere Sachen wenig Zeit mehr übrig.

Du denkst wohl, demnach müsse ich doch schon gut Koreanisch können. Aber dem ist nicht so. Den Katechismus lese ich ab und beim Beichthören ist es im großen und ganzen immer dasselbe, worin man dann auch allmählich Übung bekommt. Das Reden und Verstehen aber lässt noch viel zu wünschen übrig. Ich meine sonst im Gespräch, was ich nicht vorher vorbereiten kann. Zeit zum Weiterstudium ist während der mehrwöchigen Kongsozeit auf fast gleich null. Seit einigen Jahren haben wir wegen der Räuber nur mehr solche Kongso, die wir morgens aufsuchen und abends wieder auf die Station zurückkehren können.

Gesangstunde

Eine andere Aufgabe verursacht noch mehr Arbeit. In der dritten Klasse soll er wöchentlich eine kirchliche Gesangstunde geben. Dazu muss er zuerst die Lieder selbst mühsam auf dem Harmonium lernen und auch den Text studieren. *Ein Trierer Gesangbuch mit Noten wäre mir deshalb sehr nützlich. Unsere meisten Lieder sind nämlich aus dem deutschen übernommen, zwar von verschiedenen Diözesen, bei denen oft Text und Melodie vom Trierer abweicht. Aber ich hätte doch einen Anhaltspunkt.*

Unsere Badogouer Schule, hinter der bald die neue erstehen soll, ist nämlich vom Blechdach abgesehen genauso baufällig wie der Lehmpalast links, der jetzt als Schulzimmer für die letzte Klasse dient.

Es müsste eine Ausgabe mit Noten sein. Bei meinen spärliche Musik- und Harmoniumkenntnissen, die ich zudem erst allmählich aus dem Unterbewusstsein wieder herausbefördern muss, bin ich aber froh, dass es nur eine Stunde ist.

Meine übrige Tätigkeit besteht vor allem im 14-tägigen Predigen und im Beichthören. Am Karsamstagmittag kam ich von 2 – 8 nicht aus dem Beichtstuhl und am nächsten Morgen wieder zweieinhalb Stunden. Obwohl es mir in der Karwoche nicht besonders gut war, fühlte ich mich zu meiner Verwunderung doch die 6 Stunden geistig ziemlich frisch.

An Ostern hatten wir etwa 15 – 20 Erwachsenentaufen. Ich weiß die Zahl nicht mehr genau. An Pfingsten werden einige unserer Schulkinder getauft werden.

Vieles hat man ihnen im Noviziat beigebracht, was für die künftige Arbeit auf einer Missionsstation wichtig ist. Vieles, aber nicht alles. Denn: wie erklärt man einer jungen koreanischen Köchin, ihre von der Mutter erlernte Kochkunst auf den Geschmack eines Shinbu, eines Paters, aus dem fernen Deutschland umzustellen?

Du hast wohl auch schon gehört oder gelesen, dass der Missionar alles können soll. Jetzt wo wir nur zu zweit auf einer Station sind, merke ich, dass es tatsächlich so ist. Auf einer Station ist es nicht mehr wie im Kloster, wo der eine Bruder die Sakristei besorgt, der andere das Haus putzt, der dritte die Kleider und Wäsche in Stand hält, ein 4. die Schuhe, einer die Küche besorgt usw., so dass man sich nicht weiter darum zu kümmern braucht, dass alles richtig gemacht wird. Zwar haben wir auch koreanische Hilfskräfte auf der Station, aber da muss man immer dahinter her sein und nachschauen, ob sie alles richtig machen. Zur Zeit habe ich besonders Arbeit mit unserer Köchin.

Sie versteht nicht, welche Speisen beim Essen zusammenpassen und welche nicht – jedenfalls für einen deutschen Gaumen. Da gibt es auch schon mal zum Kakao ganz scharf gepfeffertes koreanisches Gemüse und Kartoffeln oder Bratfleisch mit frisch gekochten Äpfeln und Milchsuppe, aber keine Kartoffeln. Manches kochen die Koreaner anders oder auch fast gar nicht und haben deshalb auch keine Namen dafür.

Pater Ado hat ihr schon mehrmals gesagt, gezuckerte und gesalzene Speisen gehören nicht zusammen. Nun soll Servatius mal sein Glück probieren und ihr beibringen, wie sie kochen soll. Er rät ihr, jedes Mal eine andere Sorte Gemüse zu kochen, damit immer für Abwechslung gesorgt ist.

Doch ich kenne die Ausdrücke, die man in der Küche braucht, überhaupt nicht. Mit der Zeit wird sie es schon lernen.

Jetzt fragt sie mich immer, was sie kochen soll. Wie man Eier backt und Pfannkuchen macht, habe ich ihr beigebracht, aber viel weiter reicht meine Weisheit auch nicht. Solange man gesund ist, ist es ja nicht so schlimm, wenn die Sachen nicht recht zusammenpassen oder versalzen oder verpfeffert sind.

Als es mir aber mehrere Tage unwohl war, sagte ich in meiner Verzweiflung, sie solle koreanisch kochen. Doch da war ich wieder reingefallen. Sie brachte da trockenen klebrigen, ohne jedes Gewürz gekochten Reis. Seither gebe ich ihr selbst den Speisezettel an.

Im Herbst gibt es die meiste Arbeit in der Küche:

*Wir hatten uns Samen kommen lassen von den meisten euro-
päischen Gemüsen, Kappes* [Kohl]*, Blaukraut* [Rotkraut]*, Wirsing,
Rosen- und Blumenkohl, die aber beide nicht viel geworden
sind, Sellerie, Petersilie, Kohlraben, Oberkohlr., Rummeln* [Rüben]
*für unsere Kuh – einmal ließ ich auch für uns kochen und die ge-
rade anwesenden Mitbrüder merkten es nicht, es schmecke
ganz gut meinten sie – viel Möhren, dann Kürbis, und dann viele
Tomaten. Vergessen habe ich noch Erbsen und Bohnen und
Gurken. Aber jetzt weiß ich nicht recht wohin mit all dem Zeug.
Wir haben nur einen kleinen in den Berg hinein gegrabenen
Keller. Im Haus, Stall, Schuppen friert alles.*

Servatius versucht, gemeinsam mit der Köchin, Sauerkraut ein-
zumachen, genau nach den Anweisungen. Im Kochbuch steht:
zwei Pfund Salz. Aber das scheint ihm etwas wenig und erst
recht der Köchin. Die Koreaner brauchen nämlich 20 - 30 Pfund
für ihre Art von Sauerkraut.

*Da wir beide Neulinge waren, musste ich zur Vorsicht die Sache
selbst in die Hand nehmen. Ich glaube, ich habe aber doch mit
dem Salz des Guten etwas zu viel getan.*

Ähnliche Schwierigkeiten bereitet der Zucker beim Einkochen
der grünen, nicht mehr reif gewordenen Tomaten. Tomaten-
marmelade ist schon mal eine gute Sache. Zuerst werden die
Tomaten im eigenen Saft gekocht, durch ein Tuch gedrückt,
nochmal gekocht, bis es dick wird, dann Zucker hinein und fertig.

Aber obwohl sie einmal anbrannten, ist die Marmelade schließlich doch sehr gut geworden, wenn es auch mit etwas weniger Zucker gegangen wäre.

Gewürze haben wir schon die notwendigsten: Pfeffer, Ingwer, Knoblauch, Zwiebel. Als Fett nehmen wir nur Sojabohnenöl, weil das am billigsten ist. Gläser zum Einmachen gibt es nicht. Man kann hier nur mit Salz einmachen oder mit Zucker einkochen.

Vom Einmachen weiß sie natürlich nichts und ich nicht viel. So haben wir neulich versucht, Aprikosenmarmelade zu machen. Essbar ist sie, aber wie lange sie sich hält, muss sich erst zeigen.

Bei einem Gericht, das die Köchin neulich auf den Tisch brachte, haben die Mitbrüder vergeblich herum gerätselt, ob das wohl ein besonderes Fischgericht sei oder sonst etwas. Das waren frisch gemahlene Bohnen. Für gewöhnlich gibt es das nicht, weil die Bohnen noch besonders behandelt werden und dann als Bohnenkuchen tagtäglich schon in aller Frühe zu haben sind.

Den braucht man bloß in der Pfanne etwas zu braten und kann ihn dann gleich essen. Wegen des großen Fettgehaltes ist er sehr nahrhaft. Das Bohnenöl dient als Fettersatz zum Kochen. Für alles, wofür Ihr Fett verwendet, nehmen wir Bohnenöl. Die Pflanze wird etwa einen halben Meter hoch. Sie gedeiht wohl deshalb gut hier, weil der Sommer, wenn auch kurz, doch sehr warm und feucht ist, aber keine tropische Hitze herrscht.

Hierzulande wenigstens bildet sie aber nicht die an erster Stelle stehende Pflanze. Das ist der Reis. Dann kommt die Hirse, das Brot der Ärmeren, dann Mais und in größerem Abstand Kartoffel, Weizen, Buchweizen, Roggen und Gerste. Vieles von all diesen Dingen lernte ich erst diesen Sommer hier kennen. In der Stadt Yenki ist man zu sehr vom Land entfernt.

Weizen und Gerste gibt es hier nur ausnahmsweise. Was die Leute damit anfangen, weiß ich nicht. Andere Gegenden der Mandschurei aber sind wahre Weizenparadiese. Die Chinesen und Koreaner kennen das Brot nach unserer Art zwar nicht, aber vor allem die Chinesen haben etwas ähnliches und verschiedene Arten von Gebäck werden ziemlich viel gegessen.

Von daheim lässt sich Servatius Rezepte schicken. Kartoffelpuffer hat die Köchin gleich beim ersten Versuch richtig gemacht. *Schninkeln* [ein typisches Kartoffelgericht aus seiner saarländischen Heimat] *sind mir aber doch zu schwierig. Denn sonst hätte seinerzeit Lenchen uns nicht immer zur Hilfe heranziehen müssen.*

Ein Lichtblick: *Unsere Köchin war jetzt acht Tage bei den Schwestern, und ich bin jetzt wieder einer Sorge ledig, da ich mich nicht um den Speisezettel sorgen muss,* schrieb er im Juni 36.

Gleichzeitig soll Servatius sich auch um den Garten kümmern.

Da ich auch „Garten- und Küchenmeister" bin, musste ich noch schnell unsere Birnen abmachen, bevor der Sturm sie alle abgejagt hat. Mit deutschen Birnen können sie sich zwar nicht messen.

Aber wenn man nichts anderes hat, isst man sie mit der Zeit ganz gern. Am Sonntag hatte ich unsere 13 Ministranten, deren Leitung ich seit einigen Wochen habe, versammelt, und zur Auffrischung ihres Eifers eine große runde Waschschüssel voll Birnen zum Besten gegeben. Anfangs suchten sie die schönsten aus und ich dachte schon, es werde eine gute Anzahl schlechterer übrig bleiben. Aber sie entwickelten einen solchen Appetit, dass ich noch mal nachfüllen musste.

Eine andere Arbeit bekam ich Anfang Mai mit dem Schmücken der Kirche, bezw. an Ostern hatte ich mir schon die ersten Kätzchen verschafft für den Altar. Als erste Blumen brachten die Kinder mir dann von den Bergen schöne große rote Blumen, soviel dass die Vasen gar nicht ausreichten. Ob es diese Blumen auch daheim gibt, weiß ich nicht. Sonst war die Natur bis Anfang Mai noch ziemlich tot, bis dann am 2. ein warmer Regen kam. Jetzt blühen schon die Aprikosenbäume und die andern Bäume werden mit jedem Tag grüner.

Wenn Mama hier wäre, könnte sie ihre Arbeitslust genügend befriedigen. Wir haben nämlich eine Kuh, die so viel Milch gibt, dass wir zwei Patres sie nicht alle verbrauchen können und noch verkaufen. Mit den Hühnern haben wir weniger Glück. Einmal gingen viele ein an einer Krankheit, dann holte der Marder einige und vorgestern wieder drei. Eins konnten wir ihm noch abjagen und haben es gestern und heute verspeist.

Vor 14 Tagen hatte Servatius einen merkwürdigen Versehgang. Eine halbe Stunde von hier war eine alte Frau am Sterben. Ein mit dem Pater bekannter Mann ging schon etwa eine Stunde vorher zu ihr, um den Pater anzumelden. Als er dann mit dem Allerheiligsten unterwegs war, stand zu seiner Verwunderung der Mann mit einem Ochsenwagen bei einem kleinen Graben.

Noch mehr wunderte ich mich, als er sagte, ich solle aufsteigen. Ich wehrte ab. Doch er sagte, es kommt noch ein größerer Bach. So stieg ich denn auf und brachte der Kranken das Allerheiligste auf einem Ochsenwagen. Das wäre eine nette Photographie geworden, wie ich halb kniend, halb sitzend, und meine zwei Messdiener hinter mir auf dem zweirädrigen engen Ochsenkarren dahinfuhren. So muss man mit dem Allerheiligsten sich öfter den Verhältnissen anpassen, auch wenn man in ganz armselige Hütten hineinkommt.

Ein alter Mann ist hier, der nicht mehr gehen kann, und dem es vor allem hart ankommt, dass er nicht mehr in die Kirche kann. Wenn ich ihm die hl. Kommunion bringe, ist er stets sehr erfreut. Ein so ärmliches Haus habe ich aber noch nicht gesehen. Halb in einen Abhang hineingebaut, hat er und seine Frau gerade Platz, um sich hinzulegen. Als es neulich sehr viel regnete, kam das Wasser durch die Wand hindurch. Ein paar Tage lebten sie nur von Gras und Kräutern. Trotzdem klagten die beiden nie über ihre Armut.

An Pfingsten fand ein Religionswettstreit statt, an dem sich alle Christen beteiligen durften, soweit sie schreiben konnten, denn die Prüfung musste schriftlich gemacht werden. Die Beteiligung war über Erwarten groß, 80 Schulkinder und 45 Erwachsene versuchten, sich einen Preis zu erwerben. Kinder und Erwachsene hatten je fünf Fragen zu beantworten. Der Wettbewerb war veranstaltet worden, um die Christen mal wieder zum eifrigen Lernen des Katechismus und der Bibel anzuregen. Im August oder September, beim 40-jährigen Jubiläum der Einführung des Christentums in unserm Gebiet, sollen die 31 Besten der ganzen Präfektur einen Preis erhalten.

Seit einigen Tagen haben wir auch das kommende Fest benützt, um die Kinder etwas zahlreicher zur Werktagsmesse und den täglichen Andachten zu bringen. Ein zeichenkundiger Koreaner hatte in kurzer Zeit 16 verschiedene Bildchen gezeichnet, die wir jetzt für jeden Gottesdienstbesuch austeilen. Wer am Schluss recht viel hat, darf mit nach Ryondjong, wo das Fest stattfindet, 30 km von hier. Der Erfolg war überraschend.

Wenn das Motiv auch meine Freude über den fleißigen Gottesdienstbesuch etwas trübt, so ist es doch schön, dass jetzt jede Messe eifrig von Kindern besucht ist.

Nicht so flott geht es mit der Bekehrung der Heiden. Doch können wir fast an jedem größeren Fest einigen die hl. Taufe spenden. An Pfingstsamstag hatten wir 17 Taufen, aber darunter war eine größere Anzahl Kinder von christlichen Eltern. Beichten gab es an Pfingsten über 200 zu hören. Einmal wollte auch eine Protestantin bei mir beichten, was natürlich nicht ging.

An den kommenden Festtagen wird es wieder ziemlich Arbeit geben im Beichtstuhl, mit Liedereinüben und sonstigen Vorbereitungen, besonders für Fronleichnam. An diesem Tag ist die Primiz eines unserer ersten koreanischen Priester.

Zur Fronleichnamsprozession kamen Vater Abt, Pater Prior, die zwei neugeweihten koreanischen Priester, eine europäische und eine koreanische Schwester und schließlich elf Brüder von Yenki. Einesteils war Servatius sehr froh über den Besuch, anderseits – das gab er ehrlich zu – aber auch froh, als er wieder fort war. Seine Aufgabe war es nämlich, dafür zu sorgen, dass die Gäste auch richtig bewirtet wurden.

Als jedoch der Tisch gedeckt werden sollte, bemerkte er zu seinem Schrecken erst, dass nur etwa ein Dutzend Essbestecke da waren. Auch die Suppenteller reichten nicht. Da mussten dann Schüsseln als Ersatz dienen. Wer keine Gabel mehr bekam, musste sich wohl oder übel mit Stäbchen behelfen. Nur für die Löffel fand sich kein Ersatz. Auch die Stühle reichten nicht. Zum Glück waren aber noch zwei Bänke aufzutreiben.

Die Prozession verlief sehr schön bei herrlichem Wetter. Vater Abt trug das Allerheiligste, begleitet von den zwei koreanischen Priestern, während Pater Prior und Servatius als Ehrenassistenten vorausgingen. Die Brüder mit der Blechmusik spielten fast ununterbrochen. Da die Kirche die Leute nicht alle fassen konnte, wurde die hl. Messe im Freien gehalten auf einer bedeckten Tribüne, während die Leute in der Sonne stehen mussten. Das macht denen aber nichts aus, wogegen die Missionare während der Prozession den Tropenhelm aufsetzen mussten.

Am Nachmittag veranstaltete dann die Schule zu Ehren der Gäste ein kleines

Turnfest, wobei außer Freiübungen einige lustige Spiele stattfanden. Da bekamen zwei Parteien je ein Fass, durch das jeder hindurchkriechen und noch ein Stück weit laufen musste. Dabei hatte er aber einen etwa einen Meter langen spitzen Hut aus Pappe auf. Wenn er dessen Spitze in das Fass hineinstecken wollten, konnte er nichts sehen, sondern musste solange probieren, bis es ihm glückte. Für die Zuschauer war das sehr unterhaltsam, wenn sie so mit den Hüten herumfuchtelten und nicht ins Fass hinein kamen. Am Abend fuhren die Gäste wieder heim, während die koreanischen Priester noch einen Tag hierblieben.

Am Montag veranstalteten die Christen denen zu Ehren ein Festmahl. Teilnehmen konnte aber nur, wer selbst das Essen bezahlte. Preis 1 Yen. Mir bekam es aber nicht gut. Immer wieder wurde man nämlich genötigt, Bier oder Schnaps zu trinken.

Obwohl ich soweit es ging, abwehrte, habe ich mir doch gründlich den Magen verdorben und drei Tage lang war es mir nicht recht wohl. So ein chinesisches Festessen besteht fast nur aus Fleischspeisen, etwa 15

Schule in Paltoku

verschiedene Sorten Fleisch oder wenigstens verschieden zubereitet. Etwa 15 Mann sitzen dabei um einen runden Tisch herum und nehmen mit ihren Stäbchen Bissen für Bissen aus den in der Mitte stehenden Tellern. Von jeder Sorte gibt es nämlich nur etwa einen Frühstücksteller voll. Wenn ich wieder so ein Essen mitmachen muss, werde ich mich aber nicht mehr zum Trinken verleiten lassen.

Da ich gerade beim Essen bin, muss ich noch eine Merkwürdigkeit erzählen. Da wir für unseren Schulbau viele Tannenstämme bekommen haben, sah ich einige Koreanerinnen, den inneren Teil der Rinde abschälen. Sie sagten, das könne man essen, und wirklich brachte uns einige Tage später eine Frau ein schwarzbraun aussehendes teigiges Zeug zum Essen. Das war dieser Rindenkuchen. Ich konnte ihm aber gar keinen Geschmack abgewinnen, ähnlich wie dem koreanischen Reiskuchen, der für die Koreaner was ganz besonderes ist, für uns aber fast ungenießbar.

Mein Bart kann sich schon sehen lassen, berichtet er seine Schwester. Ein Bild, worum sie ihn gebeten hatte, hat er aber leider noch nicht. Der Grund für den Bart ist rein praktisch: Mit dem Rasieren brauchte er jeden Tag 8 – 10 Minuten, die er jetzt sparen kann. Zudem ist das immer umständlich auf Reisen, besonders, wenn er bei Koreanern übernachten müsste. Das brauchte er bisher noch nicht. Außerdem ist er bis jetzt der einzige ohne Bart. Und schließlich ist auch das nicht zu unter-

schätzen, dass die Koreaner jetzt nicht mehr wegen seines jugendlichen Ausse-hens sagen können, er sei noch sehr jung. Mit Bart bekommt der Titel: Shenfu, geistlicher Vater, auch das entsprechende Äußere. [chinesisch Shenfu, koreanisch Shinbu]

Neulich konnte ich mal wieder eine interessante Autofahrt mitmachen. Die erste halbe Stunde ging es ganz gut. Aber auf einmal bleibt der Wagen stehen. Wir steigen aus und müssen bald feststellen, dass das Getriebe nicht mehr geht. Es ist schon vier Uhr nachmittags, bis Yenki noch drei Stunden zu Fuß. Der Chauffeur geht zum zwanzig Minuten entfernten Telefon, um von Yenki ein Auto zu holen.

Bei uns war auch ein japanischer Polizist. Der nahm bald seine Tasche unter den Arm und ging davon. Da dachte ich, wenn der der Geschichte nicht recht traut, dann will ich auch mal auf alle Fälle auf Yenki zu marschieren. Das Dumme war nur, dass ich einen Koffer zu schleppen hatte. Die andern Fahrgäste, Chinesen und Koreaner machten es dann mir nach. Nach 5/4 Stunden kam dann doch ein Auto von Yenki, fuhr aber erst das kaputte holen.

Unterdessen wartete ich bei einem Koreaner, der mich in sein Haus einlud und mir Tabak u. Schnaps anbot. Das erste lehnte ich ab, von 2. aber nahm ich einen Schluck. Wie wir so eine Zeitlang geredet hatten, fing der Mann an, Bohnenblätter auf dem Boden auszubreiten. Zuerst hatte ich nicht genauer hingesehen und gemeint, er lege Tabakblätter hin zum Trockenen. Dann sagte er mir aber, das sei zum Schutz gegen die Wanzen. Einige Zentimeter von der Wand weg legte er sie um das ganze Zimmer herum, so dass sie nachts unbehelligt schlafen konnten. Ich fragte ihn auch, für was er mich halte. Zuerst für einen Engländer, *dann für einen Russen. Das Zimmer war zu meiner Verwunderung mit mexikanischen Zeitungen austapeziert.*

Diese Erfahrung veranlasste Servatius dann doch, mal wieder sein Glück mit dem Motorrad zu versuchen, um in solchen Situationen unabhängig zu sein. Da er schon ein Jahr lang nicht mehr auf einem Rad gesessen hat, muss er sich zunächst mal wieder an das Fahren gewöhnen.

Das unangenehmste aber ist, wenn man nach Yenki zu einem bestimmten Tag muss und das Auto geht nicht. Wenn's nur einen Tag regnet, fährt es zwei Tage nicht, wenn länger, dann fährt es drei, vier, fünf Tage nicht. Aber auch wenn es fährt, ist der Weg so, dass es kein Vergnügen ist. Die Alternative wäre, 30 km zu Fuß zu gehen.

Mit seinen Koreanisch-Kenntnissen geht es immer noch langsam vorwärts. Inzwischen ist Servatius doch schon so weit, dass er einen Beichtzuspruch zustande bringt und mit Hilfe eines Koreaners auch eine Predigt, die er dann vorliest. Aber unvorbereitet reden oder frei sich mit den Leuten unterhalten, da hat er noch große Schwierigkeiten.

Im übrigen aber muss ich schon noch mehr studieren. Auf die Zeit dazu warte ich allerdings bis jetzt vergebens. - Abt Theodor sagt, Chinesisch sei leicht, man brauche lediglich einen blechernen Hosenboden. Das gilt sicher unvermindert auch für Koreanisch.

Ungefähr alle 14 Tage hält er eine Predigt. Beichten gibt es jeden Samstag-Sonntag achtzig bis hundert zu hören, dazu kommen oft Kindertaufen und Begräbnisse und Versehgänge.

Kürzlich hatte er einige Kinder zu taufen, die schon ein paar Jahre alt waren. Die verschiedenen Zeremonien wollten manchen gar nicht recht passen. Besonders bei einem Buben musste er lachen, als man ihn über den Taufstein hielt. Mit beiden Händen wehrte er ab und wollte die Hand des Paters zurückschieben. Als er nachher die brennende Taufkerze halten durfte, wurde ihm die Sache wieder interessanter.

Im Brief zum Namenstag seiner Schwester Anna schildert Servatius den Verlauf eines Sonntags auf der Station. *Denke Dir eine Pfarrei mit 2300 Seelen. Dazu einige Tausend zu bekehrende Heiden:*

Gestern war ich allein. Am Samstag waren nur etwas über 50 Beichtleute da, weil am Sonntag vorher anlässlich der Fronleichnamsprozession sehr viele, an die 250, erst gebeichtet hatten. So konnte ich die Predigt gerade noch mit Ruhe fertig machen, das Lesen allerdings nicht mehr viel üben. Gestern morgen gab es dann noch etwa 25 Beichten, so dass ich kurz nach sechs die erste hl. Messe beginnen konnte. Für hier ist das allerdings jetzt schon etwas spät. Die Sonne geht ja schon um halb fünf auf. Nachher gab es noch drei Kindertaufen zu spenden und bei einem die Zeremonien nachzuholen.

Eine gute Stunde nach der ersten Messe ist die zweite, damit unterdessen auch die weit entferntesten Christen heimgehen und ihre daheim gebliebenen Hausgenossen zur zweiten Messe kommen können. Es gibt zwar noch weiter entfernte. Doch zum sonntäglichen Messbesuch sind nur die bis zum Umkreis von 5 km wohnenden verpflichtet.

Bis ich zum Frühstück kam, wurde es fast 10. Dann schaute ich ein bisschen herum, wie Ziegel gestern angefahren wurden, wie Holz gekommen war, wie unsere 6 chinesischen Säger arbeiten – es sind lauter Heiden, die auch am Sonntag arbeiten – usw.

Dann kamen Leute, die Medizin wollten und nach etwas Brevierbeten war es bald Zeit geworden zum Mittagessen. So war also der halbe Sonntag schon herum. Nach dem Essen las und ruhte ich etwas aus und hielt um zwei die Segensandacht.

Dann kam wieder eine Frau mit einem kranken Kind, das eine ganz besondere Krankheit zu haben schien. Ich konnte sie nicht recht verstehen und wusste auch nicht, was ich tun sollte. Schließlich sagte sie, ich solle das Kind segnen. So gab ich ihm den Krankensegen für Kinder. Nachher wollte ich deinen Brief schreiben.

Aber da kamen zwei Mädchen und baten, ich solle bei ihnen die Thronerhebung des hl. Herzens Jesu vornehmen. So wurde nichts aus dem Briefschreiben. Nach sechs war das Abendessen und eine Stunde später das Abendgebet in der Kirche für die Christen – dauert etwa 20 Minuten.

Als ich kurz nach acht mich niedergelegt hatte, heulte bald die Feuersirene. Wegen der Bäume konnte ich aber vom Schlafzimmer aus nichts sehen und hinausgehen wollte ich auch nicht mehr. Der Brandalarm hörte aber bald wieder auf. So ähnlich verlaufen alle Sonntage. Nur ist es nicht gerade so anstrengend, wenn man zu zweit ist. Gestern hatte ich gerade Glück, dass ich keine zwei Stunden im Beichtstuhl zu sitzen brauchte.

Auch Maria Himmelfahrt war ein ziemlich anstrengender Tag. Pater Ado war einige Tage krank und es wurde schließlich so schlimm, dass er freitags morgens nach Yenki fuhr. Vertretung ließ sich da schwer beschaffen und so hatte Servatius von morgens neun bis abends acht mit Ausnahme des Mittagessens im Beichtstuhl gesessen.

Am nächsten Morgen kam auch noch eine große Anzahl, die er aber nicht mehr alle bewältigen konnte. So kommunizierten etwa 450 an Maria Himmelfahrt. Am Nachmittag machten neun noch heidnische Schulkinder die Gelübde, Christ zu werden. Bevor sie dazu zugelassen werden, müssen sie die zwölf notwendigsten Gebete lernen und dadurch schon zeigen, dass es ihnen auch wirklich Ernst ist. Denn es kostet immerhin schon einige Mühe 8 – 10 Seiten lange Gebete auswendig zu lernen. Sie versprechen dann feierlich in der Kirche vor dem Priester und den versammelten Gläubigen, den ganzen Katechismus auswendig zu lernen und zugleich von jetzt an alle Gebote Gottes und der Kirche zu beobachten. Wenn sie das alles tun, können sie in sechs Monaten die hl. Taufe erhalten.

Bei älteren und ganz einfältigen Leuten, wo man sieht, dass es mit dem Lernen nicht mehr weit her ist, muss man sich natürlich mit weniger begnügen. Aber streng muss man sein. Wen man so tauft, ohne dass er alles gelernt hat, den kann man später fast nie mehr dazu bringen, den Katechismus zu lernen. Den Leuten genügende religiöse Kenntnisse beizubringen, gehört überhaupt zu den schwierigsten Aufgaben. Der Mangel daran ist auch in sehr vielen Fällen schuld daran, wenn Christen wieder lau werden.

Manche können allerdings auch nicht jeden Sonntag die Messe besuchen, besonders die im Goldbergwerk bei Heiden beschäftigt sind. Das Bergwerk ist etwa eine Stunde von hier entfernt. Wir sind aber nicht sonderlich erfreut darüber, weil die dort arbeitenden Christen großen Gefahren für ihr religiöses Leben ausgesetzt sind. Besichtigt habe ich es noch nicht, weil die Japaner es nicht gern sehen.

Viele Koreaner wandern aus ihrer Heimat aus, hauptsächlich um der wirtschaftlichen Not zu entgehen. Sie hoffen dann, sich im Nachbarland Mandschurei eine neue Existenz aufzubauen. Naturgemäß lassen sich die meisten Koreaner zunächst in der Nähe der Grenze nieder, etwa in der Gegend um Hunchun. Von dort können sie, wie das nicht selten der Fall ist, am leichtesten wieder in ihre alte Heimat zurückkehren. Auch treffen sie dort schon Landsleute an. Das Klima ist noch nicht gar zu rau. Je weiter sie aber in die Mandschurei vorrücken, desto mehr Kälte erfahren sie, und sie geraten immer mehr in chinesische Umgebung.

Als Pächter bebauen sie die Reisfelder der Chinesen oder arbeiten beim Bau japanischer Kasernen. Auf ihrer Wanderschaft bringen sie vielfach nur den allernötigsten Hausrat mit sich und leben schon im voraus auf Kosten des Pachtherrn bis zur nächsten

Ernte. Ist diese gut, können sie ihre Schulden wieder zurückzahlen. Wenn die Ernte schlecht und die Pacht nicht zu erwirtschaften ist, oder wenn es am Bau keine Arbeit mehr gibt, ziehen sie weiter ins Landesinnere, um bei einem neuen Pachtherrn ihr Leben zu fristen.

Wenn sie schon ihre Heimat verlassen haben, ist es fast gleichgültig, wo sie im neuen Land leben. Sie haben keine Wurzeln, sie werden nicht sesshaft. Unter diesen Koreanern befinden sich Christen, deren Zahl ständig wächst. Auch unter den bereits Ansässigen hat das Christentum Wurzeln geschlagen.

Diese Wanderbewegungen bringen es mit sich, dass die Mission immer neue Stationen gründen muss, um die Christen nicht allein zu lassen. So entstand in diesem Frühjahr eine Station in Sinchan. Das ist der bisher nördlichste Stützpunkt des Vikariats Yenki.

Im Juli 1936 wird Aloys in Salzburg zum Priester geweiht.

Von Deinem Konsekrator, den ich aus seinen Büchern kenne und sehr schätze, habe ich gerade sein Pauluswerk als Betrachtungsbuch. Da denke ich manchmal auch an Dich. Über den Punkt: äußere Arbeit des Priesters, haben wir schon öfter uns unterhalten. Dass sie Dir besonders liegt sowie dass sie notwendig und nützlich ist, darüber sind wir uns einig. Aber das darfst Du nicht aus dem Auge verlieren, dass das persönliche innere religiöse Leben dabei nicht zu kurz kommen darf. Denn damit würde zugleich die äußere Arbeit ihrer Kraftquelle beraubt. Gerade das kann man beim hl. Paulus gut sehen. Ihm kann man gewiss am allerwenigsten vorwerfen, bezüglich äußerer Tätigkeit habe er zu wenig getan. Aber zugleich wissen wir, welch inniges und sogar mystisches Gebetsleben er geführt hat. Und das gleiche finde ich immer wieder bei großen Männern. So las ich z. B. kürzlich das Leben von Bischof Prohaska, der eine unglaubliche Tätigkeit entfaltete und zugleich begeistert aufgenommene und von tiefer Frömmigkeit zeugende Betrachtungsbücher geschrieben hat. Oder denke an Seipel usw.

Doch heute will ich einmal die traurigen Dinge beiseite lassen und mich mit dir freuen auf die hl. Priesterweihe und Primiz. Hoffentlich sind sie für dich und alle, die daran teilnehmen, Tage der Freude. Mein Hauptwunsch ist, dass die hl. Begeisterung und Glaubensfreude, die diese Tage mit sich bringen, im Lauf der Jahre nicht nur nicht abnehmen, sondern sich im nüchternen Alltag – quotidiana vilescunt [Das Alltägliche verliert seinen Wert] – bewähren und dir selbst wie vielen andern zum Segen werden. Das soll an diesen Tagen und an deinem Namenstag Gegenstand meines besonderen Mementos sein. Und wenn ich nach einem Hilfsmittel mich umschaue, den Eifer in uns zu erhalten, so kann ich nur eins finden, die stete Selbstverleugnung sowohl unseres sinnlichen wie geistigen Menschen. Ich brauche kein

Wort darüber zu verlieren, dass dadurch unser Leben etwa freudlos würde. Beharrlich geübte Selbstzucht gibt uns stets ein wohltuendes Gefühl der Zufriedenheit und hält uns aufrecht in Zeiten der Unlust und des Misserfolgs.

Lb. Aloys! Das scheinen dir wohl etwas nüchterne „Festgedanken" zu sein. Doch du weißt ja, dass ich für gewöhnlich kein Augenblicksmensch bin, bei denen mir manchmal die Worte einfallen: Himmelhoch jauchzend – zu Tode betrübt, sondern verstehst, wie ich es meine.

Es freut mich, dass Du nun endlich am Ziel bist. Am Ziel nicht im Sinn vom Ziel und Ende des Lebens, sondern so wie man es in der Jugend stets vor sich sieht. Alles Studieren, die Weihen, auch die Priesterweihe nicht ausgenommen, sind nur Durchgangsstationen, während als Ziel vorschwebt, arbeiten und wirken zu können. Deine Lage hat ja manches Schwierige an sich. Aber andererseits wird das Bewusstsein, wirken zu können, auch vieles leichter empfinden lassen.

Bäbchen hat jetzt wieder andere Sorgen um Dich, dass Du Dich zu sehr aufreibst, Deine Gesundheit nicht schonst, nicht auf den guten Rat anderer hörst. Wenn ihr auch in euren Anschauungen wohl immer gegenseitig anderer Meinung sein werdet, so wird es doch gut sein, ihr nach Möglichkeit entgegen zu kommen. Bäbchen hat doch auch schließlich bereits eine große Lebenserfahrung gesammelt, und man kann ihr nicht nachsagen, dass sie *sich im Dienst der guten Sache zu sehr schonen würde. Sie hat in ihrem Leben doch schon allerhand Arbeit bewältigt.*

Du schreibst ja selbst, Du ziehst die catholica activa der catholica passiva vor. Drum gilt es bei aller Arbeitsfülle doch haushalten mit seinen Kräften, körperlichen und geistigen, und auch stets für Wiederauffrischung und Mehrung der religiösen Kräfte zu sorgen.

Vierzig Jahre ist es nun her, seit das Christentum in Korea und in der Südmandschurei eingeführt wurde. Ein Grund zum Feiern?

Aber wir haben das Fest der 40 jährigen Einführung des Christentums bei den Koreanern unseres Gebietes nicht unsertwegen unternommen, sondern um den Christen und noch mehr den Heiden zu zeigen, welchen Einfluss das Christentum in dieser Zeit bereits hier gewonnen hat. Als päpstlicher Vertreter kommt der Bischof von Kirin, unserem westlichen Nachbargebiet, ein Franzose, sowie von Korea auch ein französischer Bischof und unser Bischof Bonifatius Sauer. Am meisten freuen sich unsere Schüler darauf, die schon monatelang in Spannung gehalten werden von Ryondjong, dort findet das Fest statt. Von hier etwa

35 km. 3 Stunden müssen wir zu Fuß gehen, dann geht es mit der Bahn weiter.

Müde kommt Servatius von Ryondjong zurück, müde von dem dreitägigen vielen Gehen, Stehen und Schwitzen.

Das Jahr neigt sich seinem Ende zu. Bald kommt schon wieder der Advent. Für Servatius der dritte im fernen Osten.

Du kannst ihn ja mit der nötigen Sammlung begehen, schreibt er seiner Schwester. *Ich aber sehne mich vergebens nach den stillen, stimmungsvollen Adventswochen der ersten Klosterjahre. Das ist auch eine Gefahr der Mission, die freilich auch für den Heimatseelsorger gilt, dass bei allen Geschäften und Sorgen die eigene Seele nicht zu kurz kommt. Das Gegenteil wäre freilich auch nichts, wenn man über sich die anderen vergäße.*

Da jedes Kirchenjahr uns wieder näher zu Gott bringen soll und wir durch das Mitleben der Geheimnisse Christi heranwachsen sollen zum Vollalter Christi, so wünsche ich Dir zum Weihnachtsfeste ein Fortschreiten in den Tugenden, die wir an der Krippe lernen können, Losschälung von allen irdischen Dingen, an die sich unser Herz so gerne hängt, und Liebe nicht nur zum göttlichen Kind, sondern auch zu den Seelen, für die es als armes Kind geboren werden wollte. Er nützt die Gelegenheit, um seiner Schwester noch eine Bitte vorzutragen: *Heute sagte mir Pater Ado, ich solle die Leitung des Theresienvereins übernehmen. Ich fühle mich dieser Aufgabe zwar in keiner Weise gewachsen. Doch es wird mir nichts anderes übrigbleiben. Da*

Theresienverein. In der Mitte eine Lehrerin als Präfektin. Sehr gut ist die Kleidung zu sehen mit der charakteristischen Schleife zum Zubinden. Im Hintergrund ein koreanisches Papierfenster. Auch die Schuhe der Mädchen sind zu sehen, meist billige Gummischuhe. Sie dienen ja nur zum Gehen auf der Straße und werden beim Betreten des Hauses ausgezogen. Da ist die Hauptsache, dass man sie schnell an- und ausziehen kann.

Du, glaube ich, Dich schon auf diesem Gebiet betätigt hast, kannst Du mir vielleicht gute Ratschläge geben und auch etwaige literarische Hilfsmittel angeben. Da ich mich bisher nie um diese Sache gekümmert habe, kann ich Dir nur ungefähre Angaben machen. Mitgliederzahl: 40 – 50, Alter der Mitglieder etwa 12 – 16 oder 18 Jahre. Vielleicht ein Drittel wird die Schule besucht haben. Zweck des Vereins ist natürlich Pflege und Förderung des religiösen Geistes. Aber da es mit religiösen Vorträgen allein nicht getan ist, erhebt sich für mich die schwierige Frage: Was soll man sonst noch tun? Jetzt zu Weihnachten hat Pater Ado ihnen alte Strümpfe zum Stopfen gegeben für die Armen, ferner sollen sie aus Silberpapier Christbaumschmuck für die Kirche machen. Aber womit ich sie nachher beschäftigen soll, weiß ich nicht. Auch das Vorträgehalten hat seine Schwierigkeiten, 1. inhaltlich, über welche Gegenstände soll ich reden, 2. sprachlich. Da wären etwas größere Bilder religiös-kirchlichen Inhaltes sehr wünschenswert. Biblische Bilder haben wir zwar, aber die werden schon in der Schule und Christenlehre oft gezeigt. Meine Bitte wird Dich wohl etwas in Verlegenheit bringen. Aber Du braucht Dir deswegen kein Bein auszureißen.

Gestern hat erst die Adventszeit begonnen und schon soll ich mich in Weihnachtsstimmung versetzen zum Weihnachtsbriefschreiben. Ich weiß nicht, ob es mir recht gelingen wird.

Da Ihr euch wohl alle unterm Bouser Christbaum zusammenfinden werdet, so begnüge ich mich mit einem gemeinsamen Brief. Vielleicht interessiert es Euch, wie das Stille Nacht auf koreanisch klingt. Ich lege den Text bei und schreibe ihn gleich noch mal her: kojohan pam, korukhan pam, man sangi, tjamtundä, hollo jangtschin un gäjo itgo, tscham mal güjo ungum paragi pionganhi tjago ita, pionganhi tjago ita. Auch von unseren Kirchenliedern sind viele aus dem Deutschen übersetzt. An der Beilage könnt Ihr zugleich sehen, wie unser koreanisches Gesangbuch aussieht.

Eigentlich werde ich dieses Jahr erst so recht Missionsweihnachten feiern. Denn im Kloster in Yenki war es ziemlich ähnlich wie daheim. Da die Koreaner noch wenig christliche Familienbräuche haben wie Namenstagsfeiern, häusliche Feiern bei Taufe und Erstkommunion usw. so muss der Pater dafür sorgen, dass wenigstens in der Kirche, um einmal den Ausdruck zu gebrauchen, möglichst viel los ist. Das gilt besonders für Weihnachten. Ich habe es zwar noch nicht mitgemacht, kenne es aber etwas aus den Erzählungen der Mitbrüder. Wenn's dunkel wird, also schon um 4 - ½ 5, kommen die Christen in die Kirche. Da muss man sie dann mit Beten, Singen und Ansprachen beschäftigen bis der eigentliche Weihnachtsgottesdienst in der Nacht angeht. Natürlich wird auch die Kirche entsprechend geschmückt mit Tannenbäumen. Papiergirlanden, Fahnen und vielen Kerzen.

Ich hoffte, diesmal Euch auch schon schreiben zu können, dass wir das Elektrische bekommen haben, aber die Sache hat sich wieder verzögert. Vor der Kirche, die etwa 25 m über dem ganz eben liegenden Ort sich erhebt, wird ein Triumphbogen aufgestellt und mit weithin sichtbaren Fackeln geschmückt. Ich nehme an, dass es zum Fest auch ziemlich viel Beichten zu hören gibt – einige hundert. So wird also vor allem der Vortag ein arbeitsreicher Tag werden. Vor der Mitternachtsmesse wird die verkürzte Mette gesungen auf koreanisch nach den gleich Melodien wie in St. Ottilien. Statt je sechs Psalmen nur je einen, die herrlichen Lesungen aber unverkürzt. Doch ausführlicher darüber, wenn es vorbei ist. Eine der drei Weihnachtsmessen will ich für Euch darbringen.

5. TEIL

Sinchan

新 站 镇

Die Gründung der nördlichsten und kältesten Missionsstation. Seelsorge in einer zweisprachigen Pfarrei, die wegen der ständigen Wanderbewegungen keine feste Gemeinde ist. Wie gewinnt man neue Christen? Auswirkungen des chinesisch-japanischen Krieges. Problem Schulen. Lokale Bräuche und christliche Feste. Urlaubsreise nach Korea. Herr Wu bringt neue Nachrichten. Japanische Schikanen gegen die Mission immer subtiler. Allgemeine Verknappungen.

Der Jahreswechsel bescherte dann doch unerwartet einige Veränderungen, mit denen er seine Angehörigen daheim überrascht:

Das alte Jahr hat mir noch eine unerwartete und ziemlich plötzliche Veränderung gebracht. Da mein „Pfarrer" P. Ado Erholung braucht für wenigstens ein halbes Jahr und die Zahl der Missionare ohnehin äußerst gering ist, war es sehr schwierig, die entstandene Lücke aufzufüllen. Es gab mehrere Verschiebungen und auch ich musste, obwohl ich noch gar kein Verlangen danach habe, selbständig eine Station übernehmen, namens Sinchan. Sie wurde erst in diesem Jahr gegründet, Kirchlein und Patreshaus sind neugebaut, die Christenzahl noch gering, sodass mir das Einleben doch nicht so schwierig wird.

Meine neue Adresse heißt:

Catholic Mission <u>Sinchan</u>, Prov. Kirin

Manchukuo (Via Siberia).

Herzl. Dank für eure Weihnachtsbriefe. Später mehr, wenn ich besser Zeit habe.

Teures Frl. B. Ludwig!

Einen herzl. Neujahrsgruß wenn auch zu spät. Aber im Gebete waren Sie nicht vergessen. P. Servatius hat gestern in Phaetoku

Abschied genommen. Morgen fährt er nach Sintjan. Dort ist er von morgen ab „Pfarrer". Hat ein ganz nettes Kirchlein und Häuslein. Die Station ist erst heuer gegründet worden. Er wird seine Sache gut machen. Er ist sehr gewissenhaft. Ich denke dass er von dort aus Ihnen schon schreiben wird. Ich lege Ihnen einen Aufklebezettel bei, dann schreiben Sie ihm bald. Er freut sich dann, und weiß nicht, wie Sie seine neue Adresse wissen können. Wie geht es den lieben Eltern? Bitte grüßen Sie und allen ein gottbehütetes neues Jahr. Ihr alle seid in meinen Gebeten nie vergessen. Ich habe viele Sorgen, das können Sie denken, gehe aber vertrauensvoll ins neue Jahr. Im alten hat uns Gott wohl behütet. Beten wir für einander. Herzl. Gruss und Segen Ihr dankbarer

+ Theodor MB.

Von Korea her kommend führt die Bahnlinie ungefähr in westlicher Richtung über Hunchun, Yenki und Kirin nach Hsingking (Changchun), der neuen Reichshauptstadt. Gut 250 km hinter Yenki und knapp 100 km vor Kirin zweigt bei Lafa eine Linie nach Norden ab nach Harbin (und hat damit Anschluss an die Transsibirische Eisenbahn). Die erste Station auf dieser Strecke ist Sinchan, in einer großen Ebene gelegen, die von Hügelland umgeben ist. Dahinter erhebt sich eine schroffe Bergkette, der Laoling.

Mit Eröffnung der Bahn wurden eine Eisenbahnreparaturwerkstätte gebaut und einige hundert Mann Militär dorthin verlegt. Die neuen Ziegelsteinhäuschen der Eisenbahner und die Wohnungen der Beamten und der Offiziere samt den Kasernen bilden eine eigene Stadt für sich.

Ungefähr in der Mitte zwischen beiden liegt die neue Missionsstation. Die neue Heimat für Pater Servatius.

Ursprünglich war Sinchan eine reine Chinesenstadt mit einigen tausend Einwohnern. Mit der Entwicklung der Stadt begann auch in den letzten Jahren der verstärkte Zuzug von Koreanern, die hofften, hier bessere Lebensbedingungen zu finden als im dichter bevölkerten Gebiet um Yenki.

Missionsstation Sinchan

Missionstation in Sinchan

Als die koreanischen Christen anfingen, in das Gebiet von Sinchan zu ziehen, besuchte sie P. Korbinian (Schräfl) von einer Nachbarstation, dem mehr als 200 km entfernten Mingyüegou, ein- oder zweimal im Jahr. Das konnte natürlich keine Dauerlösung sein, zumal es so aussah, als ob der Auswandererstrom so bald noch nicht aufhören wird. Daher entschloss sich Vater Abtbischof Theodor, eine neue Station zu gründen. Mit dieser Aufgabe wurde P. Honorius (Traber) beauftragt. So entstand im Frühjahr 1936 in Sinchan die bisher nördlichste Station des Vikariats Yenki.

Der rechteckige Bauplatz war nicht groß, 61 m lang und 34 m breit. Parallel zur Straße wurde die Kirche gestellt, etwa 25 m entfernt in der gleichen Richtung das Patreshaus. Der dadurch gebildete Hof wurde auf einer Seite durch den Zaun begrenzt, auf der anderen durch ein Haus, das Dienerwohnung und Schule enthält. Auf der der Kirche abgewandten Seite bleiben noch etwa 15 m übrig zur Verfügung des Paters, während der Platz zwischen Kirche und Patreshaus als Schulhof dient. Beide Gebäude sind aus grauschwarzen Ziegelsteinen, die Schule aus luftgetrockneten Ziegeln nach Art der Chinesenhäuser, innen ist aber koreanische Bodenheizung. Alle Gebäude haben Blechdach. Das Schiff der Kirche ist 16 m lang und 10 m breit, das Chor 5 m lang und 6 m breit. Der 12 ½ m hohe Turm überragt ganz Sinchan und ist von allen Seiten sichtbar.

Im Inneren ziert ein schönes großes Kreuz den Hochaltar. Im November konnte P. Korbinian auch einen Kreuzweg benedizieren. Im übrigen harren aber die großen, weißgetünchten Wände noch der weiteren Ausschmückung.

Jetzt bräuchte die Kirche statt des ganz einfachen Notaltars noch eine etwas würdigere Opferstätte, besonders wenn man bedenkt, wie viel Gewicht die Asiaten auf Äußerlichkeiten legen. Die buddhistischen Klöster sind nach hiesigen Begriffen viel schöner ausgeschmückt als unsere Kirchen.

Am 31. August 1936 traf P. Korbinian als Stationsoberer hier ein. Da das Patreshaus noch nicht fertig war, gab er sich viel Mühe, die notwendigste Einrichtung selber herzustellen, denn Brüder standen keine zur Verfügung und die Missionskasse bedurfte stets äußerster Schonung. So baute er selbst in Küche, Wohn- und Schlafzimmer drei Ziegelöfen, verfertigte 2 Betten, Tische, Büchergestelle. Daneben bemühte er sich, verschiedene Gelegenheiten für religiösen und weltlichen Unterricht zu schaffen. In der schon seit einigen Monaten bestehende Katechismusschule ließ er auch andere Fächer unterrichten.

Für Kinder, die die Staatsschule besuchen oder die Schule der Mission aus verschiedenen Gründen nicht besuchen können, erteilte er nach der 2. Sonntagsmesse Religionsunterricht. Da er das Chinesische noch nicht ausreichend beherrschte, unterrichtete sein Chinesischlehrer am Sonntag alle chinesischen Christen im Katechismus. Danach hatten die jungen Burschen ebenfalls Gelegenheit, sich in Religion und anderen nützlichen Kenntnissen weiterzubilden. Sonntags um zwölf schließlich erscheinen auch die jüngeren Frauen zum Religionsunterricht.

Wie Sie vielleicht erfahren haben, wurde ich an Weihnachten plötzlich zum „Pfarrer" des erst vor einigen Monaten gegründeten Sinchan ernannt. Ich bin nun im äußersten Nordwesten

unseres Gebietes, berichtete er am 13. April 37 Pater Beda, der ihm immer ein guter Freund und Berater war. *Für gewöhnlich ist ja auf einer Neugründung die Arbeit noch nicht so drückend, aber Sinchan macht eine Ausnahme, weil ich gezwungen bin, möglichst schnell Chinesisch zu lernen, obwohl ich im Koreanischen noch für Jahre zu tun hätte. Doch Vater Abt musste wegen Personalmangel mich hierher schicken, während mein Vorgänger P. Korbinian viel nutzbringender hätte arbeiten können.*

Der Missionar muss sich erst einmal einleben, besonders wenn er noch ein Neuling ist. Servatius gibt zu, dass er Angst vor der neuen Aufgabe hatte, auf die er sich nicht ausreichend vorbereitet fühlte. Aber dann war es doch leichter als er gedacht hatte. Schwierigkeiten gibt es wohl immer noch genug.

Wenn man allein auf einer Station ist, gibt es allerhand Sorgen. Bei mir sind sie um so unangenehmer, weil ich immer noch zu wenig Koreanisch kann und mit dem Chinesischen immer noch in den Anfangsschwierigkeiten stecke. Auch in der Missionsarbeit selbst bin ich noch ein Neuling. Konnte ich doch kaum ein Jahr in der Seelsorge tätig sein während daheim unter viel

Die Pfarrei ist noch recht übersichtlich. Christen sind hier in der
Stadt etwa 50 – 60 Koreaner und etwa 30 Chinesen. Außerhalb
der Stadt bis zu über 100 km entfernt 250 – 300. Die Koreaner
sind alle Auswanderer, das heißt die meisten leben von der
Hand in den Mund. Bei vielen Chinesen ist es nicht anders.

Ferner fehlt es oft an geeigneten Hilfskräften. Das gilt für Sinchan
in besonderer Weise, zum einen weil die Mission zweisprachig

Die koreanische Christengemeinde in Sinchan - Ostern 1937

ist: Koreanisch und Chinesisch, zum zweiten weil unter der geringen Christenzahl sich niemand findet, der als Katechist oder Katechistin den Missionar unterstützen könnte.

Eine Hilfskraft sollte drei Eigenschaften in sich vereinigen:
1. religiösen Eifer,
2. ausreichende religiöse Bildung und
3. mit einem geringen Lohn zufrieden sein.

Doch solche Leute sind selten. Wer welche hat, gibt sie nicht gern an andere ab. Deshalb ist es mit einheimischen Hilfskräften bis jetzt schlecht bestellt. Darunter leidet natürlich auch die eigentliche Missionsarbeit.

In Sinchan sei es noch kälter als in Yenki, hat man Servatius gesagt. Vor Weihnachten wurde dort zweimal 40,6 Grad Kälte gemessen. Doch zum Glück kommen nach den ganz kalten Tagen auch wieder andere, an denen man es nach der strengen Kälte ganz angenehm findet.

Kälte hat er auch auf anderen Stationen erlebt. In Badogou etwa war eines Morgens die ganze Flasche Messwein zu Eis geworden obwohl jeden Tag in der Sakristei Feuer gemacht wurde. Einmal war der Wein vor der Messe nicht richtig erwärmt worden.

Da wurde er beim Eingießen in den Kelch teilweise sofort zu Eis. Mit einem warmen Tuch taute Servatius ihn vor der Kommunion wieder auf, wie auch schon einmal in Hunchun.

Bevor er nun nach Sinchan fuhr, hat aber Vater Abt in jeder Weise gesorgt, dass er nicht zu frieren brauche. Er gab ihm eine neue Pelzmütze, die er kurz vorher für sich selbst gekauft hatte, Handschuhe, da Servatius keine richtigen hatte, Pulswärmer und ein warmes bis zu den Füßen reichendes Gewand wie die Chinesen es haben und ließ ihm einen Fußwärmer machen für den Beichtstuhl. Schließlich noch eine neue wattierte Hose und eine pelzgefütterte Jacke.

Sonntags hält Servatius zwei Messen, zuerst für die Koreaner, dann für die Chinesen. Da die chinesischen Christen hier verhältnismäßig zahlreich sind, ergibt sich die Notwendigkeit, den Gottesdienst so weit wie möglich zweisprachig zu gestalten.

Noch vor der Messe können Koreaner und Chinesen beichten. Zusammen mit denen vom Vorabend sind es im Durchschnitt 40 – 50 Beichten. Dann ist die Messe mit Predigt für die Koreaner. Anschließend Unterricht für die koreanischen Katechumenen und gleichzeitig liest der chinesische Lehrer als Ersatz für die

Predigt in der Kirche einen biblischen Text vor und betet mit den Christen das etwa eine Viertelstunde dauernde Morgengebet.

Danach ist hl. Messe für die Chinesen, zu der sich etwa 20 Koreaner einfinden, die an der ersten Messe nicht teilnehmen konnten. Nach etwa einer Stunde Pause ist der erwähnte Unterricht für die Kinder, Burschen und Frauen. Und um halb zwei ist Christenlehre mit Segen.

Werktags ist es nun so, dass bis zum Credo die Koreaner beten und nachher die Chinesen. Beim Gottesdienst wird nämlich immer laut gemeinsam gebetet, weil erstens viele gar nicht lesen können und zweitens auch zu arm sind, um sich ein Gebetbuch zu kaufen. Die letzte Zeit haben die Christen es auch bei der Messe so gemacht: bis zum Credo einschließlich haben die Koreaner laut gebetet und nachher die Chinesen. Bei Segensandachten machen wir es immer so.

Um die Christen daran zu gewöhnen, auch selbst etwas für den Unterhalt der Mission beizutragen, hatte P. Korbinian Anfang November den Klingelbeutel eingeführt. Im Winter gingen durchschnittlich 70 - 80 Sen ein, im Sommer etwa 50 Sen.

Auf einer Missionsstation im allgemeinen und auf einer neuen Station im besonderen fehlt es an allem. Deshalb fragt Servatius bei seinem Bruder Aloys in Österreich an:

Da bekanntlich keine Devisen mehr ausgeführt werden dürfen – auch in Österreich? – möchte ich darauf hinweisen, dass wenigs-

tens kleinere Sachen wie Rosenkränze, Maggiwürfel – eine merkwürdige Zusammenstellung, aber das sind Dinge, die ich ganz gut gebrauchen kann – als Muster ohne Wert oder Warenprobe geschickt werden dürfen. Falls Du Gelegenheit hast, die daheim darauf aufmerksam zu machen, wäre ich Dir dankbar dafür. Doch setze dich deswegen keiner Gefahr aus. Nur wenn es leicht geht. Auf einer Neugründung ist man nämlich um alles froh. Selbst altes Zeitungspapier muss ich mir im Bedarfsfalle für 10 Sen das Pfund kaufen oder leere Benzinkannen, die als Kohlenkasten oder sonst zu den verschiedensten Zwecken gebraucht werden können.

Gestern erhielt ich Bäbchens Brief mit der traurigen Nachricht von Papas ernstlicher Erkrankung. Da Ihr vorher nie etwas besonderes geschrieben habt, scheint sie also ziemlich schnell gekommen zu sein. Ich will Papa deshalb besonders in die tägliche hl. Messe einschließen und am Sonntag, dem 7. Februar, für ihn die hl. Messe darbringen. Bäbchen schrieb mir, Papa habe gesagt, er könne jetzt nichts mehr tun als beten und sein Leiden Gott aufopfern. Aber das ist doch schließlich das Größte, was wir tun können. Wenn wir im rechten Geiste unsere Leiden ertragen – und das tut Papa ja – dann ist das Gott wohlgefälliger *als jede Arbeit. Da das Leiden aber trotzdem unserer Natur recht schwer fällt, so wollen wir alle für ihn um Gottes Beistand beten.*

Kurz danach folgt dann – für Servatius dennoch überraschend – die schmerzliche Trauernachricht. Der Vater Peter Ludwig war am 18. Januar 37 im Alter von 79 Jahren verstorben.

So ist auch mein letzter Brief wie bei Anton zu spät gekommen und die hl. Messe am 31. Januar wurde ungewollt zur Totenmesse.

Die Nachricht kommt gerade vor der Andacht an. Der Küster teilt es gleich den Christen mit und ohne dass Servatius etwas sagt, beten sie nach der Andacht gleich die etwa ¾ Stunden dauernden Totengebete, obwohl es in der Kirche etwa 10 Grad kalt ist und die Andacht schon über eine halbe Stunde dauerte.

Die Messe am folgenden Sonntag war dem Totengedenken gewidmet. So kann ich ihm auf diese Weise für das Opfer danken, das er brachte, als er mich ins Kloster und die Mission ziehen ließ. Der Abschied ist ihm ja beides Mal schwer gefallen, besonders der letzte. Doch hoffe ich, dass ihm Gott jetzt alle Opfer reichlich belohnen wird. Und wir müssen uns beim Tode eines lieben Angehörigen wohl immer Vorwürfe machen, dass wir vielleicht manchmal ihm zu wenig Liebe und Geduld entgegen gebracht haben. Wir wollen das durch unsere Gebetshilfe so weit als möglich gut zu machen suchen und uns bemühen, das gute Beispiel nachzuahmen, damit auch wir im Himmel von Gott reichlichen Lohn erhalten können.

Besonders hat mich alles gefreut, was Du über Papa berichtet hast. Es hätte mich gefreut, wenn ich schon früher erfahren hätte, wie sehr er sich um mich sorgte und an meinen Arbeiten Anteil nahm. Im Allgemeinen wusste ich es zwar schon, aber manche berichteten Einzelzüge waren mir neu.

Während des Frühjahrs ebbt der Einwanderungsstrom dann doch leicht ab. Einer der Hauptgründe liegt wohl darin, dass im Laufe der Zeit auch japanische Siedler hierher kommen sollen.

Einige große Siedlungsgesellschaften suchen schon lange, das nötige Land dafür bereitzustellen.

Sehr viele leben wirklich in ständiger Armut. Und wenn sie gar nichts mehr zu essen haben, wandern sie aus. So ist es ein ständiges Kommen und Gehen, immer tiefer in die Mandschurei hinein. Vor 4 Jahren waren hier fast noch überhaupt keine Koreaner, jetzt sind es mehrere Tausend.

Im Bereich der Station selbst gibt es auch dadurch Veränderungen, dass in der Nähe wohnende Christen weiter wegzogen in schwer zu erreichende Gebiete. Große Außenstationen sind zur Zeit auch nicht vorhanden, weil eine Anzahl Familien wieder weiter gewandert ist. Dagegen haben sich in Pyengan im Vikariat Kirin, 90 km von Sinchan entfernt, ein Dutzend Familien angesiedelt. Da aber in der dortigen Gegend kein koreanisch sprechender Priester ist, besucht Servatius sie regelmäßig und spendet ihnen die hl. Sakramente.

Von den koreanischen Christen sind fünfzig eingewandert, das sind über 70% der Gesamtchristenzahl, und vierzig ausgewandert. Von den chinesischen sind 22 ein- und acht ausgewandert. Nur besonders Eifrige scheuen dann auch einen Weg von 50 und 100 km nicht, um wenigstens einmal im Jahr die Missionsstation zu besuchen und die Sakramente empfangen zu können. Servatius kennt auch die Sorgen einiger Mütter, deren Söhne trotz aller Mahnungen schon jahrelang nicht mehr zu den Sakramenten und in die Kirche gehen. Eine Frau kommt täglich eine Viertel Stunde weit zur Messe. Ihr Sohn sagte vor einigen Monaten: "Jetzt muss ich Geld verdienen. Wenn ich alt bin, dann will ich eifrig die Kirche besuchen und die Sakramente empfangen." Nun sitzt er schon einige Wochen im Gefängnis wegen verbotenen Spielens und muss noch froh sein, dass es ihm nicht schlimmer ergangen ist oder noch ergeht.

Ich vermeinte, hier auf eine ziemlich einsame Station zu kommen, weit entfernt von allen Mitbrüdern und doch vergeht die Zeit und ich weiß nicht wie und trotzdem oder gerade deswegen komme ich in der chinesischen Grammatik nicht recht vom Fleck. Zwar habe ich das dreißigste Jahr noch nicht erreicht und merke doch schon, dass ich nicht mehr jung bin. Man erkennt immer mehr die Beschränktheit seiner Kräfte und wird dadurch nicht gerade ermutigt und steckt seine Ziele niedriger. So habe ich den Gedanken, später auch einmal japanisch zu lernen, zwar noch nicht völlig aufgegeben, aber ob je was daraus wird, das ist die große Frage.

Durchschnittlich fahre ich monatlich einmal nach Yenki. Um 12 steige ich hier ein, steige auf der nächsten Station um in den Schnellzug. Die übernächste ist die Bezirksstadt Djiauho. Dann hält der Zug nicht mehr bis um drei Uhr in Tunhoa, wo P. Raymund, mein Nachbar residiert. Nach wieder einer Stunde bin ich in Mingyüehgou, wo ich 10 Tage Kaplan war, und um 5.15 Uhr in Yenki. Bei der Fahrt ist die hiesige mandschurische Landschaft leicht zu erkennen. Nach den großen Ebenen um Sinchan und Djiauho kommt Waldgebirge mit chinesischen Holz- und Waldarbeiterdörfern, dann die Tunhoaebene, wieder Waldgebiete, Mingyüehgou-Ebene, Gebirge, und Yenkiebene. Koreaner gibt es nur in den Ebenen, wo sie Reis bauen können.

Schon wochenlang vorher schreibt er sich auf, was es im Mutterhaus in Yenki zu besorgen, zu fragen, mitzunehmen gibt.

Die nächste Missionsstation von Sinchan aus ist Tunhoa. Von dort kommt gleich zu Anfang des Jahres P. Raymund, um sich der chinesischen Christen anzunehmen. Er beherrscht nämlich das Chinesische, während seine koreanischen Kenntnisse noch nicht ausreichen. Im Lauf der nächsten Monate kommt er noch dreimal, während P. Servatius, der inzwischen besser Koreanisch als Chinesisch spricht, zur gleichen Zeit nach Tunhoa fährt, damit die dortigen Koreaner mal wieder eine koreanische Predigt hören.

Jetzt bin ich in Tunhoa und habe den koreanischen Christen eine Predigt gehalten und einige Beichten gehört, während P. Raymund von hier zum gleiche Zweck nach Sinchan fuhr, d.h. wegen der chinesischen Christen. Leider wohnen hier fast alle koreanischen Christen sehr weit von der Mission entfernt, so dass es ihnen schwer fällt, zur Mission zu kommen. Weil die

Häuser nämlich alle einstöckig sind, sind die ostasiatischen Städte sehr ausgedehnt. Tunhoa hat etwa 30 000 Einwohner.

So könnten sie sich gegenseitig gut aushelfen und ergänzen. Die Fahrt von 126 km ist mit dem Schnellzug in drei Stunden zu schaffen. Aber es scheitert an einem unüberwindlichen Hindernis: am Fahrgeld.

Erfreulich ist der Besuch von zwei Brüdern, die von Yenki geschickt wurden. Der eine ist Maurer und Anstreicher, der andere Schreiner. Allerdings bringen sie auch allerhand Arbeiten und die unvermeidliche Unordnung mit. In den beiden Zimmern des Paters (Wohn- und Schlafzimmer) wird ein Fenster herausgerissen, zugemauert, verputzt, geweißt, der Boden gebeizt und geölt, der Ziegelofen abgerissen und neu gebaut. Ähnliche Arbeiten gibt es in der Kirche. Im Chinesenhaus wird der größte Teil zu einem großen Schulzimmer hergerichtet.

Dann baut der Schreiner einen Beichtstuhl, einen Sakristeischrank und eine Kommunionbank und fürs Haus zwei Betten mit Nachttischchen, einen Küchenschrank, einen Bücherschrank und einen Schreibtisch.

So habe ich nun alle notwendigen Möbel und habe es in mancher Hinsicht etwas besser als vorher.

Später bekommt die Kirche noch zwei Seitenaltäre, für die ein chinesischer Christ den Arbeitslohn zahlt und die Mission das Holz stellt.

Zum Anstreichen und Bemalen reicht allerdings meine Kunst nicht aus. Man sollte hier in allem Möglichen beschlagen sein, in der Gärtnerei, als Küchenchef, Maurer, Glaser, Schreiner, Ofenbauer usw. Denn im allgemeinen liegt dem Personal wenig an der Pflege und Instandhaltung der Gebäude und Möbel, wenn nicht der Pater selbst stets nach dem Rechten schaut.

Die Brüder sind abgereist, Ruhe ist wieder auf der Station eingekehrt und Servatius kann sich dem Chinesisch-Studium widmen, nachdem es einen vollen Monat geruht hat.

Hier ist der Winter noch nicht ganz verschwunden, er zieht sich nur sehr langsam zurück, wenngleich es auch immer noch kalt ist. Das Thermometer steigt noch nicht jeden Tag über Null. Vor zwei Monaten war es zwei, drei Tage etwas wärmer, aber dann folgte gleich wieder eine ganze Reihe kalter Tage. Und so ging es schon etwa vier bis fünf Mal. Zur Zeit ist wieder eine Kälteperiode.

Aber den Ofen haben wir schon aus der Kirche heraus genommen, um Kohlen zu sparen. Auch im Schlafzimmer habe ich kein Feuer mehr, weil es doch dort nicht mehr unter Null sinkt und somit keine Gefahr besteht für die Kartoffeln, Eier usw. Einen Keller habe ich nämlich nicht und in der Küche sind mir die Kartoffeln neben dem Herd gefroren.

Der Boden ist erst bis zu 30 cm aufgetaut, so dass man mit der eigentlichen Gartenarbeit noch nicht anfangen kann. Doch man kann schon Wassergräben machen und Zäune in Ordnung bringen. Die Christen fangen allmählich auch mit der Arbeit an. Infolgedessen haben sie, wie auch die Heiden, nicht mehr so viel Zeit, sich mit der Religion zu befassen.

„Oh ja, jetzt ist es höchste Zeit, den Garten zu bestellen", sagte Bruder Gärtner in Yenki zu Servatius. Also muss er wohl oder übel sein Chinesisch wieder ruhen lassen und sich um den Garten kümmern, damit die gemüselose Zeit bald wieder aufhört. Augenblicklich sind nämlich die Rüben und was es sonst noch zu kaufen gibt, so teuer, dass er sich diese Dinge nicht leisten kann. Ab Mai beansprucht der Garten also viel Zuwendung und seine besondere Aufmerksamkeit, zumal er in manchen Dingen nicht so recht Bescheid weiß, denn die klimatischen Verhältnisse sind hier eben anders als daheim.

Mein Salat gedieh im Saatbeet ganz schön. Aber ich hatte ihn zu dicht gesät. Nach dem deshalb nötigen frühzeitigen Versetzen wurden die Blätter rot, dass er weiter wächst davon merke ich gar nichts. Seit drei Wochen ist er immer noch gleich groß. Ähnlich geht es mit den Zwiebeln, die hierzulande fast das Hauptgemüse bilden. Aber nicht die europäischen Zwiebeln. Eigentlich sind sie mehr lauchähnlich und es macht ihnen nichts, wenn man sie im Winter im Freien lässt. Nur die Erbsen und Bohnen machen mir Freude, dass sie so schnell aufgingen und wuchsen.

In einer Woche wird er schon grüne Erbsen und etwas später auch Bohnen aus seinem Garten ernten können. Aus dem Salat ist bisher noch nichts geworden. Auch der Gartenbau will gelernt sein.

Die Kartoffeln im Garten habe ich ungefähr zur gleichen Zeit gesetzt wie Ihr. Die Chinesen und Koreaner sind beim Setzen sehr sparsam. Sie schneiden von den Kartoffeln nur die Augen heraus und setzen sie. Ich sagte, das geht doch nicht, ließ sie aber schließlich gewähren. Jetzt stehen sie aber schon ganz schön und beginnen bald zu blühen. In 14 Tagen oder noch eher werde ich wohl schon neue haben. Noch schneller wuchsen die Zuckererbsen, von denen ich schon eine Woche lang esse. Mit Hilfe der Suppenwürfel geben sie eine sehr gute Suppe. Nur halten diese sich jetzt in der heißen Zeit nicht lange. Eier und

Weißer Sonntag 1937 in Sinchan

Zucker haben wir natürlich auch. Letztere fangen jetzt schon wieder an teurer zu werden. Im Winter kosten sie genau doppelt so viel als in der billigsten Zeit.

Eure Briefe zu Ostern und nach Weißen Sonntag habe ich alle erhalten. Herzlichen Dank dafür. Ich lege Euch ein Bildchen bei

Firmung in Sinchan 16.02.1938

von den hiesigen Erstkommunikanten. So schön wie daheim ist es hier noch lange nicht. Erstens wissen die Christen im allgemeinen noch nicht die ganze Bedeutung zu schätzen, die der Erstkommuniontag hat, zweitens sind sie zu arm. Sonntagskleider kennen die meisten noch nicht. Sie haben nur Sommer- und Winterkleider und die ziehen sie so lange an bis es nicht mehr geht. Von meinen Erstkommunikanten bekamen nur einige ein neues Jäckchen. Die roten Schleifen musste ich kaufen und ebenso den Stoff für die Rosen und Kränze. Da die Sonne uns gerade ins Gesicht schien, mussten wir alle die Augen etwas schließen.

Nachdem ich vor und nach Ostern fast gar nicht mehr zum Chinesischstudium gekommen war, habe ich jetzt wieder etwas mehr Zeit dazu. Aber trotzdem lässt sich in ein paar Wochen nicht viel machen, zumal wenn man die Zeichen auch lernt. Im Übrigen habe ich mich ganz eingelebt. Wenn man stets seine Beschäftigung hat, hat man keine Zeit sich einsam zu fühlen. Auch können ja Bücher einen gewissen Ersatz bieten.

Vor acht Tagen kam ich bei einem Versehgang eigentlich zum 1. Mal durch einen jungen Frühlingswald. Leider konnte ich diesen Spaziergang nicht so ganz genießen, da ich mich sehr eilen musste, um noch vor Nacht wieder heimzukommen. In aller Eile pflückte ich mir einige prächtig duftende Maiglöckchen – hier würde man sie wohl besser Juniglöckchen nennen – rotleuchtenden Liebfrauenschuh, Salomonssiegel und so weiter. Auch ein Kuckuck ließ sich hören. Das erinnert mich daran, dass ich im Sommer jeden Abend kostenloses Großkonzert habe. Nur 200 m entfernt beginnen die Reisfelder, die ein wahres Froschparadies bilden. Blühende Bäume jedoch habe ich bisher noch keine hier gesehen. Es gibt zwar schon einige. Neulich brachte mir die Lehrerin einige prächtig blühende Birnen- und Aprikosenbaumzweige.

An Pfingsten will ich die beiden ersten Heidentaufen hier halten, zwar nicht mit ganz ungemischter Freude. Einmal weil ich (wegen der Sprache) die Täuflinge nicht so vorbereiten konnte, wie ich gewollt hätte, 2. weil ich nicht ganz sicher bin, soweit man eben sicher sein kann, ob die Candidaten auch würdig sind, d.h. in aufrichtiger Absicht die hl. Taufe begehren, und vor allem, ob sie später auch treu bleiben. Die Christen müssen nämlich im Vergleich zu den Heiden viele Pflichten auf sich nehmen und da sie stets unter Heiden leben, kann bei schwachem Glauben leicht die Versuchung kommen, wieder zu leben wie die Heiden. Und hierzulande haben die Christen im allgemeinen viel weniger religiöse Anregung, Belohnung und leicht Gelegenheit zum häufigen Sakramentenempfang als daheim.

Und dann wurde Sinchan am Pfingstsonntag von einer Feuersbrunst heimgesucht. 200 Häuser wurden ein Raub der Flammen. Darüber schrieb Servatius am 16. Mai 1937:

Am Nachmittag des Pfingstfestes, kurz nach 4 Uhr stieg im Süden der Stadt eine dicke Rauchsäule auf, die vom Winde nach Nordosten über die Stadt getrieben wurde. Dem Schreiber dieser Zeilen schien es nur 2 – 300 m entfernt zu sein. Da jedoch nicht der geringste Feueralarm hörbar wurde, dachte ich, es ist scheinbar doch nur der Rauch eines Kamins und achtete nicht mehr weiter darauf. Kurze Zeit später jedoch hatte sich die Rauchsäule so vergrößert, dass kein Zweifel mehr blieb. Es war Feuer ausgebrochen. Aber auch jetzt noch wollte ich der Neugier nicht nachgeben, weil mir nicht zum Bewusstsein kam, welch furchtbares Unglück über die Stadt hereingebrochen war. Es hatte nämlich mehrere Wochen nicht mehr geregnet,

Großbrand in Sinchän, Pfingsten 1937

während sehr oft starker Wind wehte. Im Verein mit der Sonne hatte er die Stroh- und Grasdächer gründlich ausgetrocknet. So boten sie dem Feuer eine prächtige Nahrung. In wenigen Minuten züngelten schon auf vielen Dächern die Flammen hoch. Ein heftiger Wind fachte sie an und trieb das Feuer immer weiter. Fast ganz im Süden war das Feuer ausgebrochen, in der Hauptgeschäftsstraße. In einem Haus war Hochzeit. Dazu gab es natürlich viel zu kochen und zu braten. Dazu war es ein heißer Tag, und so waren alle Vorbedingungen gegeben, die einen Brand begünstigten. Rasend schnell breitet sich das Feuer nach Osten und Nordosten aus. Durch Herabreissen des Strohs von den Dächern wurde es endlich nach einigen hundert Metern in der Hauptstraße zum Stehen gebracht. Im Osten wütete es unaufhaltsam weiter bis zum Ende der Stadt. Nun galt es, ein weiteres Ausbreiten nach Nordosten zu verhindern. Dort liegt das Koreanerviertel und dahinter die Mission. Fieberhaft begannen jetzt die Koreaner ihre Häuser auszuräumen: Bettdecken, Küchengerät, Reisvorräte usw. Die Geschäftsbesitzer waren besonders zu bedauern. Ich dachte, man würde durch Begießen der Dächer das Feuer abzuwehren suchen. Es war ja noch mehrere 100 m entfernt. Doch einerseits gibt es nur wenige Brunnen dort, und andererseits wäre es auch wohl zwecklos gewesen. Denn die Häuser stehen meist dicht beisammen, die dünnen Wände bestehen nur aus Holz und Lehm und daneben sind überall große Stöße Brennholz aufgeschichtet.

Auf dem Weg zum Brandplatz bot sich ein trauriges Bild. Die breiten Straßen und freien Plätze waren ganz mit Flüchtenden erfüllt. Frauen saßen auf dem geretteten Hausrat. Andere waren immer noch mit dem Ausräumen der Häuser beschäftigt. Mehrere hundert Mann japanisches Militär bekämpfte mit drei Feuerspritzen das Feuer. Polizei und chinesisches Militär sperrte alle Zugänge zum Brandplatz ab. Über drei Stunden wütete bereits das Feuer, als die Hauptgefahr gebannt schien und die Koreaner ihre Sachen wieder in die Häuser zurückschafften. Da verstärkte sich plötzlich der Wind zu einem orkanartigen Sturm. Ringsum in den Bergen schien er starken Regen zu bringen. Doch es war eine Täuschung. Es war der von den ausgetrockneten Feldern aufgewirbelte Sand und Staub, der den Himmel verdunkelte und bald auch über die Stadt hinweg geweht wurde. Glücklicherweise konnte trotzdem ein Weitergreifen des Brandes verhütet werden.

Gleich nach Ausbruch des Brandes war ein Polizist gekommen und hatte verboten, Feuer zu machen, um neue Gefahr zu verhüten. Bei dem ungeheuren Schrecken, der alle erfüllte, fiel es wohl niemand schwer, auf das gewärmte Abendessen zu verzichten, froh, mit dem Schrecken davon gekommen zu sein. Die meisten durchwachten wohl in banger Sorge die Nacht. Als ich mitten in der Nacht aufwachte, rötete nicht immer Feuerschein den Himmel und drang Stimmengewirr vom Brandplatz her zu mir.

Am Morgen erst ließ sich überschauen, wie ungeheuer weit sich der Brandplatz ausdehnte. Fast überall waren die Geschädigten damit beschäftigt, in den Trümmern herumzusuchen oder etwas Reis oder Mais herauszugraben. Ein alter Chinese hatte einen halbverbrannten Sack ausgebreitet und scharrte mit einem Stück Blech etwas Hirse zusammen, die teilweise schon vom Feuer geschwärzt war. Ein trauriges Bild, doch nicht das einzige derart. Viele haben wohl jetzt zu Beginn des Sommers kein Geld mehr. Ihre Vorräte sind verbrannt. Wovon sollen sie leben, vom Wohnen gar nicht zu reden. Andere sitzen auf ihrer geretteten Habe, um sie vor Diebstahl zu sichern. Sie wissen wohl noch nicht, was sie nun anfangen sollen. Der Winter ist zwar vorüber, aber was tun, wenn in einigen Wochen die Regenzeit beginnt!

Soweit ich erfahren konnte, befindet sich unter den Geschädigten nur ein chinesischer Christ, sowie zwei Katechumenenfamilien. Die Übrigen, wie auch die koreanischen Christen wohnen fast alle in der Nähe der Mission. Am Tag des Brandes bemühte sich gleich eine Wohnungskommission, den Obdachlosen ein vorläufiges Unterkommen zu verschaffen. Die Mission kann ein gerade leer stehendes Koreanerhaus anbieten, was dankbar angenommen und für 50 Personen bestimmt wird. Das ist zwar viel, doch für einige Tage geht es schon. Nach einigen Tagen erschien ein Beamter des Kreisamtes auf der Mission und bedankte sich für die Hilfsbereitschaft.

Anfangs fürchtete Servatius, die Regenzeit werde bald und gründlich einsetzen und überlegte schon, wie er die grau verhangenen langweiligen Regentage am besten überstehen könne. Genau das Gegenteil trat ein. Wochenlang regnete es nie, außer samstags und sonntags. An sich eher ein Grund zur Freude, *aber meinem Garten und den Feldern der Bauern tut das nicht gut. Es sollte mindestens etwa alle drei Tage einige Stunden lang regnen. Infolgedessen war die Hitze sehr groß, mir schien sie die größte zu sein in meinen drei Jahren hier. Da ich außerdem einen großen Garten bebaue, sehnte ich oft den an sich nicht angenehmen Regen herbei. Nun ist die Haupthitze samt Flöhen überstanden. Die Fliegen und Schnaken werden wohl auch bald wieder verschwinden.*

Die Hitze nimmt alle Lust zum Studieren oder sonst etwas zu tun. Selbst ein Mittagsschläfchen macht es nicht besser. Normale Temperatur über 30°. Für die Reisbauern ist jetzt die arbeitsreichste Zeit. Sie müssen das jetzt sehr schnell wachsende Unkraut jäten. Jeder Tag ist da wichtig und auch an Sonntagen wird gearbeitet. Für etwas anderes sind sie jetzt nicht so leicht zu haben, abgesehen von einigen älteren Leuten, die nichts besonderes zu tun haben.

Da es Euch stets interessiert, wie es mir leiblich geht, so kann ich sagen, gut. Täglich spaziere ich durch den Garten und schaue, wie die Sachen wachsen und was ich bald essen kann. An Erbsen und Bohnen habe ich keinen Mangel. Mit dem Salat und den Gurken aber hatte ich bis jetzt wenig Glück. Die Möhren und Zwiebeln sind auch schon genießbar, während die Tomaten nicht recht wachsen wollen. Der Kappes [Kohl] *macht wegen der massenhaften Raupen am meisten Arbeit. An einem Kopf fing ich einmal 33. Auf hundert Köpfe macht das etwa 3000, obwohl ich sie jeden Tag absuchen lasse. Schließlich habe ich noch Kohlraben, Oberkohlraben und Rotrummeln* [Rote Bete]. *Und massenhaft Möhren. Denen macht nämlich das Frieren im Winter nichts, während ich bei den meisten anderen Sachen nicht weiß, wie ich sie im Winter aufbewahren soll.*

Wie kann er seine geernteten Vorräte durch die feuchte Regenzeit hindurch retten? Es fehlt nämlich ein kühler trockener Keller. Der dafür vorgesehene Raum steht ständig unter Wasser. Trotzdem hat er die eingelegten Eier, das Sauerkraut und die sauren Bohnen hinein gestellt, denn denen scheint das Wasser weniger auszumachen als die Hitze, wenigstens den Eiern. Die können nicht wochenlang 30 Grad und mehr vertragen. Für das Mehl aber ist die Feuchtigkeit das schlimmste.

Ob die Marmelade, die er sich neulich aus Tschami und Mirabellen gekocht hat, die Hitze vertragen kann, ist noch ungewiss. Dem Honig bekommt sie jedenfalls nicht gut. Er fängt an zu gären.

An Mariä Himmelfahrt kommen wieder sehr viele zur Beichte und Kommunion. Auch eine Erwachsenentaufe kann Servatius spenden. Taufbewerber haben sich in den letzten Monaten mehrere gemeldet. Aber manche scheinen doch noch kein so starkes Verlangen nach dem Christentum zu haben, dass sie auch bereit wären, alle Gebote zu erfüllen. Deshalb kommen sie dann schließlich doch nicht zur Taufe.

Aber wie gewinnt man eigentlich Taufbewerber? Dass man wie ein hl. Franz Xaver mit einem Glöcklein durch die Straßen geht und die Leute zur Predigt ruft, das sind Ausnahmen. Man hat das zwar auch in neuerer Zeit in China versucht, doch ohne besonderen Erfolg. Den Chinesen liegt diese mehr von den Protestanten angewandte Methode nicht. Das Hauptmittel sind Katechisten, die zu den Leuten in die Häuser gehen und dort auch die nicht lesen Könnenden unterrichten. Ich kann mir das aber vorläufig noch nicht leisten einen eigenen Katechisten anzustellen. Auch Krankenschwestern werde ich sobald wohl noch nicht bekommen. So kann ich nur die Christen selbst immer wieder ermahnen durch Gebet, gutes Beispiel und direkte Einflussnahmen die Heiden zu gewinnen suchen.

Außerdem werden wohl auch immer einige durch das bloße Dasein der Mission und der Christen zum Glauben geführt werden. Genau besehen, haben sie ja im Vergleich zu den Heiden viele Verpflichtungen auf sich zu nehmen, zunächst den Katechismus auswendig zu lernen, die Fast- und Abstinenztage zu halten, morgens und abends zu beten. Die gewöhnlichen Morgen- und Abendgebete dauern eine gute Viertelstunde.

Viele sagen, sie wollen gerne Christen sein, aber warum sie jeden Sonntag die Messe besuchen sollten und nicht arbeiten dürfen, das ist ihnen schwer beizubringen. Besonders zur Zeit drängender Feldarbeit. Da arbeiten alle ihre heidnischen Nachbarn, die außer drei oder vier Feiertagen im Jahr überhaupt nie einen Ruhetag kennen.

Mancher kann das Nichtarbeiten am Sonntag gar nicht begreifen, besonders unter den Chinesen. Auch die Christen möchten wenigstens am Nachmittag arbeiten. Wenn sie am Morgen das Morgengebet verrichtet, der Messe beigewohnt und einige auch noch den Rosenkranz gebetet haben, dann denken sie: Nun haben wir doch genug gebetet. Nach dem Mittagessen den ganzen Tag faulenzen, das geht doch nicht. Wer nicht arbeitet, gilt eben als faul. Und zudem: keine Arbeit, kein Geld. Warum also nicht am Sonntag arbeiten? Was soll daran schlecht sein?

Ihr seht daraus, dass es für die Heiden nicht leicht ist, alle christlichen Lehren zu verstehen. Deshalb ist neben dem Unterricht und der Predigt stets auch das Gebet für die Heiden nötig, damit Gott ihnen die nötigen Gnaden gibt.

Schließlich ist noch die Schule zu erwähnen, eine große Sorge, die die Station Sinchan genau so bedrückt wie die übrigen Missionsstationen. Unbestritten ist sie ein ganz wichtiges Missionsmittel, da sind sich alle Missionare einig. Aber der Betrieb einer Schule bringt so viele Unannehmlichkeiten finanzieller und personeller Art mit sich, dass die meisten sie nur noch als ein notwendiges Übel ansehen.

In Sinchan ist der Schulraum für die koreanischen Kinder einfach zu klein und müsste erweitert werden. Andererseits war es aber gar nicht sicher, ob die Behörden den weiteren Betrieb der Schule genehmigen würden. Seit einem Jahr bemüht sich Servatius um die Erlaubnis für eine Schule. Sie wurde ihm zwar in Aussicht gestellt, aber noch nicht erteilt. Seit einigen Monaten weht ein schärferer Wind. Solange die Erlaubnis nicht endgültig da ist, ist er immer in der Schwebe mit der Anstellung von Lehrern, dem Herrichten von Räumlichkeiten usw. So war es sehr schwer, diese Frage zu lösen. Auch die Anstellung von Katechisten ist ihm noch nicht gelungen.

Gleich im Januar übernahm eine Lehrerin die Schule, sowie den Unterricht der Frauen. Servatius war aufgrund seiner mangelnden Sprachkenntnis vorerst mit der sonntäglichen Predigt und dem Unterricht der Katechumenen und der Kinder schon voll ausgelastet.

Die Burschen erhielten schließlich auch eine Abendschule, in der sie Chinesisch und Japanisch lernen können. Das ist für sie sehr von Vorteil, da sie sich hier mitten unter Chinesen und Japanern in der Minderheit befinden.

Dann nahm die Schule doch ein vorzeitiges Ende. Die Lehrerin kündigte. Sie fühlte sich der Konkurrenz nicht gewachsen. Da jetzt fast nur mehr einige Mädchen und ganz kleine Kinder die Missionsschule besuchen, lohnt es sich nicht, eine eigene Lehrkraft anzustellen. Ein Mitarbeiter der Station, der früher lange als Lehrer tätig war, hat nun den Unterricht übernommen. An Pfingsten wurde der sonntägliche Unterricht bis auf Allerheiligen vertagt. Im Sommer blieb keine Zeit dazu, denn wegen der langen Tage und kurzen Nächte müssten sich die Leute am Sonntag von der anstrengenden Feldarbeit in der Woche ausruhen. Deshalb erschien es besser, für einige Zeit ganz aufzuhören und dann mit neuem Eifer anzufangen, als mit Gewalt zu versuchen, die Sache am Leben zu erhalten, auf die Gefahr hin, dass sie allmählich einschläft und nur mehr ein Scheindasein führt. Es kam aber nicht von ungefähr, dass der Unterricht vorübergehend eingestellt wurde:

In unserer Schule nun waren einige Christen von Anfang an gegen den Lehrer eingenommen, sagten mir aber gar nichts davon, sondern begannen einfach zu streiken, aber nicht nach europäischer Art, sondern eines Tages kam ein Kind und sagte, die Mutter sei krank, es müsse deshalb daheim im Haushalt helfen. Nach einigen Tagen kam ein anderes, es benötige neue Kleider. Die Anfertigung dauere einige Tage. Da könne es nicht in die

Schule kommen. Unter verschiedenen Vorwänden machten es einige andere ebenso. Erst als ein Vater mit dem Lehrer offen in Streit geriet, erkannte der Chronist den Schwindel. Es blieb schließlich nichts anderes übrig als den Lehrer zu entlassen. Er hatte sich zwar etwas unklug benommen, doch etwas besonderes konnte man ihm nicht vorwerfen. Die Schule wurde dann auf unbestimmte Zeit geschlossen, einmal um den Christen zu zeigen, dass doch nicht sie Herr sind auf der Station, dann weil es sehr schwer ist, einen guten Lehrer zu bekommen, fast noch schwieriger als einen koreanischen Katechisten. Anfang November wurde nach dreimonatigen Ferien die Schule wieder eröffnet. Doch der Besuch war nicht besonders gut. Mit Erlaubnis von Vater Abtbischof hat Servatius im Sommer über den auf der Mission wohnenden ärmeren Schülern die Hälfte des Essens bezahlt. Aufgrund der Schwierigkeiten, die die Christen vorher wegen des Lehrers gemacht hatten, wurde jetzt verfügt, dass jeder selbst ganz für das Essen aufkommen müsse. Die Folge davon war: viele sagten, sie haben kein Geld und blieben von der Schule fern. Da dies wirklich nicht bloß ein Vorwand ist, steht der Pater vor der Wahl: entweder zahlt er, dann erhalten die Kinder Religionsunterricht, oder er zahlt nicht, dann weiß er nicht, ob die Kinder eine geordnete religiöse Erziehung erhalten.

Wie recht hatte doch Bichof Henninghaus, der schon über vierzig Jahre in China tätig ist, als er schrieb: „Es ist gut, dass die neuen Missionäre das Chinesische nicht in einigen Monaten lernen können. Denn sie würden sonst aus Unkenntnis des chinesischen Charakters in einem Jahr mehr verderben als sie in vielen Jahren wieder gut machen könnten."

Dieses Jahr kamen nun viele Heidenkinder in die Schule. Bis jetzt sind es 46, Christen 16. Eine weitere Schwierigkeit ist die behördliche Anerkennung. Zwei Eingaben wurden bisher wegen Formfehler abgewiesen. Ob eine kürzlich eingereichte dritte Eingabe Erfolg hat, steht noch aus. Ein neues Schulgesetz bewirkte eine große Änderung der Lage. An der Staatsschule wurde das Schulgeld bedeutend herabgesetzt. Deshalb verließen viele minder bemittelte Kinder die Missionsschule und gingen in die nun nicht mehr teure Staatsschule.

Es ist schwer, Menschen Dinge zu vermitteln, wenn die Wörter dazu in ihrer Sprache fehlen, wenn sie keinen Begriff damit verbinden können. Was für Servatius alte, lieb gewordenen Bräuche von daheim sind, wie Gräberbesuch an Allerheiligen, der Allerseelenmonat, die ganze Allerseelenstimmung, das gibt es hier noch fast gar nicht. Dementsprechend fehlen auch die Wörter, mit denen allein schon der Prediger daheim eine gewisse Wirkung hervorbringen kann, wenn er sagt: Die Blumen sind verblüht, die welken Blätter fallen von den Bäumen,

Allerseelenstimmung. Hier wenigstens ist noch nichts zu entdecken, was damit zu vergleichen wäre.

Dagegen scheint der ostasiatische Totenkult eine mehr ererbte, eher veräußerlichte Sitte. Beim Begräbnis heulen zwar die Frauen, aber man merkt, das gehört eben zum guten Ton. Im übrigen geht es dabei nicht wirklich traurig zu.

Offenbar ist es – wohl unter dem Zwang des Brauches – üblich, für die würdige Bestattung eines Angehörigen und für einen möglichst schönen Sarg keine Kosten und Mühen zu scheuen. Kein Opfer darf da einem Sohn zu viel sein, wenn es sich um den Sarg des Vaters oder der Mutter handelt. Es ist eine Sorge des Sterbenden, einen schönen Sarg zu bekommen und ein großer Trost, diesen noch im Leben zu sehen. Wenn Angehörige und Freunde ins Sterbezimmer kommen und in seiner Gegenwart seinen Sarg bewundern, so ist ihm das ein großer Trost im Sterben. Manche Familien belasten sich oft auf Jahre mit hohen Schulden für das teure Begräbnis des Vaters.

Erst in neuerer Zeit gibt es an größeren Orten gemeinsame Friedhöfe, das heißt, ziemlich weit vom Ort entfernte Plätze, wo jeder nach Belieben sich einen Grabplatz aussuchen kann. Bei den Heiden macht der Geomant den Platz ausfindig, wo das Grab keinen schädlichen Einflüssen der Geister ausgesetzt ist.

Hier haben die Christen jetzt einen Platz gekauft und an Allerheiligen ging Servatius zum ersten Mal mit ihnen hinaus, um gemeinsam für die Verstorbenen zu beten. Ein Grab besteht

aus einem Hügel mit einen Kreuz davor. Um den Friedhof ein-
zäunen zu lassen, dazu fehlte noch das Geld.

*Nach einer kurzen Atempause musste ich nach Kirin fahren, der
Stadt des Nachbarbischofs Gaspay. Dort, in der schön gelegenen Großstadt, ist auch ein Priesterseminar. Die Patres, Franzosen und Elsässer waren alle sehr freundlich. Nur die Unterhal-
tungssprache machte bei den Franzosen Schwierigkeiten. Denn
mein nie glänzendes Französisch habe ich in zehn Jahren so
vergessen, dass es mit Englisch oder Chinesisch noch besser
geht. 14 Tage später überraschten mich zwei Patres und sechs
Brüder mit ihrem Besuch. Besuch ist zwar angenehm, nur sollte
er nicht gar zu groß sein. Denn sonst kommt man vor lauter
Hausfrauspielen kaum dazu, mit ihm zu reden.*

Es war am Samstagabend. Gerade wollte Servatius zur Kirche
gehen zum Beichthören. Da sah er einen älteren, ihm unbekannten Chinesen:

Er stellte sich als Christ vor und gab mir den Ausweis seines Pfarrers. Bald stellte sich heraus, dass er vor zwei Monaten in diese Gegend eingewandert war, etwa 80 Li [ungefähr 40 km] von hier. Seine 22jährige Tochter war sterbenskrank und hoffte, der Pater werde ihr die letzte Ölung spenden. Der weite Weg schreckte mich nicht, aber es hieß, es trieben sich noch Räuber dort herum. Der Vater versicherte, zurzeit sei keine Gefahr. So versprach ich, am Montag gleich nach der Messe aufzubrechen. Wegen des weiten Weges nahm ich zur Feier der hl. Messe nur das Allernotwendigste mit. Der Christ sorgte sich, wie er den Pater gebührend bewirten könne, kaufte Eier, Fleisch, Mehl, Zucker usw. Denn in seinem Dorfe gibt es derartige Sachen nicht zu kaufen. Ein 14-jähriger Bursche, der auf der Missionsstation den Katechismus lernt, während seine Eltern in Idjigou wohnten - dorther war der Christ gekommen - wollte auch mitgehen. Da der Christ, der mich gerufen hatte und unseren Führer machte, selbst schon schwer zu tragen hatte, musste der Bursche die Messgegenstände tragen.

Da schon vor 10 Tagen die kleine Regenzeit ziemlich stark eingesetzt hatte, waren die Wege gründlich aufgeweicht. Aber dass sie an vielen Stellen ganz unter Wasser standen, damit hatten wir nicht gerechnet. Gleich vor der Stadt schon mussten wir durch etwa 20 cm tiefes Wasser. Philipp, unser Führer, erbot sich, mich auf dem Rücken hinüber zu tragen. Doch da der Boden fest war, zog ich schnell Schuhe und Strümpfe aus und watete durch. Die beiden Chinesen machten es einfacher. Da ihre

Schuhe bis über die Hosen reichten, konnte nur Wasser aber kein Schlamm oder Dreck eindringen. So brauchten sie sie auf dem ganzen Wege nicht auszuziehen. Unser Weg führte nun durch Reisfelder hindurch. Da er ganz von Wasser überflutet war, ging ich einige hundert Meter barfuß. Schließlich wurde aber das Wasser so tief, dass wir nicht mehr weiter konnten. Also ging es wieder ein Stück weit zurück und wir versuchten an einer anderen Stelle durch zu kommen, was auch gelang. Unterdessen begann es zu regnen. Zum Glück dauerte es aber nicht lange und wir kamen auch aus den Reisfeldern heraus. Nach etwa einer Stunde Marsches ging es von neuem durch ein Tal. Hier wälzt sich das Wasser einige zehn Meter weit über den Weg. Es reichte weit über die Knie. Aber es blieb keine andere Möglichkeit als hindurch zu waten.

Bald darauf kam nochmals eine solche Stelle. Allmählich wurde der Weg besser. Er führte über mäßig hohe Hügel durch Reis-, Hirse- und Sojabohnenfelder hindurch. Etwa alle 10 Li weit kamen wir an kleinen, mit einer zwei Meter hohen Mauer aus Lehm oder gewöhnlicher Erde umgebenen Dörfern vorbei. In den wasserreichen Tälern, wo man Reisbau betreiben konnte, wohnten koreanische Reisbauern und chinesische Bauern zusammen. Sonst waren die Dörfer rein chinesisch. Nach ununterbrochenem fünfstündigen Marsch hatten wir etwa 40 Li zurückgelegt und kehrten gegen ein Uhr in einer chinesischen Dorfwirtschaft ein. Der Speisezettel war nicht groß; in heißem Öl gebackenes Gebäck, Dofu (aus Sojabohnen zubereitet), Schnaps und Tee. Nachdem wir uns gestärkt hatten, überquerten wir auf einem Boot, das an einem Drahtseil befestigt und selbst zu bedienen war, einen Fluss und marschierten dann bis zu unserem Ziel durch ein anderes Flusstal. Teilweise waren Reisfelder angelegt. Aber große Flächen waren noch sumpfig und noch nicht bebaut worden. Ringsum zogen sich auf allen Seiten Hügel- und Bergketten hin. Wo Ortschaften in der Nähe waren, standen nur noch an einzelnen Stellen Bäume und Waldreste. Die freien Stellen sahen von Ferne aus wie Wiesen, in Wirklichkeit waren es aber Waldpflanzen und niedriges Gebüsch. Bald kamen wir wieder an Stellen, die mit Schuhen nicht zu durchqueren waren. Philipp drang immer in mich, ich solle mich durchtragen lassen. Schließlich gab ich nach; denn das Aus- und Anziehen der Strümpfe und Schuhe war sehr zeitraubend. So nahm er zu seinem übrigen Gepäck auch noch mich auf den Rücken. Einmal sank er mittendrin so tief ein, dass ich fürchtete, er werde mich nicht weiter bringen können. Zwei Tage vorher hatte er schon den anstrengenden Marsch gemacht und jetzt noch mit viel Gepäck. Endlich kamen wir wieder in ein Dorf. Dort wohnte eine Christenfamilie. Zufällig erfuhren wir, dass auch noch ein anderer Christ dort war und schwerkrank darniederlag.

Nachdem ich seine Beichte gehört und ihm die hl. Ölung gespendet hatte, machten wir uns bald wieder auf den Weg. Nun überraschte uns ein Gewitter. Dadurch wurde der ganze Weg wieder recht schlüpfrig und nass. Schließlich zog ich Schuh und Strümpfe aus und machte die letzten 7 - 8 km barfuß.

Als wir noch eine gute Stunde zu gehen hatten, kam unerwartet das schwierigste Hindernis. Der etwa 8 m breite, reißende Fluss musste überschritten werden. Als Brücke diente ein glatter, runder Baumstamm. An der schmäleren Seite hatte er nicht viel mehr Durchmesser als Fußbreite. Mit Hilfe von zwei langen Stöcken suchte ich hinüber zu kommen, merkte aber bald, dass ich mich nicht auf meine Nerven verlassen konnte, und kehrte wieder um. Dann versuchte es Philipp und kam glücklich hinüber. Der Bursche wollte es nachmachen, aber es ging nicht. Nun setzte ich mich rittlings auf den Baumstamm, ließ die Beine ins Wasser hängen, stemmte mich mit den Händen auf und kam so ruckweise vorwärts. Der Bursche traute sich nicht recht, es mir nachzumachen. Da ging Philipp wieder hinüber, um ihm zu helfen. Zwei drei Meter ging es gut, da verlor Philipp plötzlich das Gleichgewicht und fiel ins Wasser, zum Glück oberhalb des Baumstammes. Ich konnte nicht genau sehen, wie es ging, aber bald tauchte er wieder auf und klammerte sich an den Stamm fest. Mit großer Anstrengung kam er schließlich wieder heraus. Ich ermunterte beide, es mir nachzumachen. Da ich fürchtete, der Bursche könnte etwa die Messgegenstände fallen lassen, hatte ich gesagt, er solle sie Philipp geben. Aber nun waren sie gerade deswegen gründlich eingeweicht worden.

Beim Weitergehen sagte Philipp bald, es friere ihn sehr. Nach der ausgestandenen Todesangst und ganz durchnässt war das nicht zu verwundern. Da nahm ich ihm das Gepäck ab und sagte, er solle schnell vorausgehen und uns jemanden entgegen schicken. Inzwischen war es schon ziemlich dunkel geworden. Doch da ich barfuß war, machte es nicht viel aus, ob ich etwas mehr oder weniger in den Dreck einsank.

Kurz nach neun waren wir endlich am Ziel. Während ich nur drei Christenfamilien vorzufinden dachte, stellten sich mir nun noch acht einzelne Christen vor, deren Familien erst später nachkommen sollten.

Nachdem die Füße gewaschen und die Messgewänder zum Trocknen aufgehängt waren, schaute ich mich etwas in dem Hause um. Es war etwa 15 m lang und 6 m breit. Durch die Mitte ging der ganzen Länge nach ein Gang, etwa 2 ½ m lang. Auf beiden Seiten war ein Kang, das ist ein etwa einen halben Meter hoher Lehmboden, der unten von Heizkanälen durchzogen wird. Abends wird eine Unterlage samt einem Kissen ausgebreitet und das Bett ist fertig. Das ganze Haus hatte innen keine Zwischenwände und wurde von vier Gruppen bewohnt: die eine Hälfte von Christen, die andere von Heiden. Teilweise waren es Bauern, teilweise Waldarbeiter. Die Heiden legten sich bald schlafen, um fünf Uhr mussten sie wieder aufstehen. Die Christen unterhielten sich noch bis etwa 12 Uhr. Da ich zu müde war, verschob ich das Beichthören auf den nächsten Morgen. Schlafen aber konnte ich trotzdem nicht gut, da die Flöhe mich zu sehr plagten.

Nachdem am Morgen die Heiden zum größten Teil aufgestanden waren und gegessen hatten, gingen sie zur Arbeit und kamen erst am Abend wieder zurück. Eine Ecke des Hauses wurde mit einem Tuch verhängt und der Beichtstuhl war fertig. Alle ohne Ausnahme kamen zum Beichten. Dann wurde der Altar hergerichtet. Die Umgebung war denkbar ärmlich. Die rußgeschwärzte Wand aus mit Stroh gemischter Erde bestehend, war nicht einmal geglättet. Das weiße Messgewand hatte tags zuvor viele fette und gelbe Flecken bekommen und war noch feucht. Ebenso die Albe und die Altartücher. Aber die Christen freuten sich trotzdem, dass der Priester den weiten Weg nicht scheuend zu ihnen

gekommen war.

Während im hinteren Teil des Hauses die Heiden noch am Kochen und Essen waren ließen sie sich in ihrer Andacht nicht stören.

374

Auf eine Predigt hatte ich mich nicht vorbereiten können. So predigte ich nur vier bis fünf Minuten aus dem Stegreif. Als alles vorbei war und die Christen die Danksagung verrichtet hatten, mussten sie schnell essen und sich an die Arbeit begeben. Ich konnte unterdessen ausruhen und mir das Dorf etwas anschauen.

Es war erst vor einigen Jahren mitten in einem Waldtal angelegt worden. Es war etwa 500 m lang und breit, von einer Erdmauer umgeben. 15 Chinesenhäuser waren erst gebaut und fünf koreanische, in denen aber 30 Familien wohnten. Eine Schule gab es noch nicht. Außer Bauern und Arbeitern wohnten nur zehn Soldaten dort zum Schutz gegen Räuber. Ich dachte mir, wenn ich Geld genug hätte, wäre hier eine günstige Gelegenheit, eine Katechismusschule zu errichten. Da keine andere Schule da ist, würden wohl sämtliche Kinder sie besuchen. Aber das bleibt nur ein schöner Wunsch.

Vor dem Dorftor sah ich drei kleine, vorne offene Holzhütten, einen halben bis einen Meter hoch. Im Inneren standen nur kleine Holztafeln, auf denen die Namen verschiedener Geister standen: Berggeist, Erde-, Baum-, Flussgeist usw. Vor jeder Tafel stand eine alte Konservendose. An bestimmten Tagen werden Weihrauch-Stäbchen in die Dosen gesteckt, angezündet und so dem Geist geopfert. Auch bei Krankheit oder zur Abwendung vor Unglück wird geopfert. Hilft es nicht, so pilgert man zu einer Bonzerei, gibt den Bonzen ein Almosen, damit sie beten und ein Opfer darbringen. Eine kleine eiserne Glocke war auch da, die an bestimmten Tagen angeschlagen wird. In kleinerer Aufmachung sah ich auch in den Häusern ähnliche Opferstellen für den Haus- oder Küchengott. Damit waren die Sehenswürdigkeiten erschöpft.

Nur die einfache Lebensweise der Leute konnte ich noch beobachten. In einem großen Kessel wird gebrochener Reis ohne jede Zutat gedünstet. Als Zuspeise dienen rohe chinesische Zwiebeln oder Kraut und eine eigenartige braune Brühe, die in monatelanger Zubereitung aus Sojabohnen hergestellt wird. Zum Mittagessen nimmt man sich eine Art Dampfnudeln mit auf die Arbeit, ebenfalls aus Reis. Das Abendessen ist das gleiche wie am Morgen. Mit wenigen Ausnahmen ist das Essen Tag für Tag das ganze Jahr hindurch gleich. Nur im Herbst gibt es auch Rüben und im Winter eingesalzenes Gemüse.

Für die in Idjidou und in ähnlichen Verhältnissen lebenden Christen ist es nicht leicht, ihren Eifer zu bewahren. Sie können nie für sich allein sein, um still für sich zu beten. Viele sind gezwungen, auch an Sonntagen zu arbeiten. Auch wenn sie nicht arbeiten, hat der Sonntag für sie wenig Erhebendes, weder für den Leib noch für die Seele.

Sonntagskleider sind noch etwas Unbekanntes. Auch das Essen ist am Sonntag genau wie am Werktag. Was die Seele betrifft, so ist der einzige Unterschied, dass sie mehr beten. Das Lesen einer religiösen Zeitschrift oder eines Buches ist unmöglich, da sie nicht lesen können. Das ganze Jahr hindurch, auch die höchsten

Feste nicht ausgenommen, sind sie ohne hl. Messe, ohne Sakramente, ohne sakramentale Andachten, ohne Predigt und können nie den Heiland im Sakramente besuchen. So muss man sich fast wundern, dass sie trotzdem ihren Glauben bewahren.

Nachdem ich der Kranken die Sterbesakramente gespendet habe, machten wir uns am Mittwoch nach der hl. Messe wieder auf den Heimweg. Da es inzwischen nicht sehr geregnet hatte, hatte das Wasser sich wieder ziemlich verlaufen und das Marschieren ging bedeutend schneller. Beim zweiten Teil des Weges zeigte sich aber, dass wir doch nicht mehr so frisch waren wie am Montag. Philipp wurde schon vorher recht müde. So riet ich ihm, nach der Hälfte des Weges wieder umzukehren. Wir würden dann schon allein heimkommen. Unterdessen hatte er schon geklagt, wie schwierig es für seine Leute sei, alle Gebote recht zu beobachten. Beim Abschied sprach er sich noch deutlicher aus und schließlich kamen ihm die Tränen. Hoffentlich ist er gut wieder nach Hause gekommen.

Wir mussten unterwegs noch tüchtig schwitzen. Kurz vor acht Uhr kamen wir müde, aber wohlbehalten wieder auf der Mission an. Die versehene Frau wurde wieder gesund, während der durch Zufall versehene Mann gestorben ist.

Vor 14 Tagen kam ein chinesischer Christ und sagte, 7½ km von hier seien fünf Familien zugewandert. Bis jetzt hätten sie noch nichts gewusst davon, dass hier eine Mission sei. Nun wollte ich mir heute mal den neuen Außenposten anschauen. Sehr erfreulich ist die Lage nicht. Sämtliche Männer sind weit weg zur Arbeit, wochenlang nicht daheim. Die Frauen haben den Katechismus und die meisten Gebete vergessen, können natürlich nicht lesen, die Kinder haben noch nichts oder nur sehr wenig gelernt. Ihnen einen Lehrer oder Katecheten schicken, daran ist nicht zu denken. Alle zusammen sind arm, bewohnen je ein halbes Haus, bestehend aus einem Raum und Küche, in der anderen Hälfte wohnen Heiden. Immerhin noch besser als wenn eine Familie den Raum noch mit einer heidnischen teilen müsste. Du siehst, sehr primitive Zustände, berichtet er seinem Bruder Aloys.

Auf dem Weg zu einer weit entfernten Kranken begegnet Servatius einer Gruppe von Bergleuten. Plötzlich zieht einer seine Mütze und sagt: „Dsän mee Yäsu" - Gelobt sei Jesus Christus. Er wusste bis dahin nichts von der Mission in Sinchan und war überrascht, einen Shenfu anzutreffen.

Als ich schon den Zug zur Rückkehr bestiegen hatte, brachte mir der Verwandte der Kranken einen anderen neu entdeckten Christen herbei. Einige Tage vorher traf ich auch in der Bahn zufällig einen Christen. So gibt es sicher noch viele heimliche Christen, d.h. solche, von denen ich nichts weiß. Es ist auch nicht verwunderlich. Denn die nächsten Missionsstationen sind nach

Diese lauen oder lau gewordenen Christen sind eine der großen Sorgen, auch für Pater Servatius. Im allgemeinen können die Christen in der Mission bei weitem nicht so im Glauben unterrichtet werden wie daheim. Von Ausnahmen abgesehen, werden sie dann auch nur Durchschnittschristen. So lange sie auf einer Station sind, regelmäßig den Gottesdienst am Sonntag besuchen können, geht es. Sehen sie den Pater vielleicht nur einmal im Jahr, leben dazu unter Heiden, sind ständig in Sorgen um ihren Lebensunterhalt, dann ist es sehr schwierig, ein Christ zu sein.

Es war Servatius auch aufgefallen, dass viele Chinesen in den Randgebieten der Stadt anscheinend noch nie einen Missionar gesehen haben, denn sie schauten ihm alle neugierig nach. Im Stadtzentrum dagegen nahm man überhaupt keine Notiz von ihm.

Bewohner gibt, die sich nie oder nur, wenn sich gerade eine besondere Gelegenheit bietet, sich bemüßigt fühlen, all die verschiedenen Museen und Merkwürdigkeiten, wie zum Beispiel einen griechisch-orthodoxen Gottesdienst zu besuchen. Da könnte man verzagt werden, wenn man nur aus menschlichen Beweggründen hier wäre. Doch wenn wir auch nur pflanzen und begießen können, Gott wird zu seiner Zeit schon das Gedeihen geben.

In einer ihm bis dahin noch unbekannten Gegend traf er verschiedene Christenfamilien, die schon jahrelang keinen Priester mehr gesehen hatten, oder einige hatten zwar einen getroffen, aber einen chinesischen, dessen Sprache sie nicht verstanden.

Manche freuten sich, dass ich kam, andere aber waren im Verlauf der Zeit so lau geworden, dass sie nicht zum Sakramentenempfang kamen. Solch Laue wieder zu bekehren ist meist sehr schwierig. Bei manchen kann man nichts anderes tun als für sie beten. Heiden haben sich wieder verschiedene zur Taufe gemeldet. Doch gewöhnlich hält ein Teil davon nicht durch bis zur Taufe.

Jetzt im Winter vergeht kaum ein Tag, ohne dass Christen in einem geistlichen oder auch weltlichem Anliegen zu ihm kommen. Bald rufen sie ihn zu einem Versehgang, bald zu einer Nottaufe, bald zu einem Kranken. Andere kommen in Heiratsangelegenheiten und wieder andere sind in Geldverlegenheiten, wo er ihnen für ein paar Tage oder Wochen Geld leihen soll. Jetzt ist die Feldarbeit vorbei und da haben die Leute Zeit. So könnten sie auch eifriger zur Kirche kommen, aber da besteht leider im Winter ein besonderes Hindernis: die Kälte. In der schlimmsten Zeit, nach Weihnachten bis Ende Februar kann man es ihnen nicht verargen.

Schnee haben wir zwar schon seit gestern, aber die Adventszeit beginnt erst morgen. Vorher, d.h. vor Weihnachten, gibt es noch besondere Arbeiten zu erledigen, der Herbstkongso. Da müssen alle sakramentspflichtigen Christen sich im Katechismus prüfen lassen und dann die Sakramente empfangen. Außer dem Kongso selber bringt mir schon die Ausarbeitung von vier Predigten besondere Arbeit. Da auch während dieser Zeit wenig Zeit bleibt, um Sonntagspredigten vorzubereiten, muss ich auch die schon im voraus machen. Also herrscht in dieser Hinsicht jetzt Hochbetrieb. Erst nach Weihnachten wird es wieder normal.

Bald macht das liebliche Weihnachtsfest wieder viele traute Bilder in uns lebendig. Die Krippe, Weihnachtslieder, Kinderseligkeit, welche Gefühle sie wecken, lässt sich schwer mit Worten beschreiben. Und doch fühlen wir uns auch in dieser holden Zeit nicht restlos glücklich. Erstens, weil auch diese Zeit wieder vorübergeht und zweitens, weil es auch Krankheit, Menschlichkeiten,

Schwierigkeiten geben kann. Deshalb darf unser Weihnachtenfeiern nicht nur gefühlsmäßig sein. Das Gefühl kann uns viel Freude und Trost bringen, aber die Hauptsache ist doch, dass wir wieder die geistige Freude in uns lebendig werden lassen über unsere Erlösung. Alles irdische Leid wäre nur ein Vorspiel des endlosen Leides nach dem Tode. Aber durch die Liebe und Menschenfreundlichkeit unseres Erlösers soll nicht nur alles Leid abgelöst werden von einem natürlichen Glück, sondern Gottes Kinder und Hausgenossen können wir werden. Welch unversiegbare Freude, Dankbarkeit und Gegenliebe vermag dies in uns zu erwecken. Der Heiland wollte nicht als Erwachsener in die Welt kommen, sondern schon als Kind das Leiden kosten, um uns ein Beispiel zu geben. Möge er an den Festtagen unseren Glaubensgeist und unsere Opferliebe wieder lebendiger machen.

Das erste Jahr auf der Missionsstation Sinchan nähert sich dem Ende. Servatius bastelt einen Stall für die Krippe an Weihnachten. Die Figuren sind schon da, wenn auch leider ziemlich klein geraten für die Kirche. Was werden die Kinder Augen machen! Die meisten haben noch nie eine Krippe gesehen.

Doch noch lieber als den Christenkindern würde ich den Heiden die Krippe zeigen, in der auch ihr Erlöser liegt. Denkt an Weihnachten, dem Fest der Liebe Gottes zu den Menschen, nicht nur an alle, die Ihr liebt und kennt, sondern auch an die vielen Heiden, die noch nichts vom Weihnachtsgeheimnis wissen. Zum Beispiel nur hier in Sinchan. Wenn auch seit gut einem

Jahr hier eine Missionsstation ist, so gibt es vielleicht doch noch Leute, die noch nichts davon gehört haben oder wenigstens nichts genaueres darüber wissen. So haben sie auch gar kein Verlangen danach, sich mit etwas zu beschäftigen, was sie nicht kennen. Andere mögen denken: Wieder eine neue Religion. Es gibt ja schon so viele. Ich habe bisher ohne sie gelebt, warum sollte ich jetzt Christ werden. All diese brauchen eine besondere Gnade, um sich zu entschließen, Christ zu werden. Und um solche Gnaden könnt auch Ihr beten.

Und gleich nach Weihnachten kann er der Familie daheim berichten, dass er Weihnachten in gewohnter Weise gefeiert hat.

Seit dem Montag davor mussten die Christen die Katechismusprüfung ablegen und dann die Sakramente empfangen. Bei der Messe hielt er in diesen vier Tagen täglich eine Predigt. Am Tag vor Weihnachten kamen noch einige Nachzügler und solche, die von weiter her gekommen waren, eine Stunde, zweieinhalb, vier, ja bis zu zehn Stunden weit entfernt waren gekommen.

In der Kirche ist zum ersten Mal eine Krippe aufgestellt,

Damit niemand in Versuchung kommt, sich schlafen zu legen, haben die Jungmänner ein kleines Theaterstück eingeübt und unterhalten die Leute so bis zum Gottesdienst gegen elf Uhr. Und auch die Schüler helfen mit, den Abend ausfüllen bis um 11 Uhr. Wenn man nämlich die Christen an dem Abend heimgehen lässt, kommen sie ganz schläfrig zur Mitternachtsmesse oder überhaupt nicht, besonders die Kinder. Zum Theater aber sind sie immer zu haben.

Servatius selbst ist den ganzen Tag mit Beichthören beschäftigt. Spät abends kommen noch auswärtige Christen, die teilweise nur ein- oder zweimal im Jahr kommen können.

Die Christenzahl ist noch klein. (Immerhin wurden 180 Kommunionen ausgeteilt.) Deshalb war der Gesang auch noch nicht so, wie Servatius ihn von daheim gewöhnt war. Koreanische Lieder sind ja auch nicht leicht nach deutschen Melodien zu singen.

Zum ersten Mal liest Servatius eine chinesische Predigt vor. Aber er merkt doch, dass seine Sprachkenntnisse noch nicht ganz ausreichen. Mutig fragt er nachher die Christen, ob sie die Predigt verstanden haben. „Nicht viel", war die Antwort, aber er solle es ruhig weiter versuchen, vielleicht werden sie ihn eines Tages doch noch verstehen.

Dann sollten drei Taufen stattfinden, ein heidnisches Mädchen und zwei ehemalige Protestantinnen. Kurz vorher wurde ihm mitgeteilt, dass eine mit dem zweiten Mann zusammen lebt. Der erste hatte sich eine Nebenfrau genommen und so verließ sie ihn schweren Herzens und heiratete wieder.

Nach katholischen Ehegesetzen geht das aber nicht und so blieb mir nichts anderes übrig als die Taufe zu verschieben, bis das Hindernis beseitigt ist. Die Frau tat mir leid, sie hatte sich eifrig vorbereitet und sehr auf die Taufe gefreut.

Auch in einer anderen weitverbreiteten Sippe, die zum Teil schon christlich ist, gibt es ein wohl unlösbares Problem:

Die Frau eines 23jährigen Christen ist seit drei Jahren krank. Seit kurzem hat sich ihr Zustand so verschlechtert, dass sie arbeitsunfähig ist. Nach Aussage der einheimischen Ärzte ist die Krankheit unheilbar, aber nicht lebensbedrohlich.

Ein Heide entlässt in einem solchen Fall ohne weiteres seine Frau und nimmt sich eine andere. Für den erst vor einigen Jahren getauften Christen besteht die große Versuchung, es auch so zu machen, zumal seine heidnischen Eltern ihm befehlen, die Frau zu entlassen und eine andere zu nehmen. Nach heidnischer Anschauung ist das auch ganz in der Ordnung. Der Sohn bedauert es zwar, unter diesen Umständen nicht praktizieren zu können, aber betrachtet es mehr oder weniger als etwas Unabänderliches.

Pater Servatius sucht nun das Gespräch mit dem jungen Mann, um ihm gut zuzureden. Dieser zeigt sich auch einsichtig und willig. Aber nach zwei Tagen entlässt er die Frau dann doch.

Bei einem weiteren Gespräch etwa drei Wochen später sagt er, er sehe ein, dass er unrecht gehandelt habe und sei seither noch keinen Tag ohne innere Unruhe gewesen. Er wolle die Sache wieder gutmachen. Seine Bereitwilligkeit geht sogar weiter als der Pater erwartet hatte.

Doch als er sich später nicht mehr blicken lässt, schickt der Pater jemanden zu ihm und da wurde das Rätsel auf eine sehr einfache, aber traurige Weise gelöst. Da der Pater ihm so ernstlich zugeredet hatte, hatte er Hemmungen, ihm glatt ins Gesicht zu sagen, er wolle und könne die Sache nicht mehr rückgängig machen.

Möge der Tag kommen, wo er doch wieder zurückfindet.

Ansonsten kann Servatius berichten, dass der Winter außergewöhnlich kalt zu werden scheint.

Und das wird er auch tatsächlich, kälter als der Winter zuvor. Einmal zeigt das Thermometer -43°. Zudem ist die Köchin verreist und Servatius muss selber zum Kochlöffel greifen. Er kocht natürlich nur Gerichte, mit denen er schnell fertig wird, überwiegend Eintopfsuppe. Aber trotzdem ist es immer sehr zeitraubend und er ist froh, als er im Küchendienst wieder abgelöst wird. In der Küche ist es derzeit sehr kalt, 10 Grad unter Null. Nur was auf der Platte des großen gemauerten Herdes steht, wird warm. Was auf dem gemauerten Teil daneben steht, fängt sofort an zu frieren. Verständlich, dass die Köchin immer jammert, sie müsse so frieren beim Kochen.

Anna schrieb mir, dass Mama sich Sorgen mache, wie ich denn bei der Kälte schlafen könne. Doch da spüre ich die Kälte am allerwenigsten. Ich habe ja ein Bett, Stepp- und Wolldecken und wenn es mir zu kalt wird mache ich den Ofen an, der gleich neben dem Bett steht, ein gemauerter Ofen, der etwa 12 Stunden warm bleibt. Auf dem Boden schläft man nur ausnahmsweise bei Christen und das ist auch nicht schlimm, weil ja der ganze Boden geheizt ist. Die Koreaner und Chinesen leiten von der Küche das Feuer unter dem ganzen Haus durch und haben so Tag und Nacht warm.

Deshalb ist es für die Christen schon ein Opfer, auf dem ungeheizten Boden der Kirche zu sitzen. Etwa zwei Monate lang ist die Durchschnittskälte in der Kirche -10 Grad. Trotzdem kommen wenigstens einige in die Werktagsmesse und noch mehr zum täglichen Abendgebet, das 20 Minuten dauert.

Ähnlich wie beim Wetter wechseln auch Schwierigkeiten und Freuden miteinander ab. So freut es mich, wenn die Christen eifrig sind, z.B. an Neujahr, das hier Werktag ist, kamen etwa 70 Christen zur Messe, während es sonst nur 25 - 30 sind.

Nach dem Mondkalender, in der Regel am Tag des zweiten Neumonds nach der Wintersonnenwende, feiern die Chinesen Neujahr. Das tun sie besonders gründlich, gleich vierzehn Tage lang, denn es sind für sie die höchsten, für manche sogar die einzigen Feiertage im Jahr.

Schon tagelang vorher rüsten sie sich dazu. Das Haus wird innen neu mit Zeitungspapier oder bei Bessergestellten mit Tapete verklebt. Für mehrere Tage wird das Essen vorbereitet, denn während der Feiertage arbeitet man nur das Allernötigste.

Um Mitternacht des alten Jahres wird ein großes Feuerwerk abgebrannt. Nach der Legende schleicht sich ein böses Ungeheuer unbemerkt in die Häuser. Doch vor Lärm und der Farbe Rot schreckt selbst das Monster zurück. Deshalb das Feuerwerk mit krachenden Böllern und der bunte, überwiegend rote Schmuck der Häuser. Kurz vor Mitternacht werden alle Fenster geöffnet, damit das neue Jahr gut ins Haus eintreten kann.

Die Menschen verbeugen sich in die Richtung, aus der der Glücksgott vom Himmel herabsteigen soll. Überall auf der Straße wünschen sie einander: „Möge das Glück Ihnen begegnen."

Nach der Morgenmahlzeit besuchen Verwandte, Nachbarn und Freunde sich gegenseitig zum Neujahrwünschen.

Zu mir kamen auch die etwas eifrigeren Christen, besonders die Kinder, wofür ich ihnen dann Bildchen austeilte. Als ich am Nachmittag gegen vier Uhr einen kleinen Spaziergang in die Stadt machte, um mir den Neujahrsbetrieb anzusehen, wurde ich enttäuscht, denn die Besuche macht man anscheinend schon alle am Morgen. Die Straßen waren fast menschenleer, sämtliche Läden geschlossen. Da diese einfach aus Brettern bestehen, sah ich nichts als Bretter. Die einzige Abwechslung bildeten rote Papierstreifen mit einigen glückbringenden Zeichen beschrieben. Die Leute waren alle in ihren Häusern, spielten Karten, unterhielten sich und tranken Tee. Nur die Kinder sah man auf der Straße spielen und sich an einigen Ständen Spielzeug kaufen.

Aus dieser Erfahrung ist es ratsam, lebenswichtige Dinge rechtzeitig vorher einzukaufen, sonst könnte es geschehen, dass man einige Tage ohne Kohlen, Holz oder Lebensmitteln da sitzt.

Es wäre falsch, den Chinesen deshalb Faulheit zu unterstellen. Sie kennen das ganze Jahr hindurch keinen Sonntag und auch nicht viele Feiertage. Der durchschnittliche Chinese denkt nicht in Kategorien wie Woche oder Monat. Festtage sind daher für die meisten Menschen eine willkommene Unterbrechung des Alltäglichen.

In den nächsten 14 Tagen besucht man sich gegenseitig und wünscht einander Glück im neuen Jahr. Am 15. Tag erreichen die Festlichkeiten ihren Höhepunkt mit einer Prozession und einem Laternenumzug nach Einbruch der Dunkelheit. An diesem Tag kommt der Feuergott zu einem Besuch. In einem feierlichen Umzug wird er durch die Straßen geführt, um die Bewohner vor den Gefahren einer Feuersbrunst zu warnen. Die Menschen leben immer in Angst vor dem Feuer, deshalb opfern sie das ganze Jahr über der Statue des Feuergottes.

Bei der Gelegenheit bringen mir einige Christen auch die landesüblichen Leckerbissen, an die ich mich schon ziemlich gewöhnt habe. Z. B. eine aus Reismehl hergestellte zähe Masse.

Für Koreaner gibt es nichts besseres und gehört zu jedem Fest-essen, für uns anfänglich ein Mittel, sich in der Selbstüberwin-dung zu üben. An anderes gewöhnt man sich eher.

„Gutheit ist ein Stück von der Dummheit", pflegte der Großva-ter zu sagen, wenn jemandes Gutgläubigkeit einfach nur aus-genutzt wurde. Daran fühlt Servatius sich erinnert.

Ein junger Bursche aus guter Familie besuchte täglich die Kir-che, ging oft zu den Sakramenten. Eines Tages bat er den Pater, ihm etwas Geld zu leihen, um Saatgetreide zu kaufen. Er habe in einem Dorf draußen Brennholz liegen, das er aber wegen der zur Zeit schlechten Wege nicht in die Stadt bringen könne. Sobald es möglich sei, werde er es verkaufen und das geliehene Geld zurückgeben. Was er sagte, klang alles durchaus glaub-haft. Tatsächlich aber benützte er das Geld, um mit einigen Freunden mal eine Zeitlang ein schönes Leben zu führen. Servatius glaubte, er handle im Auftrag des Vaters. Nach korea-nischem Brauch aber kann er das gar nicht. Zum Glück war der Vater ein ehrbarer Mann. Als er dem Treiben seines Sohnes auf die Spur gekommen war, teilte er es gleich dem Pater mit und zahlte auch das geliehene Geld wieder zurück. - Es hätte auch anders ausgehen können. Mangels ausreichender Sprachkenntnisse hatte Servatius nicht die Möglichkeit gehabt, sich zu erkundigen, bevor er dem Burschen das Geld lieh.

Leider ist es sehr schwer für den Anfänger, sich mit den Gewohnheiten, Anschauungen und dem Charakter der Koreaner bekannt zu machen. Literatur darüber gibt es nicht. Selbst sich bei den Leuten erkundigen, ist auch schwierig, solange man die Sprache nur mangelhaft beherrscht. Das gilt besonders bei schwierigen Ehefällen.

Anfang August unternahm Servatius gemeinsam mit seinem Mitbruder P. Reginald eine allerdings nur vier Tage dauernde Ferienreise. Zunächst ging es nach Kirin, dem Sitz des französischen Nachbarbischofs und Apostolischen Delegaten. Sie wurden von den Mitbrüdern dort wie immer sehr liebenswürdig empfangen. Bei Tisch musste Servatius den Ehrenplatz neben dem Bischof einnehmen. Unterhalten haben sie sich allerdings auf Chinesisch, denn die Französischkenntnisse, die Servatius früher einmal erworben hatte, sind durch das später gelernte Englisch, Koreanisch und Chinesisch fast ganz überdeckt.

Von Kirin reisten sie weiter nach Hsingking, die neue Hauptstadt von Mandschukuo. Hsingking wächst, wie das bei den Japanern üblich ist, in unglaublichem Tempo aus dem Boden.

Da die Stadt ganz planmäßig neben der alten Chinesenstadt angelegt wurde und wird, braucht man mit dem Platz nicht zu sparen. Aber alles ist erst im Werden. Riesige Straßen und Gebäude sind bereits fertig und das an einem vorher unbedeutenden Ort. Das Sehenswerteste dort waren mehrere Riesenbauten, alle vier- oder fünf Stockwerke hoch und ziemlich weit von den sehr breiten Straßen abstehend, nicht dicht beisammen wie etwa in deutschen Großstädten. So werden sie erst recht wirkungsvoll. Weniger reizvoll ist die Lage in der Landschaft, die ist nämlich ganz eben.

In kleinem Maßstab kann man diese Schnelligkeit auch bei den Japanern in Sinchan beobachten.

„Ja, Japan ist ungebremst auf dem Vormarsch", sagte Herr Wu kürzlich und das klang nicht gerade sehr freudig. Meistens bleibt er nach der Messe noch etwa eine Viertelstunde ruhig in der Kirche und gelegentlich kommt er danach oder im Lauf des

Tages zu einem Besuch ins Pfarrhaus. Beim Abendgebet ist er auch stets zugegen.

„Dsän mee Yäsu. Nin hao ma, Shenfu? - Gelobt sei Jesus. Guten Tag, Pater, wie geht es Ihnen? Haben Sie ein wenig Zeit für mich?"

Das Alter von Herrn Wu ist schwer einzuschätzen, so Mitte 60 vielleicht. Seine schwarzen Haare schimmern schon etwas grau. Meistens ist er   einfach europäisch gekleidet. Bei einem besonderen Anlass trug er auch   einmal ein langes besticktes Gewand mit weiten, glockenförmigen Ärmeln. Das war ein traditionelles Kleidungsstück der Mandschu aus der Zeit, als sie noch Nomaden gewesen waren.

„Pater, ich mache mir Sorgen um unser Land", sagt er, während er in dem spärlich möblierten Wohnzimmer des Paters seinen Mantel über eine Stuhllehne legt. Unauffällig blickt er sich um. Ein Tisch, zwei Stühle, ein einfacher Schrank. Für viel mehr wäre auch kein Platz vorhanden.

„Ich mache mir Sorgen. Die Japaner suchen Krieg, sie wollen wohl ganz Asien unter ihre Herrschaft bringen."

Herr Wu – der Alte Wu, wie die andern Christen ihn freundlich nennen – hatte das Herz dick.

„Vor ein paar Jahren, im Sommer 1931, Sie waren damals noch nicht hier, gab es bei Mukden einen „Bombenanschlag" auf die Eisenbahn. Sicher haben Sie davon gehört."

Die Japaner haben die südmandschurische Eisenbahn gebaut, die aber entgegen ihrem Namen in der gesamten Mandschurei tätig ist. Der Zweck dieser Eisenbahngesellschaft ist es, die Rohstoffe aus dem Land hinaus zu befördern. Wegen ihrer Rohstoffvorkommen und Agrarüberschüsse wurde die Mandschurei zu einem der wichtigsten Lieferanten Japans. Der beschleunigte Aufbau einer Schwerindustrie machte die Mandschurei zur "japanischen Waffenschmiede".

Zum Schutz der Eisenbahn wird dann auch die japanische Kwantung-Armee aufgestellt, eine Armee, die auf eigene Faust, also ohne parlamentarische Legitimation und ohne Kontrolle des Kaisers operiert.

Auf diese Eisenbahn wird im September 1931 in der Nähe von Mukden, der ehemaligen Hauptstadt der Mandschurei, ein Sprengstoffanschlag verübt. Das liefert den Japanern einen Grund, die nächstgelegene chinesische Garnison anzugreifen. Also ein Vergeltungsschlag. Nur, man weiß mittlerweile, dass dieser Zwischenfall von den Japanern selber inszeniert wurde. Sogar die Namen der beiden Hauptverantwortlichen sind bekannt.

„Wie groß war denn der Schaden bei diesem Attentat?"

„Eher symbolisch. Es wurde ein Stück Schiene von etwa 60 cm Länge heraus gesprengt. Also unbedeutend, aber ausreichend als Vorwand für Japans Invasion in der Mandschurei. Sie gehört ja ohnehin zu ihrem Einflussbereich."

„Und die chinesische Regierung?"

„Die ist doch mit dem Bürgerkrieg zwischen der Kuomintang, also den Nationalchinesen, und den Kommunisten beschäftigt und die Mandschurei ist weit weg. Die Kuomintang hat ohnehin in der Mandschurei nie richtig Fuß fassen können. Eine koordinierte Gegenwehr von chinesischer Seite gibt es also nicht. Einzelne chinesische Provinzgeneräle leisten den Japanern wohl Widerstand, aber erfolglos. Insgesamt macht die Kwantung-Armee doch, was sie will."

Herr Wu bemüht sich nicht erst, seinen Ärger zu verbergen.

„Das war der erste Schritt zur Besetzung unserer Mandschurei und zur Gründung eines Kaiserreiches – mit einem Kaiser, dazu noch einem Mandschu aus der Dynastie der großen Qing, der in Wirklichkeit doch nur ein Befehlsempfänger der Japaner ist. Macht besitzt er überhaupt nicht. Ob er wirklich über die Zustände im Land Bescheid weiß, kann man bezweifeln. Von den Japanern wird er nur das erfahren, was er ihrer Meinung nach wissen kann und soll. Aber mir Sicherheit nicht die ganze Wahrheit.

Mandschukuo – allein schon der Name regt mich tierisch auf! - wurde doch nur geschaffen, um etwas vorzutäuschen, was es in Wirklichkeit nicht gibt. Ein eigener Staat! Richtiger sollte man sagen, ein hundertprozentig von Japan gesteuertes staatsähnliches Gebilde auf chinesischem Boden. Für Japan ist die Mandschurei ein Experimentierfeld für soziale und wirtschaftliche

Umgestaltungen, die sich in Japan selbst noch nicht durchführen lassen.

Der Oberbefehlshaber der Kwantung-Armee ist ‚Botschafter Japans in Mandschukuo'. Und in dieser Position - davon können wir ausgehen – ist er als Herr eines ‚unabhängigen' Staates weitgehend unabhängig vom Auswärtigen Amt und vom Reichstag in Tokio. Er macht Politik auf eigene Faust. Schließlich verfügt er über sämtliche Einnahmen des Landes.

Und Pu Yi bezeichnete Japan anfangs als „unser befreundetes Nachbarland" und inzwischen als „Mandschukuos Mutterland". Es käme der Wahrheit näher, von einer Marionette Tokios zu sprechen. Den meisten Menschen ist es ohnehin egal, von wem sie regiert werden. Man fragt sie auch nicht nach ihrer Meinung. Für viele ist Pu Yi der natürliche Herrscher, der rechtmäßige Sohn des Himmels."

Herr Wu spricht ruhig und bedächtig, aber die Bitterkeit in seiner Stimme ist nicht zu überhören, obwohl sein Gesicht kaum Regungen zeigt.

„Die Japaner sind über die Mandschurei hinaus weiter nach China vorgedrungen. Auch dafür haben sie sich einen Vorwand als Rechtfertigung geschaffen."

Aufmerksam hört Servatius zu.

„Vielleicht wissen Sie von dem ‚Zwischenfall an der Marco-Polo-Brücke'. Das ist praktisch am Stadtrand von Peking. Da kam es im Juli 37 zu einer Schießerei zwischen japanischen und chinesischen Patrouillen. Ich bin ganz sicher, dass die Japaner damit angefangen haben, um dann den Chinesen die Schuld zuzuschieben. Danach meldeten sie einen japanischen Soldaten als vermisst und behaupteten, er sei von Chinesen entführt worden. Dass er am nächsten Tag wieder auftauchte, wurde tunlichst verschwiegen."

„Wo soll er denn gewesen sein?"

„Shenfu, wenn wirklich einer verschwunden war, dann wäre es doch das einfachste und sicherste gewesen, mal in den Spelunken rund um die Brücke nachzusehen. Dort hätte man ihn vermutlich sehr schnell finden können. Jedenfalls zog die Angelegenheit immer weitere Kreise mit gegenseitigen Schuldzuweisungen und militärischen Drohungen. Es klingt fast lächerlich. Eine kleine Schießerei und ein vorübergehend verschwundener Soldat lösen einen japanisch-chinesischen Krieg aus. Was kommt denn noch alles auf uns zu?"

Servatius hatte wohl von „Zwischenfällen" gehört, aber nichts Genaues gewusst. *Die Kämpfe in China werden offiziell mehr als Zwischenfall, nicht als eigentlicher Krieg bezeichnet.* [05.10.37]

Er erwähnte in früheren Briefen an seine Familie daheim:

Von Kriegsgerüchten weiß ich wenig. In Nordchina scheint etwas los zu sein. Doch das sind ja noch einige Tausend Kilometer von hier. Hier in Hunchun höre und sehe ich überhaupt nichts, was in der Welt vor sich geht. [13.01.36]

Da hier die „Schönere Zukunft" meine einzige Nachrichtenquelle ist – bisher erhielt ich sie regelmäßig – weiß ich wenig Genaueres über den Krieg. Von den Christen, die fast sämtlich Bauern sind, erfahre ich gar nichts. Wenn sich, was Gott verhüten wolle, die Sache zu einem Weltkrieg entwickeln sollte, würden wir wohl auch in Mitleidenschaft gezogen. Die gewöhnlichen Leute wissen kaum etwas davon. [13.01.38]

Krieg haben wir hier keinen. Aber der Gedanke an den sonstwo herrschenden Krieg und welche Folgen er etwa noch haben wird, beunruhigt natürlich. [27.06.41]

Auch der Ausbruch des Zweiten Weltkriegs wird in der ostasiatischen Presse weitgehend verschwiegen:

Wollte schon vor einem Monat schreiben, doch da entstanden auf einmal Kriegsgerüchte. Näheres konnte ich zunächst nicht erfahren. Da bestellte ich mir eine chinesische Zeitung. – Einige Zeit hindurch brachte sie zwar Nachrichten vom westlichen Kriegsschauplatz, aber wie es bei Euch steht, konnte ich daraus nicht entnehmen. Seit einigen Tagen scheint wenigstens für hiesige Begriffe in Europa nichts besonderes los zu sein, da sie fast gar nichts mehr darüber berichten. [09.10.39]

Mit Nachrichten aus dem Rest der Welt ist Servatius auch nur sehr lückenhaft versorgt. Wohl schickt die deutsche Gesandtschaft in Hsingking hektographierte Nachrichtenblätter nach Yenki, die mit Sicherheit nur Deutschland-freundliche Propaganda enthalten. Diese Blätter kommen auf dem Umweg über die Missionsstation Tunhoa mit einiger Verzögerung nach Sinchan. Die deutsch-chinesischen Nachrichten von Tientsin sind ganz bestimmt „gefärbt" und seit dem Abkommen Deutschlands mit Japan ist von der japanischen Osaka Mainichi, die in englischer Sprache erscheint, vermutlich auch keine objektive Berichterstattung zu erwarten.

Der Wunsch, einen frost-, hitze-, und rattensicheren Keller zu haben, wird sich nicht so leicht erfüllen lassen. Seit einigen Monaten haben sich nämlich auch Ratten hier einquartiert und sorgen für Abwechslung. Zum Schutz gegen die Kälte sind der Fußboden, die Decke und teilweise die Wände hohl. Da hilft es auch nichts, dass sein Namenspatron, der heilige Servatius, auch Patron gegen Ratten- und Mäuseplagen ist.

Nun kann ich die Ratten zu jeder Tageszeit über, neben und unter mir umherlaufen hören. Wie sie da hineinkamen ist mir ein Rätsel. Doch wird auch das wohl wieder vorübergehen.

Schon viermal haben sie sich in der Küche durch den Fußboden gefressen. Das bloße Verstopfen der Löcher nutzte wenig. Sie fressen sich immer wieder neue. Jetzt ist alles, was das Frieren nicht vertragen kann, im Schlafzimmer gelagert. Nun versuchen sie dort jede Nacht, sich irgendwo ein Loch zu nagen.

Sogar die noch gut erhaltene letztjährige Osterkerze haben die Ratten angefressen. Auch die steinhart gefrorenen Möhren und Kohlrabi sind nicht sicher vor ihnen. So ist immer für Abwechslung gesorgt.

Schließlich gab ich die Hoffnung auf, Hunger und Kälte werden sie zum Auszug zwingen und legte mit Mehl bestreutes Gift vor das Loch. Sie fraßen zwar nur das Mehl, aber ein wenig Gift verschluckten sie dabei doch und seit zwei Tagen habe ich nichts mehr gehört.

Damit ist der Krieg mit den Ratten beendet. Bis in einigen Monaten wieder die Flöhezeit kommt, ist jetzt Ruhe vor Ungeziefer. Die Köchin erzählte mir vor einigen Tagen, in der Küche habe sie wieder eine junge gesehen. Es blieb aber doch alles ruhig.

„Vielleicht sollten wir eine Katze halten", meinte die Köchin. Damit war Servatius jedoch gar nicht einverstanden. „Aber dann muss ich die auch noch füttern. Es genügt mir schon mit dem Hund."

Was diesen schwarzen Hund bewog, vor ein paar Wochen zur Missionsstation zu kommen, wird wohl nie zu ergründen sein, genau so wenig wie seine undefinierbare Rassenmischung. Vielleicht wurde er ausgesetzt, vielleicht ist er auch einfach entlaufen. Jedenfalls war sein Hunger offenbar doch größer als sein Misstrauen, so dass er nach einigem Zögern das Futter dankbar annahm, das dieser fremde Mensch ihm hinstellte. Seither wich er, der jetzt auf den Namen Chingu – Freund – hört, dem Pater nicht mehr von der Seite, wenn dieser aus dem Haus ging. Treu trabte er neben dem Pater her, dem er etwa bis zu den Knien reichte.

„Befreie einen Hund aus seinem Elend, füttere und pflege ihn und er ist dir ein Leben lang dankbar. Das ist der Unterschied zum Menschen. Und abgesehen von Ratten und Flöhen vielleicht, ist der Hund wohl das Tier, das die größte Geduld im Zusammenleben mit Menschen aufbringt.“

„Shenfu, ist der Hund eigentlich schon bei der Stadt angemeldet?“, fragte die Köchin eines Tages, als sie vom Einkaufen zurück kam. „Ich habe auf dem Markt gehört, es gäbe eine neue Verfügung, wonach jeder Hund eine Nummer haben muss. Die Polizei ist heute unterwegs und sammelt Hunde ohne Halsband ein.“

Der schwarze Hund von der Mission konnte nicht ahnen, wie viele seiner Artgenossen an diesem Tag im Kochtopf landeten, weil ihre Herrchen die 20 Sen Hundegebühr nicht zahlen wollten. Chingu aber wurde sofort angemeldet.

Der Winter rüstet sich auch zum Scheiden. Er braucht dazu aber immer gut zwei Monate. Die größte Kälte war einmal -46° und mehrmals -36°. *Ob das -46° wirklich stimmt, weiß ich nicht. Mein Thermometer jedenfalls zeigte es einmal so an. Bei der größten Kälte ist es übrigens meistens windstill. Erst jetzt kommen hie und da wieder Windtage.*

Über die Ostertage war das Wetter sehr ungemütlich, so dass manche sich durch die aufgeweichten Wege abhalten ließen, zur Mission zu kommen. An Gründonnerstag war nach der Messe bis zum Abendgebet Anbetung vor dem hl. Grab.

Am Karfreitag hielt ich auch Gottesdienst mit koreanischer Predigt, koreanischem und chinesischem Vorlesen der Leidensgeschichte nach Johannes, der Kreuzverehrung, auch durch die Christen, und der missa praesanctificatorum. Am Karsamstag wurden nach der Weihe des Feuers und der Osterkerze die zwölf Lektionen auch koreanisch vorgelesen, ebenso die Allerheiligen-Litanei vom Volk gebetet. Auferstehungsfeier dagegen gibt es hier noch nicht. Ich will sie auch nicht einführen, weil ich an dem Tag im Beichtstuhl und mit Vorbereitungsarbeiten genug zu tun habe. An Ostern war zuerst Hochamt – das einzige Mal im Jahr außer Weihnachten – ich habe nämlich niemand, der mit den Kindern und jungen Leuten Kyrie, Gloria usw. einübt und beim Amt selbst kräftig mitsingt. Die Predigt hielt ich wieder in zwei Sprachen, da auch viele Chinesen schon zum Amt

gekommen waren. In der zweiten Messe hielt ich nochmals eine
kurze Predigt für die Chinesen. Damit war die Hauptarbeit getan.

An Maria Himmelfahrt kann Servatius wieder drei Erwachsene taufen, zwei 20-jährige Burschen und ein 17-jähriges Mädchen. Mit den Katechumenen ist es ein beständiges Hoffen und Bangen: Werden sie zur Taufe kommen oder werden sie nach einiger Zeit ihre Vorbereitung wieder aufgeben?

Zur gleichen Zeit kehrte ein Mann wieder zur Kirche zurück, der schon über dreißig Jahre nicht mehr praktiziert hatte. Wenn die Taufen auch nicht zahlreich sind, einige scheint es doch immer zu geben. Kürzlich versuchte auch der neue Katechist seine Tätigkeit zu beginnen, musste aber bald feststellen, dass im Sommer nicht viel zu machen ist. Er kann die Leute nicht zu Hause antreffen. Sie sind bei der Arbeit.

Langsam und bedächtig liest Servatius Anfang Mai 1939 wieder den Brief einer junge Frau aus Fraulautern, die sich ihm als Hedwig, eine ehemalige Schülerin seiner Schwester Bäbchen, vorstellt. Sehr einfühlsam und mit vielen Einzelheiten berichtet sie ihm, wie sie seine Schwester in den letzten Tagen ihres Lebens begleitet hat.

Bäbchen selbst schrieb noch kurz vorher: *„Ich wollte, ich hätte meine Kur auch schon hinter mir, denn Kranksein gehört wohl nicht gerade in die Zahl der acht Seligkeiten. Es fehlt natürlich nicht an Schmerzen und Fieber."* Sie war aber zuversichtlich, dass es bald besser wird.

„Was ich Ihnen zu schreiben habe, sind nur Kleinigkeiten. Alltäglichkeiten zwischen den vier Wänden eines Krankenzimmers; und doch unsagbar groß, weil sie von einer großen, edlen Frau Zeugnis geben.

Es war Dienstag nach Ostern, als Ihre Schwester in die Klinik ging. Gegen ihre Annahme wurde sie am zweitfolgenden Morgen, also am 13. April, ihrem 50. Geburtstag, operiert."

Zunächst trat eine leichte Besserung ein, die aber nicht von Bestand war. Täglich nach der Arbeit und in der Mittagspause war Hedwig bei ihr im Krankenhaus. Sie war auch dabei, als Mutter und Tochter sich verabschiedeten. „So froh ich bin, dass meine Mutter da war, - es ist doch gut, dass sie nicht länger blieb, denn ich hätte mich nicht mehr weiter so zusammennehmen können", hat Bäbchen gesagt. Und die Mutter gab später zu, "wie weh und bitter ihr ums Herz war, als sie von der Tochter Abschied genommen hatte. Und sie hatte sich nichts, gar nichts anmerken lassen. Ich bin sehr still und ganz klein geworden, überwältigt vom Heroismus dieser Liebe."

In einem der letzten Gespräche sagte Bäbchen: „Weißt du, eigentlich möchte ich gern sterben, lieber heute als morgen. Aber wenn ich mich so bemühe und froh bin, wenn ich wieder gesund werde, dann ist es hauptsächlich meiner beiden geistlichen Brüder wegen. Wer sollte denn für sie sorgen, wenn ich mal tot wäre?" Hedwig endet ihren Bericht: „Oft und oft hat sie in ihren Schmerzen gesagt: Ich opfere es auf für meine Brüder. - Ob Sie das wohl gespürt haben, dass Ihre gute Schwester so viel für Sie betete und opferte und litt?"

Möge Gott, der in schwierigeren Zeiten größere Anforderungen an uns stellt, Dir auch größere Gnaden zu teil werden lassen. Wenn er besondere Leiden über uns kommen lässt, ist es doch nur zu unserem Heil. Welcher Art sie seien und von welcher Seite sie auch kommen, das spielt keine Rolle. Wir können das schon beim auserwählten Volke sehen. Wie oft haben die Heiden seine Heimat zerstört und verwüstet, wie oft musste das Volk jahrzehntelang in der Verbannung leben mitten in heidnischer Umgebung, verfolgt um seines Glaubens willen. Scheinbar überließ sie Gott ihrem Schicksal und ließ die Feinde über sie triumphieren. In Wirklichkeit hatte alles nur den einen Zweck,

dass das Volk sich nicht in erster Linie um irdisches Wohlergehen bemühe, sondern sich auf die Pflichten Gott gegenüber besinne und wie sich später der Heiland ausdrückte: zuerst das Reich Gottes und seine Gerechtigkeit suche. Das müssen auch heutzutage viele Christen wieder lernen. Es scheint, dass jahrzehnte- oder gar jahrhundertelange Ruhe den Christen nicht gut tut. Viele wissen den Glauben nicht mehr zu schätzen, den sie mühelos erhalten haben und für den Opfer zu bringen sie auch später nicht gelernt haben. Während sie bisher in Halbheit dahinlebten, zwingt die jetzige Zeit sie zur Entscheidung für oder gegen, schrieb er am 16.11.38 seiner Schwester Bäbchen.

Aus Deutschland kommt nun die Weisung an die Missionen, dort nichts zu bestellen oder auf irgendeine Weise etwas zu bekommen suchen, da die Freunde daheim dadurch in Unannehmlichkeiten geraten könnten. Wenn aber jemand „spontan" eine Zeitschriften-Nummer oder ein Buch oder eine Warenprobe schickt, so ist das doch wohl nicht durch ein Gesetz verboten. Aber um jeden, wenn auch unbegründeten Verdacht bei etwaiger Briefkontrolle zu vermeiden, hat Servatius es bisher unterlassen, stets ausführlich zu danken.

Deutschland hat Mandschukuo als Staat anerkannt und einen Handelsvertrag abgeschlossen. Seitdem braucht man für alles, was nicht unter die darin bezeichneten Waren fällt, eine Menge Ausweise und Zeugnisse. Früher war die europäische Fracht viel einfacher zu erhalten als jetzt.

Eine Büchersendung sollte schon Anfang Januar in Dairen sein. Aber zunächst einmal hatte der Dampfer viel Verspätung, dann musste er in Dairen noch lange warten bis die Ladung gelöscht war. Zudem muss für jedes einzelne Frachtstück eine Erlaubnis von der Regierung eingeholt werden. Nun kam als besondere Neuigkeit aus Yenki, dass die Fracht in Dairen teilweise verbrannt sei.

Doch damit könnte ich aufs politische Gebiet geraten und das will ich nicht. Jeder Fortschritt hat auch seine Nachteile. Früher ging die Nachrichtenübermittlung langsamer als heute, aber man brauchte viel weniger Rücksicht darauf zu nehmen, etwa zu Missverständnissen Anlass zu geben. So hat Gott dafür gesorgt, dass man jederzeit Gelegenheit hat zum Opferbringen. Nur die Art und Weise ändert sich im Laufe der Zeiten.

Eine Anfrage seiner Schwester beantwortet er:

Du fragst, wie es mir geht. Ich würde fast nie davon schreiben. Da kannst Du denken, es ist so ähnlich wie mit dem Essen. Wenn nichts besonderes daran auszusetzen ist, redet man nicht weiter davon wie von etwas Selbstverständlichem. Höchstens wenn es mal ganz besonders gut ist oder aber versalzen oder angebrannt. So geht es mir gesundheitlich immer gut.

Was ihn auch sehr beschäftigt, ist dieses Thema:

Da man heutzutage in vielen Ländern dem Zeitalter des Individualismus den Kampf angesagt hat und das Individuum zurücktreten muss vor dem Kollektiv, macht sich das auch darin bemerkbar, dass die Freiheiten des einzelnen eingeschränkt werden und man nicht mehr so ohne jede Einschränkung reden und schreiben darf wie im Zeitalter des Liberalismus.

Während der Fortschritt der Technik uns manche Bequemlichkeiten gebracht hat, werden uns dafür auf der anderen Seite Beschränkungen auferlegt. Zur Zeit eines Franz Xaver z.B. brauchte ein Missionsbrief monate-, ja oft jahrelang, inhaltlich jedoch brauchte ein damaliger Briefschreiber sich wohl keine Beschränkungen aufzuerlegen. Heute ist es umgekehrt.

So kann man in allen Dingen sehen, dass es auf dieser Welt nichts Vollkommenes gibt. Jeder Fortschritt hat auch seine Nachteile. Es liegt wohl so in Gottes Absicht, damit wir unser Herz nicht zu sehr an die Weltdinge verlieren oder bei ihnen Trost und Befriedigung suchen. Bei unserer menschlichen Schwachheit ist die Versuchung dazu ja stets vorhanden.

Nach einer mehrwöchigen Urlaubs- oder Studienreise im September 1940 durch Korea, die ihm der Abtbischof ermöglicht hat, ist Servatius wieder in Sinchan angekommen. Genau sechs Jahre ist es nun schon her, seit er zum ersten Mal mandschurischen Boden betreten hat. Am Jahrestag traf er wieder hier ein, eine Woche später als ursprünglich geplant.

Eigentlich will er sich jetzt nur einen Überblick darüber verschaffen, was in seiner Abwesenheit geschehen ist. Manches ist wohl inzwischen erledigt, einiges ist liegengeblieben, neue Predigten müssen vorbereitet werden. Doch seine Gedanken schweifen ständig ab.

Traumhaft war ein Ausflug in die Diamantberge Koreas, die Servatius wohl ähnlich erlebte wie ein paar Jahre zuvor schon Abt Norbert Weber, der seinen Bericht mit den Worten einleitete:

„Wie ein schöner Traum, der beim Erwachen noch lange die Phantasie beschäftigt, tauchen immer wieder die Bilder aus den Diamantbergen (koreanisch: Keum-kang-san, japanisch: Kongo-san), jenem bezaubernden Gebirgsstock im Westen von Mittel-Korea, in meiner Erinnerung auf. Das Unangenehme und Beschwerliche dieser Bergwanderung hat sich bereits vergoldet, das Schöne durch die rasch ansetzende Patina der Zeit sich noch mehr verklärt. Alles hat sich in ein stimmungsvolles Gesamtbild zusammengefügt."

Landschaftlich sind sie wirklich herrlich, zwischen Wonsan und Seoul an der Ostküste gelegen. Leider konnte er nur die eine

Hälfte sehen, den inneren Kongo und den südlichen Teil des äußeren Kongo, aber nicht den nördlichen und auch nicht den Seekongo. Doch ist es ja nicht ausgeschlossen später mal wieder hinzukommen. Die Reise verlief im allgemeinen recht angenehm, abgesehen vom Bahnfahren, weil die Züge meist überfüllt waren. Es war auch nicht seine Absicht, möglichst viel zu sehen, sondern nur die koreanischen Missionsstationen aufzusuchen und mit den Mitbrüdern Erfahrungen auszutauschen. Bis auf eine hat er alle besuchen können. Im Süden und Norden sind sie ziemlich nahe beieinander, aber zwischendrin ist nur eine. Alle liegen an der Bahn.

In Tokwon konnte er auch eine Weinprobe erleben. Dort haben seine Mitbrüder Weinberge angelegt, um den Messwein selber herstellen zu können. Zugleich gibt es auch einen Überschuss und damit eine Nebeneinnahme. Die Hauptlese war wohl schon vorbei, aber es war noch genügend Wein da.

In Korea ging es mir [was das Essen betrifft] *nicht schlecht. Äpfel und Trauben gedeihen dort vorzüglich. In Tokwon gab es auch Butter und Milch so viel ich wollte. Für die Rückreise gab mir der Bruder noch eine ganze Dose voll Butter mit, so dass ich hier noch lange Butter zum Frühstück hatte.*

Die Schwierigkeiten mit der Versorgung treten in der Mandschurei immer deutlicher zu Tage, vor allem für Lebensmittel, aber auch in andern Bereichen. Herr Wu erwähnte einmal ein neues Gesetz, das es Chinesen und Mandschu verbietet, Reis oder Weizen zu essen. Diese Lebensmittel seien den Japanern vorbehalten und deshalb für Einheimische nicht mehr zu bekommen. Es sei denn, auf dem Schwarzmarkt. Ansonsten besteht die Hauptnahrung aus Hirse und Mais.

Servatius versucht, sich auf die letzten Statistiken zu konzentrieren. Wie viele Christen hat er in seiner Gemeinde? Wie viele Koreaner, wie viele Chinesen? Wie viele Menschen hat er in den letzten Jahren getauft? Wie viele sind zugezogen? Wie viele sind abgewandert? Es sind für ihn nicht nur Zahlen. Er sieht die Menschen dahinter. Aber er hat nie lange eine feste Gemeinschaft, die er als Pfarrei bezeichnen könnte. Das bedauert er sehr.

Christen habe ich: Koreaner über 300, Chinesen 140. Darunter befinden sich leider auch eine Anzahl Laue, d.h. solche, die ihre Sonntags- und Osterpflicht nicht mehr erfüllen. Warum, konnte ich nicht herausbringen. Da ich bisher keinerlei einheimische Hilfskräfte zur Verfügung hatte, ist die Zahl der Täuflinge und Katechumenen noch nicht groß. Da mir auch die Sprachen immer noch viel zu schaffen machen, bleibt neben der Pastorierung nicht allzuviel Zeit übrig.

Insgesamt sind in letzter Zeit über 10 % der Christen abgewandert. Einerseits ist wirklich wirtschaftliche Not der Grund des Wanderns, andererseits scheinen die Koreaner aber auch ein etwas unruhiges Volk zu sein. Wenigstens hat Servatius bisher diesen Eindruck gewonnen. Zudem mangelt es aber auch an Reisland, da japanische Siedler ebenfalls hierher kommen sollen. Aber wann, ist noch völlig unbestimmt. Jedenfalls bedarf jeder An- und Verkauf von Land jetzt einer behördlichen Genehmigung.

Es ist schwer, Christen zu gewinnen. So lange sie so sehr um ihr Überleben kämpfen müssen, sind sie für religiöse Dinge kaum zu begeistern. Bei vielen Chinesen kommt auch noch die Neigung zum Opium hinzu. Andere wollen vielleicht Christen

412

werden, werden aber durch ihre Familie gehindert, die noch an den heidnischen Bräuchen festhält. Das ist die Erfahrung, die die beiden Katechistinnen während seiner Abwesenheit gemacht haben.

Bald kommt wieder die Zeit für die Auswanderer. Einige Familien haben Sinchan schon verlassen. Andere wieder, besonders Chinesen, sind hierher zugewandert. Es ist so ein ständiges Kommen und Gehen. Eine sesshaftere Bevölkerung wäre natürlich leichter seelsorglich zu betreuen und zu missionieren.

Auf besonderen Zuzug von Christen kann Servatius also nicht rechnen. In der Stadt gibt es noch etwa tausend koreanische Heiden. Sie zu bekehren wird nicht einfach sein. Es sind lauter Auswanderer, denen das Herumziehen offenbar nicht besonders schwer fällt. Solche Leute sind aber im allgemeinen nicht wirklich empfänglich für das Christentum mit seinen ernsten Forderungen. Und die bereits Christen geworden sind, bereiten durch ihre Unbeständigkeit manche Sorgen.

Einige gute Christen, die er sehr gern hier behalten hätte, sind weiter gezogen, in der Hoffnung auf bessere Lebensbedingungen. Wenn diese große Armut nicht wäre, könnte er mit dem Eifer der Christen zufrieden sein. So aber ist es schwer, ihnen vom Himmel zu predigen, während sie nicht wissen, wie sie sich auf Erden durchschlagen sollen.

Auch einer der eifrigsten Christen verließ samt Familie die Gemeinde. Er war voriges Jahr von Korea her eingewandert in der

Hoffnung, hier ein besseres Auskommen zu finden und mit mehr Erfolg Reis anbauen zu können als in der mageren und stark bevölkerten Heimat. Hier gibt es wohl noch genügend unbebautes Land, aber das eignet sich jedoch nicht für den Reisanbau.

Schweren Herzens zog er nun mit seiner Familie fort von hier, etwa 700 km weiter nördlich, wo es noch wenige Koreaner gibt und deshalb das Land billiger zu erwerben ist. Hier konnte er neben der Kirche wohnen, hier ist ein koreanisch sprechender Pater. Beides wird wohl nördlich von Harbin nicht der Fall sein.

Andererseits erwähnte er aber auch beim Weggehen, dass die hiesigen Christen leider nicht zu den besten gehören. Verständlich ist das zwar, aber deswegen doch betrüblich. Es sind sämtlich Auswanderer, also Leute, deren Haupttrachten zunächst auf bessere Lebensmöglichkeiten gerichtet ist. Außerdem waren sie einige Jahre ohne ausreichende Seelsorge.

Die Lauheit kann auch noch andere Ursachen haben. Aus verschiedenen Gründen ist der Religionsunterricht oft nicht so, wie der Missionar ihn sich wünscht. Und nach der Taufe ist religiöse Anregung und Belehrung vielleicht überhaupt nicht vorhanden. Das gilt gerade für diejenigen Christen, die weit von der Missionsstation entfernt leben.

Mangelnde religiöse Bildung und andere Ursachen tragen wohl viel Schuld daran, aber auch die Christen selbst sind nicht ganz unbeteiligt. Leider geben sie oft den Heiden ein schlechtes Beispiel und halten diese so davon ab, gläubig zu werden.

Sind die Neugetauften alle sehr eifrige Christen? Diese Meinung ist in der Heimat verbreitet. Doch muss man auch bedenken, dass manche sich nicht aus rein religiösen Gründen taufen lassen, etwa um einen Christen heiraten zu können. Oder sie haben sich vielleicht von Verwandten oder Freunden überreden lassen. Später aber, wenn besondere Versuchungen und Probleme kommen, werden sie möglicherweise nicht mehr praktizieren.

Den meisten Eifer haben die Neugetauften, die ohne jeden Nebengedanken Christ wurden. Leider sind es meist ungebildete, so dass sie sich selbst nur durch ihren Eifer, nicht aber durch Belehrung als Apostel betätigen können. Denjenigen, welchen es nicht an Bildung fehlt, fehlt der Eifer. Im Bezirk um Sinchan gibt es noch zahllose Dörfer, in denen kein Christ ist. Um bei ihnen zu missionieren, brauchte man Katechisten oder Lehrer. Doch ist nicht daran zu denken, für sie das Gehalt aufzubringen. Da heißt es Geduld üben, tun was man kann, das übrige muss man Gott überlassen.

Aber wieso kommt ihm denn jetzt Sisyphus in den Sinn? Die Erinnerung an den Griechisch-Unterricht im Gymnasium wird lebendig. Wie lange ist das schon her! Sie lasen die Odyssee, den Bericht über die zehnjährige Irrfahrt des listenreichen Odysseus nach dem Ende des zehn Jahre dauernden Kriegs um Troja. Der Lehrer, Matz genannt, klopfte mit der Faust den Takt der zeitlos schönen sechsfüßigen Verse Homers auf das Pult. „Auch den Sisyphus sah ich, von schrecklicher Mühe gefoltert."

Sisyphus, der König von Korinth, hatte zweimal den Todesgott Thanatos überlistet, der ihn abholen sollte, und dann hatte er noch über die Dummheit der Götter gespottet. Das konnte Zeus natürlich nicht straflos durchgehen lassen und so verurteilte er Sisyphus dazu, im Hades einen großen Steinbrocken auf einen hohen Berg zu schieben. Jedes Mal, wenn er keuchend von der Anstrengung fast oben angekommen war, entglitt ihm der Stein und polterte zurück ins Tal.

„Einen Vorteil jedenfalls hatte die Sache für Sisyphus", brachte Matz es auf den Punkt, „er ist bestimmt nicht arbeitslos geworden."

An Schwierigkeiten hat es Servatius nicht gemangelt in diesen sechs Jahren, seit er in der Mandschurei ist. Eine davon, die ihm vorher nicht so deutlich bewusst war, heißt einfach: Wie soll man den Heiden das Evangelium predigen, wenn die eigenen Sprachkenntnisse dazu nicht ausreichen? Gewöhnlich dauert es Jahre, bis ein Missionar die Sprache der Einheimischen genügend beherrscht. Aber bei dem Mangel an Missionaren muss er schon in der Zeit des Lernens bei der Verkündigung des Glaubens mithelfen, soweit wie nur irgendwie möglich. Da bleibt es nicht aus, dass er oft trotz aller Mühe, die er sich gibt, von den Zuhörern nicht verstanden wird.

Es ist genau so, wie der Heiland es im Evangelium schildert: Der Same des Wortes Gottes fällt teilweise auf den Weg und wird zertreten, teilweise auf felsigen Boden, wo er schnell aufgeht, aber bald wieder abstirbt, weil er keine Wurzeln schlagen kann, teilweise unter die Dornen, die ihn ersticken, und nur sehr wenig fällt auf guten Boden.

Wenn ich an das Gleichnis vom Sämann denke, gibt es hier wenig guten Boden, mancher Same fällt auf den Weg oder auf felsigen Boden oder unter die Dornen. Und schließlich gibt es auch noch vielen Boden, der überhaupt noch nicht erreichbar ist für die Säleute.

So bringt das Wort Gottes bei den wenigsten 30 oder 60fältige Frucht, dagegen fällt manches auf den Weg oder unter die Dornen.

Noch schwieriger ist es auf den Dörfern, die der Missionar nur zweimal im Jahr besuchen kann. In manche Orte kommt er sogar noch seltener hin. Katechisten sind oft auch keine da. Wenn nun das gute Beispiel der Christen oder eine besondere Gnade oder der Eifer eines Christen einen Heiden dazu bringen, sich für die Taufe vorzubereiten, wer wird ihn im Glauben unterrichten? Hie und da wird ein Christ sich schon dazu bereit finden. Aber monatelang nur um Gotteslohn sich mit dem Unterricht eines Heiden abzuplagen, dazu gehört schon eine besondere Tugend. Und auch eine gewisse Fähigkeit, die ungebildeten Leuten meist fehlt. So kommt es, dass manche Taufbewerber den Mut verlieren und die Vorbereitung wieder aufgeben. Gerne würde der Missionar ihnen helfen, aber es ist einfach unmöglich, wenn er in einem weiten Gebiet ganz allein und ohne Helfer und ohne Mittel ist.

Servatius hat inzwischen genügend Koreanisch gelernt, um zu predigen und auch um sich mit seinen Pfarrangehörigen einigermaßen zu unterhalten, deren Probleme anzuhören und ihnen Zuspruch zu geben. Aber er hat fast ebenso viele Chinesen wie Koreaner zu betreuen. Zwei Patres auf einer Station, einer für die Koreaner und einer für die Chinesen, das ist leider nicht möglich. Also muss er beide Sprachen lernen. Das bedeutet jahrelange, zeitraubende Anstrengungen.

Und wie nehmen die Menschen die christliche Lehre auf? Solange sie den Glauben nicht näher kennen, vermögen sie ihn auch nicht richtig zu schätzen und sind nicht geneigt, besondere Opfer dafür zu bringen. Ein solches Opfer wäre es, täglich auf die Mission zu gehen, um sich unterrichten zu lassen. Es ist schon viel, wenn sie am Sonntag die Messe besuchen. Selbst das ist manchen unmöglich, etwa Angestellten in einem heidnischen Hause oder Beschäftigten bei der Eisenbahn, Arbeitern in der Fabrik, im Bergwerk, Tagelöhnern, Landarbeitern im Sommer und Herbst.

Diejenigen, die lesen können und den entsprechenden Eifer haben, lernen selbst zu Hause den Katechismus auswendig. Viele aber können das nicht. Wenn sie nur am Sonntag den Unterricht des Missionars hören, so geht das gewöhnlich zu einem Ohr hinein und zum andern wieder hinaus, wenn nicht das Auswendiglernen dazu kommt.

Da meldete sich beispielsweise eine sechzigjährige Frau zum Taufunterricht. Weil sie nicht lesen konnte, stellte sich gleich die Frage: wie sie den Katechismus lernen soll. Leider lebt sie mitten unter Heiden und hat ziemlich weit bis zu den nächsten Christenhäusern.

Servatius konnte nicht verlangen, dass sie den gewöhnlichen „großen" Katechismus lernt, aber den gekürzten für alte Leute musste sie schon lernen. Glücklicherweise hatte sie großen Eifer und brachte es in sechs bis sieben Monaten doch soweit, dass sie an Weihnachten getauft werden konnte. Zur Beichte und zur heiligen Kommunion sollte sie aber erst zugelassen werden, wenn sie alles gelernt hat.

Nachher kam sie mehrmals, um zu beichten. Servatius sagte ihr, sie solle erst den Katechismus noch besser lernen. Aber sie ließ ihm keine Ruhe und schließlich nahm er die Beichte ab, sagte aber, bis etwa Ostern könne sie alles Nötige gelernt haben. Dann dürfe sie mit den anderen Erstkommunikanten kommunizieren. Doch nach einiger Zeit kam sie wieder zum Beichten und fragte wieder, ob sie denn nicht kommunizieren dürfe. Servatius erklärte ihr das Notwendigste und so kam sie am nächsten Tag voll Freude zur 1. hl. Kommunion. Nachher dankte sie ihm noch eigens dafür, dass er sie zugelassen hat, obwohl sie noch nicht alles gelernt hatte. Aber sie gab sich wirklich Mühe. Nach hiesigem Brauch müssen alle Christen den Katechismus auswendig lernen.

Eine andere Frau bereitet sich seit etwa acht Monaten auf die Taufe vor. Da sie erst an die dreißig Jahre alt ist, muss sie den ganzen Katechismus lernen. Aber auch sie kann nicht lesen. So ging sie denn bald zu dieser, bald zu jener Christin und bat sie, ihr beim Lernen zu helfen. Leider kam denen ihre Bitte nicht immer gelegen, und sie wird vielleicht manchmal abgewiesen worden sein. Aber sie hat trotzdem treu durchgehalten.

Taufbewerber ist seit einigen Monaten auch ein reicher Koreaner. Er hat zwar guten Willen, ist aber sehr beschäftigt, geht oft auf die Jagd, jetzt ist auch noch seine Frau gestorben. Hoffentlich sind ihm seine zeitlichen Sorgen kein Hindernis. Als freiwillige Gabe stiftete er zweimal einen größeren Betrag, womit ein Lehrergehalt für anderthalb Monate bezahlt werden konnte.

Doch nicht immer ist der Eifer so groß.

Manches ist eben Mittelmaß. Das gilt für bereits getaufte Christen, aber auch für Taufbewerber. Einerseits möchten sie wohl getauft werden, andererseits scheuen sie vor den großen Opfern zurück, die sie bringen müssten.

Da ist es nun Aufgabe der Katechisten und Katechistinnen, täglich zu den Leuten in die Häuser zu gehen und mit ihnen zu lernen. Eine langwierige und schwierige Arbeit. Aber eine andere Möglichkeit gibt es nicht. Jedoch ist es aus Geldmangel und anderen Gründen auf manchen Stationen nicht möglich, Katechisten einzustellen. Da ist der Missionar ganz auf den guten Willen der Taufbewerber und der Christen angewiesen. Er muss die Taufbewerber immer wieder anspornen, trotz der Schwierigkeiten eifrig zu lernen, und ebenso die Christen aneifern, ihnen dabei zu helfen. Auch die Gewinnung der Heiden, die der Kirche noch gänzlich fern stehen, ist Sache der Christen. Dass etwa der Missionar zum Predigen auf die Straßen und Plätze ginge, ist im allgemeinen (nicht nur) in Ostasien kaum vorstellbar. Der heilige Paulus machte es bisweilen so, aber durchaus nicht immer. Auch vom heiligen Franz Xaver lesen wir ähnliches. Das waren doch wohl Ausnahmen.

In den Ferien – fast zwei Monate – schickte Servatius seinen chinesischen Lehrer zu den heidnischen Schülern in die Häuser, um zu versuchen, deren Eltern zu bekehren. Bis jetzt hatte er noch wenig Erfolg. Gewöhnlich sagt man ihm: Das Katholischwerden wäre ja schon recht, aber wir haben keine Zeit. Die einen sind zu arm. Deshalb müssen sie auch am Sonntag arbeiten. Andere betreiben ein Geschäft oder eine Wirtschaft, da könnten sie auch nicht den Sonntag halten. Wieder andere sagen, sie werden am Sonntag mal kommen, um sich die Sache einmal anzusehen.

Das sind wohl in erster Linie Ausreden, aber trotzdem ist tatsächlich etwas Wahres dran. Deshalb bedarf es einer besonderen Gnade um sich trotzdem nicht vom Glauben abhalten zu lassen.

Wie könnten all diese Schwierigkeiten beseitigt oder wenigstens gemildert werden? *Durch Vermehrung der Missionsstationen und Missionare und Einstellung von Katechisten. Da dies nicht mit einem Schlage geschehen kann, mögen die Missionsfreunde beharrlich für die Taufbewerber beten, damit möglichst viele auch wirklich aushalten bis zur Taufe. Und auch nach der Taufe bedürfen sie als neugeborene Glieder der Kirche eines besonderen Gnadenbeistandes, bis der Glaube in ihnen ganz festgewurzelt ist.*

Zwei Christenfamilien wohnen 50 km von hier entfernt. Einer dieser Christen suchte auch Heiden zu bekehren. Unter anderen gewann er auch einen jungen Mann, der großen Eifer zeigt, aber nicht lesen kann. An Weihnachten machte er mit dem Christen den weiten Weg zur Station. Als Servatius sich erkundigte, wie viel er schon gelernt habe, erklärte der Christ: „Er plagt mich beständig, dass ich ihn unterrichte. Aber er ist so furchtbar vergesslich, dass ich ihm etwas hundertmal vorsagen kann, und dann kann er es noch immer nicht." Leider ist der Christ nun ausgewandert. Was mit dem Taufbewerber wird, war nicht zu erfahren.

Eine Familie kam bei einer Kälte von 20 Grad unter Null diese 50 km weit her zum Sakramentenempfang. Das kleinste Kind trug der Mann auf dem Rücken, ein anderes führte die Frau an der Hand und das 12 jährige kam auch mit. Dazu führt der Weg noch größtenteils durch Urwald, der den Räubern willkommene Schlupfwinkel bietet.

Die Räubergefahr ist übrigens noch keineswegs gebannt. Kürzlich wurden die rings um Sinchan gespannten Drähte, die nachts elektrisch geladen werden, wieder instand gesetzt. Anfang März haben Räuber den Sohn des chinesischen Christenvorstehers, der eine Stunde vor der Stadt wohnt, beim Holzschlagen weggeschleppt. Nur gegen ein hohes Lösegeld wollten sie ihn wieder frei lassen.

Im Sommer schienen sie wieder rührig zu werden. Ob das nur saisonbedingt ist? Da können sie sich nämlich in den über mannshohen Mais- und Hirsefeldern gut verstecken. Oder treibt sie der Hunger noch vor der Ernte heraus?

An Weihnachten taufte Servatius auch einen Koreaner, der nicht lesen kann und sich etwas schwer tut im Lernen. Trotzdem war er unermüdlich im Lernen der Gebete und des Katechismus. Er ist alleinstehend - seine Frau ist gestorben - jetzt lebt er, neun Stunden von hier entfernt, als Tagelöhner bei einem Christen. Jede freie Minute benützte er zum Lernen.

Da betätigte er sich schon als Apostel und bekehrte einen anderen Koreaner, der zwei Frauen hatte, von der zweiten schon zwei Kinder.

Ich zweifelte, ob er wohl das Opfer bringen und die zweite Frau entlassen werde. Vor einigen Tagen kam er hierher, neun Stunden zu Fuß bei etwa fünfzehn Grad Kälte und wollte getauft werden. Den Katechismus hatte er gut gelernt und die zweite Frau in einem anderen Hause untergebracht. Ich unterrichtete ihn noch einen Tag lang und taufte ihn dann.

Als er wieder fort war, kam ein anderer zweieinhalb Stunden mit der Bahn, der auch allein den Katechismus gelernt hatte und getauft werden wollte. Fälle, in denen die Leute solchen Eifer zeigen, gibt es natürlich nicht jeden Tag.

Zwei merkwürdige Krankheitsfälle beschäftigen Servatius. Sie ausführlich zu erzählen, würde zu weit führen. Nur soviel sei bemerkt, dass die Leute behaupteten, der Teufel habe dabei die Hand im Spiel.

Da berichtete ein Neuchrist, schon seit einem Monat plage ihn ständig der Teufel. Servatius hat schon alles Mögliche versucht, den Teufel zu vertreiben, aber vergebens. Es scheint sich aber eher um eine Geistesstörung zu handeln als um den Teufel. Doch ist es in solchen Fällen sehr schwer herauszubringen, was es eigentlich ist.

Dann kam noch ein zweiter Fall hinzu, wo man schon eher an die Mitwirkung des Teufels glauben kann. Es handelte es sich um eine chinesische Neuchristin. Sie hatte schon lange aus Lauheit ihre religiösen Pflichten vernachlässigt. Als sie krank wurde, verleiteten heidnische Nachbarinnen sie dazu, den Götzen Weihrauch opfern zu lassen.

Als ihr Mann, der abwesend war, es erfuhr, glaubte er, die Frau stehe jetzt in der Gewalt des Teufels. Aber glücklicherweise ist er ein Altchrist, wenn auch nicht übermäßig eifrig. So will er doch unter keinen Umständen dulden, dass seine Frau Aberglauben treibt. Deshalb brachte er sie auf die Missionsstation – obwohl sie und die Nachbarinnen sich heftig dagegen sträubten. Sie war aber dann doch bereit, die Sakramente zu empfangen und war in zwei, drei Tagen wieder gesund.

Schwieriger war es mit einem neugetauften Koreaner. Servatius ist sich heute noch nicht klar darüber, ob es sich um eine vorübergehende Geisteskrankheit handelte oder um teuflische Einflüsse. Die Sache zog sich über vier Monate lang hin und hat sich jetzt ziemlich gebessert.

Der größte Feind der Missionstätigkeit ist der Teufel der Gleichgültigkeit. Er verleitet die Leute dazu, sich nur um das leibliche Wohlergehen zu sorgen und sich um Gott und ihre Seele nicht zu kümmern. Nur bei Unglück bringen solche dem Teufel Opfer, um ihn zu besänftigen.

Dann gab es besonders traurige Todesfälle. Einige Christenkinder von auswärts wohnen auf der Mission, um hier den Katechismus zu lernen. Sonntags morgens wurde ein 12 jähriger Bub krank.

Als ich nach 12 Uhr zufällig in die Schule ging, sagte man es mir. Doch ich dachte, es wird nicht so schlimm sein. Um 4 Uhr rief man mich schnell zum Kranken. Während ein Arzt und ich mich noch um ihn bemühten, sahen wir plötzlich, dass es zum Sterben gehe. Schnell gab ich ihm die hl. Ölung und nach wenigen Minuten verschied er. Zufällig war auch der Vater anwesend. Die Mutter ist schon länger gestorben.

Ein anderes Kind, ein fünfjähriges Mädchen, wurde von der Mutter einige Zeit allein gelassen. Während sie zum Brunnen ging, brach Feuer aus, wahrscheinlich spielte das Kind mit dem

Feuer, und das Kind erlitt solche Brandwunden, dass es daran starb. Zwei Nachbarhäuser fielen dem Feuer auch zum Opfer.

Fast noch bedauerlicher als die Todesfälle der Kinder erscheinen dem Pater die einiger lauer Christen. So lebte 20 km von der Station entfernt eine Christin. Im Frühjahr suchte Servatius sie in ihrem Haus auf und sagte, sie solle die günstige Gelegenheit benützen und jetzt die Ostersakramente empfangen. Doch sie wollte nicht. Im Herbst werde sie zu den Sakramenten gehen.

Einige Monate später, als Servatius von mehrtägigen Exerzitien in Yenki zurückkam, erwartet ihn schon ein Telegramm, das ihn sofort zu dieser Frau rief. Doch als er hinkam, war sie bereits tot.

Nun musste sie ohne Sakramente sterben. Wenn man auch hoffen kann, dass sie Reue hatte und so gerettet wurde, so wäre sie doch sicher mit den Sterbesakramenten versehen besser gestorben.

Da die Frau nach den Sakramenten verlangte, wird ihr Gott wohl gnädig gewesen sein.

Zwei Tage vorher starb im gleichen Ort ein Christ, der vor einigen Monaten mehrere Wochen hier war, den ich aber nie in der Kirche sah. Jedenfalls hat er nicht die Sakramente empfangen. Und noch ein Dritter starb innerhalb weniger Tage. So kam ich doch zu spät, obwohl ich sofort nach den Exerzitien zurück fuhr.

Bei den lauen Christen muss man allerdings auch berücksichtigen, dass sie unter schwierigen Verhältnissen leben. Vielfach kann man nichts anderes tun als für sie beten, dass sie sich schließlich doch wieder bekehren. Aber viele haben sich auch an ein Leben ohne Sakramentenempfang gewöhnt, wenn sie zu große Opfer bringen müssten, um sie zu empfangen.

Ein neues Gesetz verpflichtet alle Religionsdiener, einen besonderen, fünf Jahre gültigen Ausweis zu haben. Servatius konnte ihn auf dem zuständigen Kreisamt abholen. Bei dieser Gelegenheit lernte er seine "Kollegen" kennen. Im ganzen Kreis sind es 36. In Sinchan selbst sind nur je ein koreanischer und chinesischer protestantischer Vertreter. In der Kreisstadt ein chinesischer, ferner sechs oder sieben buddhistische Mönche, den Rest bilden daoistische Mönche aus neun Klöstern.

Diese buddhistischen Mönche haben sicher nicht die gleichen Sorgen wie die christlichen Missionare. Jedenfalls ist das der Eindruck, den Servatius bei Besuchen in verschiedenen Klöstern - Bonzereien - während seiner Koreareise, aber auch schon vorher in Kirin gewonnen hat.

Deren Klöster liegen gewöhnlich einsam. Im April sind zwei Wallfahrtstage. Sonst werden sie nur von Leuten besucht, die irgend ein besonderes Anliegen haben. Die Mönche sagten, sie beten morgens und abends etwa eine Stunde und opfern Weihrauch, aber nicht gemeinsam. Im übrigen scheinen sie nichts zu tun zu haben als kleinere häusliche Arbeiten. Zum Bebauen ihrer Felder haben sie Knechte. Sie haben es jedenfalls leichter als die Missionare. Im übrigen werden sie von der Bevölkerung nicht sehr geachtet, denn sie werden mit der niedrigsten Höflichkeitsform angesprochen.

Die große Bonzerei in Kirin liegt direkt am Stadtrand auf einem Hügel mit schöner Aussicht. Schnellphotographen haben dort zu Dutzenden ihr Standquartier.

Als Servatius und sein Mitbruder Reginald sich im September 1938 einen Tempel näher anschauen wollten, bot der Bonze ihnen auch gleich Weihrauchstäbchen an zum Opfern. Da sie es nicht beachteten, zündete er sie selbst an und steckte sie in das Räuchergefäß und schlug den Gong, vielleicht um den Gott auf das Opfer aufmerksam zu machen.

Es gibt dort in Kirin vier oder fünf große Tempel etwa in der Größe eines Chinesenhauses. Sie sind fensterlos, empfangen das Licht nur von der großen Türe. In der Mitte sind ein oder drei Hauptgötzen, etwa lebensgroß, auf den Seiten etwa zehn kleinere in Reih und Glied aufgestellt. An der Wand sind Gemälde und die Dachsparren und das reichgegliederte Gebälk sind vielfarbig bemalt. Auf die Frage nach der Bedeutung des Einzelnen antworten die Bonzen: Fragen Sie uns nichts, wir wissen nichts.

Wenn sie trotzdem noch so viele Gläubige haben, so muss man bedenken, dass das „gläubig-sein" für sie nicht so schwierig ist. Die Heiden versammeln sich ja nicht in den Tempeln zu regelmäßigem Gottesdienst. Ihre Religion besteht vor allem darin, an Neujahr und einigen anderen Festen Weihrauch, Opferpapier, Reis als Opfer darzubringen. Dadurch wollen sie entweder den Zorn der Götter abwehren oder besondere Gnaden erbitten. Damit können die Götter sich im allgemeinen zufrieden geben. Nur etwa bei Trockenheit, Krankheit, Kinderlosigkeit muss man etwas freigebiger opfern.

Rein natürlich betrachtet sparen sie sich also manches, was die Christen tun, wie Morgen- und Abendgebet, Sonntagsmesse und was ihnen besonders schwer fällt, das Enthalten von knechtlicher Arbeit am Sonntag.

Am Schluss mussten wir natürlich auch ein Trinkgeld geben.

Aber zu gegebener Zeit wird Gott doch auch die Herzen der Heiden lenken und die, welche guten Willen haben, zum Glauben führen. Unterdessen müssen wir für sie beten und opfern, damit sie auf den Ruf der Gnade hören.

Ein Wunschtraum, den Servatius schon seit längerer Zeit hegt, ist, etwa in der Kreisstadt Kyoha (über 20.000 Einwohner) ein Haus zur Verfügung zu haben, wo er regelmäßig Gottesdienst halten könnte, um den, wenn auch wenigen, dort lebenden Christen entgegen zu kommen. Ein Kauf war schon geplant, scheiterte aber an der Finanzierung.

Doch auch wenn ich dort ein Haus hätte, müsste ein eifriger Christ da sein, der in meiner Abwesenheit sich um die Christen annimmt. Leider ist aber kein einziger vorhanden. Überhaupt käme der Missionsbetrieb dort vorläufig zu teuer, so dass wir bessere Zeiten abwarten müssen.

Genau so schwierig ist es auch, gute und billige Lehrer zu finden. Gute wären zu finden, billige auch. Aber beides, sowohl gut als auch billig, ist wohl nie zu erreichen. Mit den Katechisten ist es ähnlich. Bisher gibt es noch keine, weder koreanische noch chinesische. Einen bezahlten Katechisten kann er wegen Geldmangel ebenfalls nicht hinschicken.

Meine Schule blüht auch. Habe über 100 Kinder und schon welche abgewiesen, da es für einen Lehrer zu viel ist. Auch reicht der Platz nicht.

Dann sagte der Lehrer ganz unerwartet, er wolle gehen. Da Servatius nicht ganz mit ihm zufrieden war, ging er gleich auf die Suche nach einem Neuen. Es war auch schon einer in Aussicht, da sagte der Lehrer, eigentlich wolle er nicht gehen, nur weil das Gehalt zu niedrig sei, habe er es gesagt. *Nach langem Überlegen schien es mir doch am besten zu sein, ihm Gehaltserhöhung zu geben und ihn zu behalten. Denn es ist immer zweifelhaft, ob man einen besseren bekommt. Der bisherige ist eingearbeitet, kennt die Verhältnisse, und auch ich kenne seinen Charakter.*

Da viele neue Kinder kamen, wurde das Schulzimmer viel zu klein. Ein Raum ist da, etwa 3 m breit und 5 m lang, mit einem einzigen Fensterchen. Hier sind dreißig koreanische Kinder untergebracht. Außerdem ist eine Lehmhütte da mit zwei Fenstern, in der achtzig chinesische Kinder unterrichtet werden.

Daher will er anbauen. Sein erster Bau. Das wichtigste ist zunächst die Eingabe um polizeiliche Bauerlaubnis. Bisher noch keine Antwort. Dann Materialbeschaffung: Holz, Steine, Ziegel, Kies, Sand, Kalk, Nägel usw. Die Hauptsorge dabei ist, alles möglichste billig zu bekommen.

Unterdessen musste er aber ein Hilfsschulzimmer herrichten und auch eine weitere Lehrperson besorgen. Das war nicht allzu schwierig. Seine Katechistin war früher Lehrerin. Allerdings hat sie jetzt nur mehr wenig Zeit zum Missionieren. Schulbänke fehlten auch. Nur vier konnte er gleich machen lassen. Die übrigen Kinder müssen sich einfach auf den Boden setzen und eine Sitzbank als Tisch nehmen.

Obwohl es kein großer Bau wird, wird er wohl viel Arbeit und Schwierigkeiten bringen. Zur Zeit bemüht er sich um die Bauerlaubnis.

Während sonst die jetzige Zeit etwas weniger Arbeit bringt, war ich dieses Jahr durch Reisen, Bauvorbereitungen usw. besonders in Anspruch genommen. Dinge, bei deren Erledigung man von anderen abhängig ist, sind mir immer besonders unangenehm. Das wichtigste ist jetzt, glaube ich, erledigt.

Seit Ostern musste ich wegen Bauerlaubnis, Passerneuerung usw. mehrmals zu verschiedenen Behörden, auch auf das Kreisamt nach Kyoha. Dadurch verlor ich viel Zeit, die ich sonst für Studium oder andere Beschäftigung hätte verwenden können.

Japanisch z. B. habe ich jetzt schon etwa drei Monate nicht mehr studiert.

Die Vorbereitungen zum Schulanbau sind jetzt in der Hauptsache beendet. Die Arbeiten, die auch ungelernte Kräfte tun können, habe ich die Christen gebeten zu übernehmen. Sie haben auch damit begonnen. Aber da sie selbst jetzt sehr beschäftigt sind, fällt es ihnen schwer, auch nur einen Tag zu opfern. Die Zeit des Wachstums ist hier verhältnismäßig kurz. Und in diesem Frühjahr konnten die Bauern erst sehr spät mit der Arbeit beginnen. Innerhalb weniger Tage müssen dann die Reisfelder gepflügt, dann das Wasser darauf geleitet und schließlich der Reis gesät werden. Sobald das Wachstum beginnt, muss auch sofort mit dem Unkrautjäten begonnen werden. In der Hauptwachszeit im Juni und Juli wächst das Unkraut unglaublich schnell. Auch wenn man gründlich gejätet hat, ist in 8 – 14 Tagen wieder anderes da.

Dann gab es ein Problem mit einem ziemlich jungen chinesischen Lehrer. Als sich der Verdacht bestätigte, dass er Opium raucht, stellte Servatius ihn zur Rede.

Auf sein Versprechen hin, es zu lassen und weil ich keinen Ersatz hatte, behielt ich ihn, musste ihn aber ständig überwachen. Schließlich machte er aber doch wieder andere Dummheiten. Auch wenn Christen Dummheiten machen oder lau werden, ist man meist machtlos.

Gott sei Dank hat Servatius bald einen neuen Lehrer gefunden, mit dem er im allgemeinen zufrieden sein kann. Er war 13 Jahre in dem Trappistenkloster in der Nähe von Peking. Dort hat er ziemlich viel Latein gelernt. So kann man sich wenigstens auf ihn verlassen.

Manchmal tröstet Servatius sich auch mit dem chinesischen: mei you fazi, da kann man nichts machen, auch wenn er sich über diese Einstellung der Chinesen schon oft geärgert hat. Und ähnlich die Koreaner mit ihrem: „Ich weiß es nicht", wenn man sie fragt und sie sich gar keine Mühe geben, einem aus der Verlegenheit zu helfen. Mit der Zeit lernt man es, den Spieß umzudrehen und es ihnen gegenüber genauso zu machen, wenn sie mit unerfüllbaren Ansinnen kommen. Man könnte sich ständig ärgern, muss aber nicht. So drängt Servatius schon lange auf Ordnung und Pünktlichkeit, doch mit sehr wenig Erfolg. Ärgerlich ist für ihn auch, dass viele den Katechismus so schlecht lernen.

Servatius wollte die Christen auch dazu bringen, eifrig den Allerseelen-Ablaß zu gewinnen, hatte aber noch wenig Erfolg damit. Mit dem Portiunkula-Ablaß im August war es ebenso.

Ansonsten verläuft das Leben ziemlich ruhig und gleichförmig, wie er seinem Bruder Aloys auf dessen Frage hin schrieb:

Beim Aufstehen mache ich gleich Feuer im Kachelofen, halte dann die Betrachtung und bete Brevier bis zum Sonnenaufgang. Dann folgt die hl. Messe und vor oder nach dem Frühstück studiere ich eine Stunde Chinesisch. Darauf mache ich öfter einen Rundgang durch die Mission, schaue in die Schule, weise dem Koch in der Chinesenschule eine Arbeit an usw. Den Rest des Vormittags mache ich Predigten. Außer der Sonntagspredigt sind nämlich manchmal mehrere Predigten auf einmal zu halten. Da ist es gut in der weniger beschäftigten Zeit schon auf Vorrat zu machen. Glücklicherweise findet nämlich niemand etwas dahinter, wenn man die Predigt vorliest. Wenn sie also mal geschrieben ist, kann man sie jederzeit halten.

Nach dem Essen gibt es gewöhnlich irgend eine kleinere Arbeit im Haus zu tun, in Küche und Keller Umschau zu halten oder wenn ich Lust habe, kann ich auch einen kleinen Spaziergang machen in die Stadt. Nachher oder schon vorher bete ich Brevier. Dann folgt wieder Studium bis 4 Uhr. Von 4 – 6 studiere ich zusammen mit dem Lehrer Chinesisch. Danach besuche ich das Abendgebet, nachher ist Abendessen und den Schluss des Tages bildet Briefschreiben oder Studium, geistliche Lesung und Brevierbeten.

Ähnlich ist es auch an den Sonntagen:

Nach dem Aufstehen Betrachtung, Brevierbeten, letzte Vorbereitung für Predigt und ähnliches. Dann Beichthören bis zur 1. Messe. Messe mit koreanischer Predigt. Anschließend Katechumenenunterricht (20 – 30 Minuten). Dann, falls Leute da sind wieder etwas Beichthören bis zur Chinesenmesse mit chinesischer Predigt. Zum Abschluss der Vormittagstätigkeit Versammlung des Frauenvereins.

Dann Essen, nachher im Sommer etwas Ruhe und Vorbereitung für die Katechese (Christenlehre) um zwei Uhr mit anschließender Segensandacht. Dann hab ich im Sommer einige Stunden Ruhe, wenn nicht jemand etwas besonderes hat oder ich mich noch nicht zur Bibelstunde vorbereiten konnte. Diese ist nach dem Abendgebet.

Außer einer Predigt ist alles übrige koreanisch. Die Chinesen muss ich aus sprachlichen Gründen und auch aus Zeitmangel dem Chinesenlehrer überlassen. So ist der Sonntag zwar *ziemlich anstrengend aber normalerweise ist das Tempo an den Wochentagen dafür gemütlicher.*

Am Montag ist zwar die Predigt noch fern, aber ich bemühe mich, sie immer sobald als möglich zu Papier zu bringen, damit ich für alle Fälle gerüstet bin. Daneben bleibt noch Zeit für besondere Arbeiten oder Studien usw. Dann muss ich auch an die chinesische Predigt denken.

Am Freitag und Samstag kommt dann die letzte Vorbereitung und außerdem noch die für Beichtstuhl, Christenlehre und Katechumenenunterricht. Für größere Feste braucht es größere Vorbereitung. So werfen sie schon länger ihren Schatten voraus und sind sie vorbei, so ist nach kürzerer oder längerer Pause schon wieder ein anderes im Anzuge.

Dennoch fehlt es auf einer Missionsstation nicht an Abwechslung, wie er seinem Bruder ebenfalls berichtete:

In Ermangelung eines kunstverständigen Blumenfreundes besorge ich den Blumenschmuck in der Kirche selbst. Ein Dutzend und mehr große Vasen füllen, täglich Wasser geben, rechtzeitig für Ersatz sorgen, nimmt schon gewisse Zeit in Anspruch.

Dann muss ich immer dahinter her sein, dass die Kirche regelmäßig geputzt wird, von Zeit zu Zeit auch die Fenster, die Spinnweben, dass bei Sturm und Gewitter die Fenster geschlossen werden, das ewige Licht nicht ausgeht, bei der Hitze die Kerzen sich nicht ganz umbiegen usw. Bei den Lehmhäusern muss jährlich ein neuer Verputz aus Erde und Häcksel gemacht werden, die Papierfenster und Decke neu verklebt werden, das Strohdach ausgebessert, die Bodenheizung gegen Ratten geschützt werden, wenn sie nicht benützt wird und noch vieles andere.

Im Garten gibt es auch immer was zu tun. Von sich aus liegt den Bediensteten an all diesem wenig. Das Gröbste tun sie zwar, bei allem andern aber muss man selbst stets dahinter her sein. Während Vernachlässigung solcher Dinge vor allem den Geldbeutel in Mitleidenschaft ziehen, sind andere Sachen noch unangenehmer.

Die Schwierigkeiten mit der chinesischen Sprache sind noch nicht gänzlich beseitigt. Jeden Sonntag liest Servatius den Christen aus religiösen Büchern oder auch eine gedruckte Predigt vor. Das kann er hier ganz ruhig tun. Die Christen wissen schon, dass es wegen mangelnder Sprachkenntnis geschieht. Weil jedes Wort mit einem anderen Zeichen geschrieben wird, ist das Lesen nicht so einfach. Sehr viele Christen zum Beispiel können nicht lesen. Bisher mussten sie sich überhaupt nur mit einer Stillmesse begnügen.

Schwieriger aber fällt mir noch die richtige Betonung. Z.B. heißt der Kreuzweg kulu. Vorgestern fragte ich eine Christin, ob sie den Kreuzweg gebetet habe und betonte dabei das ku statt der 2. Silbe lu. So bekam das Wort einen anderen Sinn und die Frau verstand mich nicht.

Allmählich geht es jedoch besser mit dem Sprechen und Verstehen. Am letzten Sonntag sagte der Lehrer nach der Predigt, diesmal hätten die Christen so ziemlich alles verstanden.

*Doch ich tröste mich damit, dass wenigstens ich einen Nutzen habe durch die Übung im Sprechen. Allmählich wird es schon gehen. Doch darfst Du daraus nicht schließen, dass mir im Laufe der Zeit alles gleichgültig werde, sondern ich erinnere Dich an die beiden Sprichwörter: Ad impossibile nemo tenetur *, und: Rom ist nicht an einem Tage erbaut worden,* berichtet er seinem Bruder Aloys.

[* Zu Unmöglichem kann keiner gezwungen werden]

Neuerdings kommt der japanische Chefarzt des Krankenhauses einmal wöchentlich zur Missionsstation, um Deutsch zu lernen. Da er nur zwei Wochenstunden wollte, war Servatius dazu bereit. Eine gute Gelegenheit auch mit Japanern in etwas nähere

Beziehung zu kommen – und nebenbei eine kleine Einnahme. Später wollte er auch seine Lateinkenntnisse wieder auffrischen und Servatius konnte dabei Grundkenntnisse in Japanisch erwerben.

Aber ich kann sagen: Wie gewonnen so zerronnen. Es fehlt die Übung im Sprechen.

Neulich frug er mich, ob ich Farnkraut gerne esse. Da ich es noch nie gegessen hatte, brachte er mir eigens eine Schüssel voll, fertig zubereitet. Es schmeckte sehr gut. Ich weiß allerdings nicht, ob es dasselbe Farnkraut ist wie daheim. Man isst die jungen Triebe, die als Delikatesse gelten. Einmal lud er mich auch zum Essen ein. Früher hatte ich noch nie ein japanisches Haus von innen gesehen.

Eines Tages erwähnte der Arzt die Kriegsgefahr. Bisher hatte er noch nie mit Servatius über Politik gesprochen. Auch Servatius vermied jede Andeutung in dieser Richtung.

Von Herrn Wu hatte er wohl einiges gehört. Woher aber Herr Wu diese Informationen hatte, das war nicht herauszubekommen. Auf eine gezielte Frage danach lächelte er nur und zuckte leicht die Achseln, als wolle er sagen: „Fragen Sie mich lieber nicht. Vielleicht ist es besser, wenn Sie das nicht wissen." Servatius fragte nicht mehr, aber machte sich doch viele Sorgen wegen eines Krieges.

Ich betete und hoffte, dass schließlich doch noch die Vernunft siegen würde. Die Wirkungen wären ja unübersehbar. Und ihr würdet kaum allein in Mitleidenschaft gezogen, sondern wahrscheinlich die ganze Welt. Wir, die wir die Dinge überschauen können, wundern uns, dass andere es nicht auch bedenken. Aber die Masse vermag leider die Sache nur aus der Froschperspektive zu sehen. [20.10.38]

Hier merkt man von Krieg direkt nicht viel. Die gewöhnlichen Leute wissen kaum etwas davon. Sie haben auch keine Ahnung davon, dass ein Krieg in Europa ganz anders und viel schlimmer ist als hier. Hier ist der Krieg in der Gegend, wo gerade gekämpft wird, natürlich auch schlimm, aber im übrigen Land merkt man weniger davon. Gewöhnlich ist Bewegungskrieg. Wenn ich sage: hier, so meine ich nicht die Mandschurei, wo zur Zeit kein Krieg ist, sondern allgemein Ostasien. [09.09.40]

Aber die Versorgungslage spitzt sich weiter zu. Viele Lebensmittel sind auf dem Markt nicht mehr erhältlich. Deshalb ist die Missionsstation immer mehr auf den eigenen Garten angewiesen. Häufig bittet Servatius seine Schwester Lenchen um Küchenrezepte oder um Tipps für den Garten.

Von Anfang Mai an war Servatius fast täglich im Garten beschäftigt, besserte Zäune aus, ließ die Schüler die im Winter aufgehäufte Asche auf die Wege verteilen, machte zwei Gartentüren.

Von der Samenprobe, die Ihr im Frühjahr schicktet, ist die Petersilie sehr schön geworden, so viel, dass es schade darum ist, sie nicht alle verwenden zu können. Auch die Möhren sind schön. Aus den Zwiebeln und Lauch wurde jedoch nichts besonderes. Das Klima ist scheinbar zu heiß und vielleicht auch zu nass dafür.

Die Kartoffeln erntet er etwas früher als üblich. Es besteht die Gefahr, dass sie vom Ungeziefer gefressen oder bei etwaigem starken Regen faulen. Deshalb scheint die frühere Ernte richtig.

Ich habe meinen Garten auch wieder bebaut wie im vorigen Jahr. Nur den Roggenbau habe ich unterlassen, da er zu viele Schwierigkeiten mit sich bringt. Die Setzlinge hole ich mir in Yenki. In den ersten 14 Tagen habe ich besondere Schwierigkeiten mit dem Kappes [Kohl] und ähnlichen. Eine Raupenart, die tagsüber im Boden versteckt ist, frisst nachts den Stiel des Setzlings über dem Boden ab. Gewöhnlich stirbt der dann ab. Oder, wenn nicht, wird doch nichts rechtes mehr daraus.

Von Weißmehl, Eiern, Fleisch und Zucker abgesehen bin ich fast ganz Selbstversorger.

Auch im Brotbacken versucht Servatius sich. Bei seiner Schwester Lenchen fragt er an:

Wie macht man es, wenn man mit Sauerteig backt. Bisher hatte ich immer Trockenhefe. Aber ich weiß nicht ob die in Zukunft noch zu bekommen ist.

Wie ich schon schrieb, will ich in Zukunft mit Sauerteig Brot backen. Nur weiß ich nicht, wie man ihn aufbewahren und dann beim Backen damit verfahren muss. Meine Köchin hat bisher nur mit Trockenhefe gearbeitet. Da die Koreaner kein Brot kennen, wissen sie natürlich auch nichts von der Zubereitung. Wenn Lenchen nicht inzwischen schon geschrieben hat, soll sie mir bitte schreiben, wie und wie lange sich der Sauerteig aufheben lässt, wann und wie man den neuen Teig anrührt. Wir backen immer um 11 Uhr zu gleicher Zeit mit dem Kochen des Mittagessens.

Das Brot suchte ich jetzt nach Lenchens Angabe mit Grimmeln [Sauerteig] zu backen. Aber bis jetzt gings nicht recht. So muss ich wieder fragen: wie macht man die Grimmeln an? Wie bewahrt man Sauerteig auf? Was kann man sonst mit dem Teig machen, wenn er nicht recht aufgeht? Etwa Brotkuchen oder Knedeln [Knödel]? Ich backe mit Mischmehl, teils Weiß-, teils Schwarzmehl.

Bisher kam ich noch nicht dazu, mich wieder mit dem Brotbacken zu beschäftigen. Mit der Trockenhefe ging es bisher im allgemeinen schon, aber ich habe nicht mehr viel davon und weiß nicht, ob noch welche zu bekommen ist. Deshalb will ich es jetzt mit Sauerteig versuchen. Im Sommer ist es zu warm dazu.

Nicht nur die Trockenhefe wird Mangelware.

Heute habe ich ein elektrisches ewiges Licht hergerichtet, da unser bisheriger Brennstoff: Petroleum schwer und später vielleicht überhaupt nicht mehr zu haben ist. Wir haben allerdings nur nachts elektrischen Strom.

Servatius schrieb früher schon einmal, dass ein Missionar eigentlich von allem wissen sollte. So ist jetzt ein neues Problem ganz praktischer Natur aufgetreten: In Sinchan ist die Wasserqualität allgemein nicht gut. Deshalb freut sich die Köchin immer, wenn es regnet. Dann sammelt sie das Regenwasser in allen Abflussrinnen der Kirche, der Schule und des Hauses. Mit dem üblicherweise gelieferten Wasser bringt sie die Wäsche trotz vieler Mühe nie weiß. Auch das Essen wird gelb davon. Für 4 Sen den Eimer kann man sich anderswoher Wasser bringen lassen.

Ein Teil der Ursache ist aber auch die Pumpe.

Nach langem Überlegen, wie sich die Sache am besten und billigsten lösen lasse, schien das beste an einer anderen Stelle eine Pumpe zu schlagen. So ließ ich einen unserer Brüder, der Rutengänger ist, kommen. Nach langem Suchen fand er schließlich zwei Wasseradern. Nun musste ich mit dem Brunnenschläger verhandeln. Als er fertig war – in 11 Tagen kam er bis zu einer Tiefe von 10,80 m – musste ich noch ein Stück Rohr kaufen, ging selbst ins Geschäft das Rohr aussuchen und als man es brachte schaute ich es nicht mehr näher an. Erst heute merkte ich, dass der Mann mich beschwindelt und ein schlechtes Rohr gebracht hatte. Da ich schon bezahlt hatte, war wenig Hoffnung, dass er es wieder umtausche. Aber ich ließ ihn rufen und mein Lehrer schimpfte gleich ordentlich über den Betrug. Wahrscheinlich wollte er es mit der Mission doch nicht verderben und sagte gleich, er werde es umtauschen. So muss man bei Heiden stets auf der Hut sein, dass man nicht angeführt wird.

Der Brunnen wurde gerade noch fertig, bevor Servatius zu seinem Urlaub in Korea aufbricht. Aber das Wasser ist leider immer noch sehr schlecht. Jetzt im Winter ist nicht viel daran zu ändern. So muss die Köchin es einige hundert Meter weit hertragen. *Im Frühjahr will ich versuchen, mir einen Filtrierapparat zu machen.*

Der Winter kündigt sich bereits Mitte Oktober an mit Schnee und eisigen Winden. Bis Mitte Dezember fällt die Temperatur stetig ab bis auf minus 32 Grad. So wird es wohl für die nächsten beiden Monate bleiben.

Anfang Oktober kam ein Schreinerbruder von Yenki, um einige kleinere Verbesserungsarbeiten zu machen. Im Wohn- und Schlafzimmer hat er eine Decke aus Sperrholz und einer dreifachen Lage Zeitungspapier eingezogen, um die Kälte von oben besser abzuhalten und das ziemlich hohe Zimmer etwas an Rauminhalt zu verkleinern. Dann hat er den Ofen entsprechend den bisherigen Erfahrungen umgebaut.

Für die Vorhalle der Kirche machte der Bruder vier Fenster, damit der Wind nicht mehr so mit aller Wucht die Kirchentüren aufblasen kann.

Dieses Jahr haben wir eine besonders große Kälte. Fast zwei Monate lang Minimum täglich zwischen -30 und -36. Einmal unter -40. In der Kirche schwankt die Temperatur in diesen zwei Monaten etwa zwischen -12 bis -16.

Um in der Kirche die Kälte leichter ertragen zu können, habe ich dieses Jahr einen größeren Ofen aufgestellt für sonntags und außerdem noch einen kleinen im Chor für werktags. Der verschlingt zwar viele Kohlen, gibt aber wenigstens Wärme von sich, was der frühere nicht tat.

Viel Heizen wäre zu mühsam und zu teuer und wenig hat fast keinen Zweck. So heizen wir nur am Sonntag fast mehr aus psychologischen Gründen als weil es dadurch besonders warm würde. Die Leute sehen, es ist Feuer da. Also wird es schon zum Aushalten sein.

Der Chorraum wird nach Weihnachten an Werktagen mit einem großen Vorhang vom Schiff abgetrennt. Die werktags nicht zahlreichen Messbesucher haben alle im Chor Platz. Zuerst hatte ich daran gedacht, mir einen elektrischen Ofen auf den Altar zu stellen, aber tagsüber haben wir keinen Strom.

Allerdings sind die Kohlen dies Jahr schlecht. Ob das mit dem Krieg in China zusammen hängt, weiß ich nicht. Auch Lebensmittel und Kleider sind teurer geworden und teilweise schwer zu haben. Doch bisher hat es uns noch an nichts gefehlt.

Und schließlich das Schönste, der Schreinerbruder hatte in Yenki einen neuen Hochaltar gemacht, mit der Bahn hergeschickt und dann hier aufgestellt. An sich ist er einfach, aber für hiesige Verhältnisse kann er sich sehen lassen. Nun sind meine größeren äußeren Wünsche alle erfüllt.

Die Wünsche betreffs Hilfskräften dagegen sind nach wie vor dieselben. Um das Geld für einen Tagelöhner zu sparen, machte ich während der Bruder hier war, verschiedene kleinere und größere Arbeiten selbst, auch noch als er wieder fort war, so z. B. die Herrichtung eines Kreuzes für unseren Friedhof, das wir an Allerheiligen aufstellten und einweihten, da ich nicht eher damit fertig wurde.

Erst Anfang Juni wird es warm nachdem es sehr lange kühl war. Den Garten hat Servatius diesmal ganz den Chinesen zum Bebauen überlassen. Auf Grund der Erfahrungen des vergangen Jahres beschränkt er sich auf die Dinge, die den meisten Nutzen versprechen. Allerdings sind die gefräßigen Raupen wieder da.

Die vergangenen Wochen habe ich viel im Garten gearbeitet. Wie ich schon öfter schrieb, sind die Bauern im Sommer zu sehr mit ihrer Arbeit beschäftigt, als dass sie für religiöse Betätigung in größerem Maße, als ihnen notwendig scheint, zu haben wären. Trotzdem habe ich es vor einigen Wochen gewagt, mit einem Bibelkursus zu beginnen am Sonntagabend. Bezüglich der Frauen ist die Teilnahme zufriedenstellend. Da mir bisher weder eigene noch fremde Erfahrung zu Gebote steht, muss ich erst allmählich sehen, wie ich die Sache am besten anfasse.

Was die Missionsarbeit angeht, so bin ich immer noch ganz auf mich selbst angewiesen, d.h. mit andern Worten, wenn jemand von sich aus den Weg zur Mission findet, dann nehme ich mich nach Kräften seiner an. Doch solche sind selten. Dagegen Mitarbeiter, die unter die Leute gehen und sie für den Glauben zu gewinnen suchen, konnte ich bisher noch nicht auftreiben. Ein Grund dafür ist, die Gegend hier ist noch so halb Kolonistenland.

Unter denen die hier sind, ist kein Geeigneter zu finden. Leute aus dichter besiedelten Gegenden wollen nur hierher, wenn das Gehalt entsprechend ist, d.h. höher als dort, wo sie sind.

Mir fehlt es zwar auch nicht an Arbeit, aber was sich an einem Tage nicht tun lässt, wird eben auf den nächsten oder auf später verschoben. Erstkommunikanten hatte ich diesmal überhaupt keine. Es schien mir nämlich besser noch zu warten, bis die in Frage kommenden Kinder größer sind. Die Eltern verstehen es nicht recht, bei der Vorbereitung und auch später auch mitzuhelfen. Ich allein kann kleinere Kinder zwar unterrichten. Aber das scheint mir zu wenig zu sein, und so warte ich bis sie noch etwas mehr Verstand haben. Hilfskräfte habe ich bisher noch keine anstellen können.

Im Vergleich zu größeren Stationen ist meine Arbeit bei der Frühjahrspastoration verhältnismäßig gering. Doch wird sie erschwert durch die Zweisprachigkeit. Da ich sowohl koreanisch und erst recht chinesisch noch nicht frei predigen kann, muss ich vor Weihnachten und Ostern immer rechtzeitig eine Reihe Predigten auf Vorrat machen. Die Festpredigten sind mir am schwierigsten, einmal weil die gleichen Feste jedes Jahr wiederkehren, dann weil mir mehr gefühlsmäßige Predigten nicht liegen. Ähnlich ist es auch mit Marienpredigten.

Vor 14 Tagen war ich zum ersten Mal zur Katechismusprüfung und Sakramentenspendung auf einer chinesische Außenstation.

Die Christen hatten große Sorge, wie sie mich gebührend be-
köstigen könnten. Doch da es erst drei Tage nach Neujahr (nach
dem Mondkalender) war, war der Speisezettel auch für einen
europäischen Magen nicht zu verachten. Das Neujahrfeiern lässt
sich vielleicht mit der Kirmes vergleichen, nur mit dem Unterschied, dass es einige Tage lang hoch her geht, dann etwas ab-
klingt und beim Vollmond, das ist am 15. des ersten Monats
eine Nach- und Schlussfeier erfolgt. Während dieser Zeit wird
nichts gearbeitet.

Am Morgen seines Namenstages, Servatius war gerade fertig
mit dem Frühstück, da kam ein Chinese und rief ihn zu einem
Versehgang. Eine schon über 70 Jahre alte Frau sei krank, sie
habe schon drei oder vier Tage nichts mehr gegessen. Das
Wetter war schön, nicht heiß, also sehr angenehm zum Gehen.
So konnte er die eineinhalb Stunde Weg dahin fast als einen
Pfingstausflug betrachten.

Im Dorf, wo die Kranke wohnt, leben 20 – 30 Christen, alle erst
voriges Jahr aus dem Westen der Mandschurei, über große
Entfernungen zugewandert. Ihr ganzes Vermögen bestand aus
nicht viel mehr als einigen Kleidern und Bettdecken. Jetzt wohnen sie zu Miete mitten unter Heiden.

Ein Haus hat gewöhnlich drei große Räume. Im mittleren Raum sind vier Kochkessel eingemauert, in den Räumen rechts und links wohnen je zwei Familien. So ist es auch in dem Haus, wo die Kranke war, in der einen Hälfte des Raumes wohnt die Christenfamilie, in der anderen eine heidnische.

Die Christen hatten zwei Heiligenbilder an der Wand befestigt und nicht weit entfernt davon die Heiden ihre abergläubischen Zaubersprüche angeklebt. In solchen Fällen besteht natürlich leicht die Gefahr, dass die Christen lau werden, besonders wenn sie immer weit von der Station entfernt gewohnt haben. So hören sie fast nie eine Predigt, können auch nichts Religiöses lesen und nur wenn sie großen Eifer haben, werden sie ihren Kindern den Katechismus beibringen, soweit sie ihn selbst noch können. Im Sommer haben sie aber wenig Zeit und im Winter sind die Männer zum Holzfällen weiter entfernt in den Wäldern.

Bis jetzt hatte ich in anderthalb Monaten sechs Versehgänge. Bis auf den Gestrigen sind alle Versehenen gestorben. Da also viele außergewöhnliche Ereignisse meine Zeit in Anspruch nahmen, war ich beschäftigter als gewöhnlich. Übrigens hatte ich voriges Jahr an meinem Namenstag auch einen anderthalb stündigen Versehgang.

Dann nahte doch noch Hilfe: eine chinesische Katechistin, die längere Zeit im Kloster war. Sie wird die Altäre in der Kirche schmücken und Servatius von dieser Arbeit befreien. Vorgestern kam auch noch eine koreanische. Servatius hofft doch, dass mit ihrer Hilfe die Missionsarbeit besser voran geht als bisher.

Ihre Hauptaufgabe besteht darin, in die Häuser der Taufbewerber zu gehen und sie zu unterrichten, sowie neue Taufbewerber zu gewinnen. Bisher sind die Erfolge wegen der hiesigen Verhältnisse nicht übermäßig groß, aber immerhin ist es besser als früher, wo er überhaupt niemanden hatte.

Den Sommer über ist bei Bauersleuten nicht viel zu machen. Das ist dann auch für Servatius eine ruhigere Zeit, allerdings getrübt durch die Hitze. *In zwei Monaten ist auch die wieder vorbei. Möchte bis dahin auch die Hitze des Krieges vorüber sein, das wollen wir hoffen und von Gott erflehen.*

Zweimal im Jahr ist Pastoration, der Frühjahrs- oder der Herbstkongso. Das heißt, der Pater besucht auch alle Außenstationen, um die Katechismusprüfung abzuhalten, zu predigen, Beichte zu hören und eine hl. Messe zu lesen. Das gleiche ist fünf Tage lang in der Woche vor Weihnachten. So vergehen die beiden letzten Monate des Jahres immer sehr schnell. Nach einer mehrwöchigen Pause wiederholt sich dasselbe in der Fastenzeit.

Der Theresienverein Sinchan - oben rechts eine Lehrerin

Vergangene Woche begann die Herbstpastoration der Christen. Es hat sich durch Zuzug wieder eine neue Außenstation gebildet. Es sind nur drei Familien. Alle hatten mehrere Jahre nicht mehr die Sakramente empfangen. So suchte ich, ihren Eifer wieder anzufachen.

Auch in der ganzen Passionswoche ist er auswärts und besucht fünf Außenstationen, alle an der Bahn gelegen. Die am weitesten entfernte besucht er zum ersten Mal, da sie sich erst neu gebildet hatte. Beim Weggehen melden sich aber gleich wieder drei von den sieben Familien ab. Sie wollen anderswo ihr Glück versuchen.

Hier in der Stadt ist es auch ein dauerndes Kommen und Gehen. Von den Messdienern, die ich in den fünf Jahren hatte, ist nur noch ein einziger da. Sesshafte Leute gibt es sehr wenig. Es wandern mehrere Christenfamilien aus, mehr als durch Neutaufen wieder hereinkommen.

Weihnachten, Ostern, Pfingsten, Maria Himmelfahrt sind nicht nur liturgische Feste. Es sind auch die besonderen Höhepunkte im Kirchenjahr. Servatius vermerkt sie in den jährlichen Chroniken seiner Missionsstation mit berechtigtem Stolz:

Da Maria Himmelfahrt dieses Jahr auf einen Montag fiel, hatte ich mit dem Sonntag zusammen etwa 180 Beichten und 250 hl. Kommunionen. Außerdem wurden 2 Burschen und ein Mädchen im heiratsfähigen Alter getauft. Einige Christen sind auch eifrig im Spenden von Nottaufen. [11.09.38]

Die Missionsarbeit im allgemeinen wie auch auf meiner Station geht wie bisher vor sich. Taufbewerber habe ich zwar nicht allzu viele, aber es melden sich doch immer wieder neue. [13.12.39]

Zu Ostern hatte ich diesmal 8 Heidentaufen, sechs Chinesen und zwei Koreanerinnen. Zum Ersatz meldeten sich an Karfreitag wieder zwei Koreaner und an Ostern acht Chinesen als Taufbewerber. [02.04.40]

Vorgestern hielten 6 Koreanerkinder ihre Erstkommunion, die Chinesen halten sie am nächsten Sonntag, da ich sie zum Weißen Sonntag nicht mehr ganz vorbereiten konnte. Ich habe sie mit acht Jahren zugelassen, da sie den Katechismus ganz gelernt hatten. Aber es scheint mir doch besser zu sein, noch ein Jahr zu warten, da das Verständnis noch zu wünschen übrig lässt. Wenn ich mehr Zeit und auch mehr Geschick und Sprachkenntnis hätte, ließe es sich leichter machen. [02.04.40]

Zu Ostern taufte ich zum ersten Mal eine größere Anzahl Chinesen, Dafür bereiten sich jetzt schon neue auf die Taufe vor. [05.04.40]

Zu Ostern hatte ich zwei chinesische und drei koreanische Täuflinge. Zwei koreanische werden an Pfingsten noch nachfolgen. Sie hatten noch zu wenig Katechismus gelernt. [11.05.40]

Zu Weihnachten konnte ich sechs erwachsene Koreaner taufen. Chinesen meinte ich gebe es auch, aber mehrere Taufbewerber wurden wieder lau oder sind ausgewandert. Ob es zu Ostern was wird, weiß ich noch nicht. [18.01.41]

Ostern haben wir ganz schön gefeiert. Zwei Chinesen und zwei Koreaner, je ein Mann und eine Frau empfingen die hl. Taufe. Ich war die drei Wochen vorher und bin auch jetzt noch sehr beschäftigt. [12.04.41]

Am nächsten Sonntag habe ich fünf Erstkommunionkinder. Den Katechismus haben sie zwar alle gelernt, aber es ist schwer ihnen auch den Sinn beizubringen. Hier lernen die Kinder vor allem mit dem Gedächtnis. Deshalb ist der Verstand weniger ausgebildet. Das Denken geht langsam oder versagt überhaupt. Wenigstens bleiben sie mir sehr oft die Antwort schuldig. [17.04.41]

Nach Ostern hatte ich Erstkommunionunterricht. Zugleich drei Hochzeiten mit vorausgehendem Brautexamen. Das dauert immer ziemlich lange. [11.05.41]

Die Chinesenmission ist im allgemeinen schwierig, hier aber scheint sie es besonders zu sein. Die einen sind arm, müssen Tag für Tag auch am Sonntag arbeiten, andere rauchen Opium, bei anderen macht die eigene Familie Schwierigkeiten usw.

Um den Eifer der Christen zu heben, hält P. Salvator (Koller) den Koreanern dreitägige Exerzitien oder Mission, wie man's nennen will. Servatius glaubte schon, allein aus Neugierde würden die Koreaner eifrig kommen. Aber leider entsprach die Teilnahme der Christen nicht seinen Erwartungen. Es scheint fast unmöglich, einigen Lauen wieder Eifer beizubringen.

Besonders wegen solcher hatte ich die Mission halten lassen und nun kamen sie nicht. Teilweise geht es hier ähnlich wie beim großen Gastmahl. Die Geladenen wollten nicht kommen und dafür kamen nachher die Armen und Bettler von der Straße. Hier sind es Altchristen, die lau sind, während manchmal Heiden großen Eifer haben. Nach diesem Misserfolg scheint es sich für später zu empfehlen, schon einige Tage vor der Veranstaltung die eifrigeren Christen zusammen zu rufen und jedem einige weniger Eifrige zuzuweisen, damit er diese zu den Vorträgen mitschleppt.

Noch etwas ist aus dem Alltag zu berichten. Servatius hat seine erste persönliche Bekanntschaft mit Läusen gemacht:

Anfang März besuchte ich die Außenstationen. Da ich mich nicht ständig kratzen musste, meinte ich zunächst, es hätten sich einige längst bekannte Flöhe einquartiert, konnte aber nie einen entdecken. An die mir bisher unbekannten Kleiderläuse dachte ich nicht, bis ich endlich durch Zufall darauf kam. Man braucht nur Hose, Hemd, Strümpfe und Wollweste eine Nacht ins Freie zu hängen, dann sind bis zum Morgen alle erfroren. Seither habe ich wieder Ruhe und weiß, wie ich mich in Zukunft verhalten muss. Diese Läuse sind deshalb gefährlich, weil sie den Typhus übertragen.

„Shenfu, haben Sie schon gehört?" Wenn Herr Wu nach der Messe ins Pfarrhaus kommt, bringt er „ungefilterte Nachrichten" mit. Dabei hat er oft Mühe, sich seine Aufregung und vor allem seine Wut nicht zu deutlich anmerken zu lassen. Einmal sagte er, fast als Erklärung: „Ich bin eben ein Mandschu. Vielleicht fließt noch das Nomadenblut meiner tungusischen Vorfahren in meinen Adern."

„Shenfu, sechs Wochen lang haben die Japaner Nanking belagert, nachdem sie kurz zuvor Shanghai zum zweiten Mal erobert hatten. In dieser Zeit sind zwischen zwei und dreihunderttausend Zivilisten umgebracht worden, auf unvorstellbare grausame, bestialische Art getötet. Das lässt sich mit Worten nicht mehr beschreiben. Das hat doch mit Kriegsführung absolut nichts mehr zu tun. Dazu kamen auch noch medizinische Versuche an lebenden Menschen, Erprobung von chemischen Waffen. Die Fantasie reicht nicht aus, sich das alles vorzustellen, was mir berichtet wurde. Bestialisch ist nicht das richtige Wort dafür, denn so gehen Tiere nicht miteinander um. Dazu sind wohl nur Menschen fähig, die sich über das Tier erhaben fühlen.

[Belagerung von Nanking von Mitte Dezember 1937 bis Ende Januar 1938]

Und bei jedem Sieg der Japaner müssen alle Mandschus applaudieren und die glorreiche Armee rühmen, die unbesiegbare

Armee. Auch unser verehrter Kaiser Pu Yi muss sich auf Anweisung der Kwantung-Armee in Richtung auf das Schlachtfeld verbeugen, um die heldenhaft gefallenen japanischen Soldaten zu ehren. Aber es sind doch auch chinesische Soldaten gestorben und das waren schließlich seine Landsleute, seine ehemaligen Untertanen. Fühlt sich Pu Yi überhaupt noch als Chinese oder hält er sich eher für einen Japaner?"

„Er ist ein Mandschu."

„Ja, aber er hat auch schon einmal zugegeben, dass Mandschurisch sein schlechtestes Fach in der Schule war."

„Die Japaner scheinen die Herrschaft über ganz China anzustreben, oder gar darüber hinaus. Ich frage mich, wie sie ein so großes Reich verwalten können, wenn es einmal unter ihrer Herrschaft ist. Zu bremsen sind sie offenbar nicht, noch nicht einmal durch Naturkatastrophen wie die Überschwemmung am Gelben Fluss in der Provinz Henan." [9. Juni 1938]

„Nein, Shenfu, das war keine Naturkatastrophe. Das war Menschenwerk. Chiang Kai-Shek ließ die Dämme sprengen, um durch die Flutung ganzer Provinzen die japanische Armee aufzuhalten. Die Bevölkerung wurde nicht vorgewarnt. Der Gelbe Fluss wälzte sich in einer Breite von 35 km dem Meer zu. Rund 800.000 Menschen oder sogar mehr starben damals. Sie ertranken, verhungerten oder erkrankten tödlich an einer der Seuchen, die im überschwemmten Gebiet kursierten. Die Fluten verwüsteten insgesamt 3.500 Dörfer und machte rund vier

Millionen Menschen heimatlos. Ackerland wurde weggespült. Es wird sicher Jahrzehnte dauern, bis diese Gegend wieder bewohnbar ist."

Kaltblütig wurde der Fluss in eine unberechenbare Massenvernichtungswaffe verwandelt - die tragischerweise ihr militärisches Ziel nahezu komplett verfehlte. Die Flut sollte nämlich die japanische Armee aufhalten, oder besser noch, unter sich begraben und möglichst komplett vernichten. Die Japaner waren den Wassermassen zum Großteil entkommen. Nur einige wenige Truppenteile hatte die Flut eingeschlossen. Die Verluste für die Japaner wurden als kaum nennenswert bezeichnet.

Die Flutungen schafften es immerhin, den japanischen Feldzug gegen Wuhan für ein paar Monate zu unterbrechen. Aber zu welchem Preis?

Chiang Kai-Shek hat für seinen Traum von Macht mehr als 800 000 seiner eigenen Landsleute geopfert, manche Berichte sprechen von einer Million.

„Die Wahnsinnstat eines Verzweifelten."

„Oder die Verzweiflungstat eines Wahnsinnigen."

Die Schikanen der Japaner gegen die christlichen Missionen sind zum Teil sehr subtil. Ein Mittel, um die Herrschaft Japans zu sichern, ist die Schule. Hier glauben sie, ihren nationalen, größenwahnsinnigen Kaiserkult und die Liebe zu Japan in die Herzen der Jugend bringen zu können. Deshalb drängt das nationalsozialistische Japan die Mission nach bekannten Methoden immer weiter zurück. In der Schule wird der Einfluss der Regierung immer stärker.

Die Provinz Kanto mit der Hauptstadt Yenki war für die Japaner das Versuchsfeld für verschiedene Reformen, so besonders für das Schulwesen. Die vielen Privatschulen, also auch Missionsschulen, waren ihnen ein Dorn im Auge. Noch bevor sie wagten, in Japan und in Korea die Privatschulen anzutasten, gingen sie in der Mandschurei von Anfang an darauf aus, alle diese Schulen zu liquidieren.

Zunächst mischte sich die Regierung nicht weiter in den Schulbetrieb ein. Alle Kinder der katholischen Missionsschule, also auch die Heiden, nahmen selbstverständlich am Religionsunterricht teil und lernten so die Kirche und die Glaubenswahrheiten kennen. Aber dann begannen die Japaner, das Christliche immer mehr zu unterdrücken und gleichzeitig die Kaiserverehrung durchzusetzen. Dadurch wurde die Lage für die katholischen Missionsschulen immer schwieriger. Nach und nach wurde der Mission durch die japanischen Schulgesetze und andere Umstände der Boden zu einer fruchtbaren schulischen Tätigkeit entzogen.

Es musste der von der Regierung angeordnete Lehrplan angenommen werden, wobei Religionsunterricht nur noch nach Beendigung der übrigen Fächer erteilt werden durfte, also nur mehr am Schluss der eigentlichen Schulzeit.

Die koreanische Sprache wurde ganz verpönt. In der Schule durfte kein koreanisches Wort mehr gesprochen werden. Das war bei Strafe verboten. Die Kinder sollten auch den Katechismus japanisch lernen, was aber vermieden werden konnte.

Dann hatten nur Absolventen von staatlich anerkannten Schulen Aussicht auf eine Berufsausbildung oder eine Anstellung. Die Anerkennung der Schulen aber war an einige Kriterien geknüpft. Die japanischen Behörden schrieben Lehrmaterialien vor, die für Missionsschulen unerschwinglich waren, dazu kamen zu jedem Lehrbuch sehr teure Wandbilder, und zwar jedes Jahr alles neu.

Das Gehalt eines Lehrers an einer staatlichen Schule lag bei dem Drei- bis Vierfachen dessen, was eine Missionsschule zu zahlen in der Lage war. Also war es fast unmöglich, einigermaßen qualifizierte Lehrer zu bekommen, weil die Christen zum größten Teil aus den ärmeren Schichten stammen und auch weil noch keine katholischen Lehrerschulen bestehen. Das war das Ende der Schulen, denn es war unmöglich die Lehrergehälter aus der Missionskasse zu bestreiten.

Die Japaner duldeten wohl die Handwerkerschule, waren aber keineswegs gesonnen, das im Aufbau befindliche Lehrerseminar in Yenki bestehen zu lassen. Nur Japaner sollten das Volk bilden und erziehen, nur Japan allein war in der Lage, Lehrer im rechten Geist auszubilden, zumal ja auch der Unterricht in japanischer Sprache gehalten wurde. Damit war der Zugang zum Lehramt schon stark eingeschränkt.

Schon wenige Monate nachher kam die staatliche Gleichstellung mit den Regierungsschulen. Der einzige Vorteil war, dass die Absolventen der Missionsschulen denen der Staatsschulen gleichgestellt waren.

Einige Jahre später musste dann das Kreuz aus den Schulräumen entfernt und an dessen Stelle das Kaiserbild aufgehängt werden, und im Lehrerzimmer musste jeden Morgen vor einem kleinen Shintoschrein eine kurze Zeremonie vorgenommen und auch Opfer dargebracht werden. Auch die Schulkinder mussten jeden 8. des Monats zum Shintoschrein ziehen und an einer Zeremonie teilnehmen.

Später mussten sich auch die Christen jeden ersten Sonntag vor dem Gottesdienst auf dem Hofe in Richtung Tokio verneigen und einen vaterländischen Schwur aufsagen.

Schließlich schickte die Regierung einen Lehrer, der die Schule ganz im Sinne der Regierung leitete und den Unterricht und die Lehrer zu überwachen hatte. Die Mission war praktisch ausgeschaltet.

Die Japaner erlaubten seit 1941 nicht einmal mehr die Gründung eines Kindergartens, viel weniger einer Schule auf der Mission.

Dann kam ein Regierungserlass heraus, wonach die Einnahmen der Schule aus Schulgeld, Aufnahmegeld und freiwilligen Gaben der Elternvereinigung nur noch für Lehrmittel und Ausbau der Schule, nicht aber für Besoldung der Lehrer verwendet werden durfte.

Anfangs Januar 1944 wurden die anerkannten Schulen verstaatlicht; die vorausgegangene Anerkennung war also die Vorbereitung dazu. Die Tendenz der obersten Schulbehörde ging dahin, sämtliche Privatschulen zu unterdrücken. Die Mission stellte nur noch leihweise die Gebäude zur Verfügung. Damit hatte die Regierung ihr Ziel erreicht: Aufhebung der Missionsschulen, ein Ziel, das sie seit 1938 langsam, aber stetig verfolgte. So mussten im Februar 1944 sämtliche katholische Schulen, samt Lehrern, Schülern und der größte Teil des Inventars dem Staat übergeben werden.

Durch caritative und soziale Betätigung, besonders durch Krankenfürsorge und Schule wurde die katholische Kirche unter den Heiden bekannt. Und nun wurde die Schule zur Last für die Mission, *weil sie eben keine Schule zur Verbreitung unserer Religion mehr war.*

Auch der Druck auf die Bevölkerung nimmt ständig zu. Die Siege der japanischen Armee im Krieg gegen China werden groß gefeiert. Aber nach einigen Tagen kommen Erlasse in folgender Art: *„Die Soldaten des göttlichen Kaisers haben mit großen Opfern diesen herrlichen Sieg errungen. Also müssen auch wir in der Heimat Opfer bringen: Mehr und fester arbeiten und weniger essen, damit wir von unseren Nahrungsmitteln an unsere Soldaten abgeben können".*

In auffallend vielen Briefen spricht Servatius von seinem Garten und von dem, was er darin anbaut. Er fragt oft bei seiner Schwester nach, wie dieses Gemüse zubereitet, jenes Obst konserviert werden soll. Er berichtet vom Wachstum in seinem Garten und dass er Setzlinge aus Yenki bekommen hat, dass er den Gartenzaun repariert hat, dass Schädlinge seinen Kohl fressen, bevor er ihn ernten kann. Das hat seine Familie daheim zunächst als seine Neigung zur Landwirtschaft interpretiert. Aber das war es nicht. Er bekam keinerlei Unterstützung mehr von außen. Deshalb konnte er nur das essen, was er selber pflanzte. Mehr gab es nicht.

Über die Lebensbedingungen von Pater Servatius berichtete Bruder Placidus Hußlein, der Ende 1939 die Diözese Yenki bereiste.

"Die letzte Station, die ich besuchte, die nördlichste, war Sinchan, eine einsam gelegene kleine Stadt. In der Ferne sieht
man den Höhenzug Lao-ling, neben den Blauen Bergen. Das
sind schroffe, steile Felswände. Darum ist dort das Klima auch
sehr rau. Es ist wohl die kälteste Station des Vikariates. Es gibt
jedes Jahr Tage bis zu 42 Grad Kälte, manchmal länger,
manchmal kürzer.

Die Station Sinchan hat über 700 Christen, Koreaner und Chinesen.
P. Servatius sollte unbedingt eine größere Wohnung bekommen, zumal heuer noch ein zweiter Pater ihm zu Hilfe kommen
wird. [Das ist nie geschehen.] Notwendig wäre auch ein größeres Zimmer, in dem er seine Versammlungen abhalten könnte.

In der Kirche sind nach hiesiger Sitte keine Kniebänke, sondern
die Christen sitzen und knien am Boden. So mag die jetzige
Kapelle noch einige Jahre ausreichen. Wie arm der Pater ist,
konnte ich außer in seinem Wohnzimmer auch in der Kapelle
sehen. Zum Asperges hatte er eine große Konservenbüchse
und als Weihwasserwedel einen Tannenzweig.

In der Kirche wurde ein "Kanonenofen" aufgestellt, der zwar
viele Kohlen verschlingt, aber wenigstens Wärme von sich gibt,
was der frühere nicht tat. Und nach Weihnachten an Werktagen
wird der Chor mit einem großen Vorhang abgetrennt und nur
mehr der Chor geheizt. Die Christen haben da alle Platz.

Ich fragte den Pater auch nach seinem Essen. Er sagte, dass er
schon seit Monaten kein Fleisch mehr gegessen habe. Er ist zu

arm, sich so etwas zu kaufen. Als ich ihm erklärte, ich wolle ihm durch gute Menschen helfen lassen, antwortete er: ,Nur zu gerne würde ich einen Katechisten anstellen, doch kann ich die 25 Yen nicht aufbringen, weil ich selbst im Monat nur 30 Yen zur Verfügung habe.'"

Vor diesem Hintergrund bekommen manche Äußerungen in den Briefen von Pater Servatius eine nuancierte Bedeutung. Seine Schwester fragte in einem Brief, wie es ihm gehe. Erst nach der dritten Anfrage bekam sie die Antwort: *„Warum über Überflüssiges Worte verlieren. Mir geht es gut."* Bei der strengen Briefzensur hätte er doch gar nichts anderes schreiben können. Es war also nicht, wie die Familie lange vermutet hatte, seine schweigsame Art und seine Zurückhaltung, über sich selber zu sprechen. Ein falsches oder von der Zensur falsch verstandenes Wort hätte nicht nur ihn, sondern alle Missionare ernsthaft gefährdet.

Diese Angst dürfte wohl der Grund dafür sein, dass Servatius mit solchen Äußerungen sehr vorsichtig war. Und darüber hinaus: Wer schreibt schon seiner alten Mutter, dass er in ständiger Lebensgefahr ist?

Der letzte Brief von Pater Servatius an seine Familie datiert vom 27. Juni 1941. Dann brach die Verbindung mit Europa ab. Pater Gunther Heigl berichtet:

„1944 war P. Servatius zum letztenmal in Yenki. Er erzählte, wie schwer es für die Bewohner von Sinchan geworden sei. Die

Japaner verlangten immer mehr Fronarbeit. Sie bauten immer noch Kasernen und doch waren wenige Soldaten in Sinchan. Um diese Zeit hörten wir auch von seinem geistlichen Bruder, der von den Russen gefangen genommen worden war. Er hing mit großer Liebe an ihm. Als er 1934 in die Mission abfuhr, musste er von ihm hinter Gefängnisgittern Abschied nehmen, da die Nazis seinen Bruder gefangen hielten. „Und jetzt haben ihn die Russen", sagte er traurig. Umso mehr bangte er, als sein Bruder über den Sender „Freies Deutschland" sprach. Er hatte Angst, dass das seine Angehörigen in der Heimat büßen müssten. Eine Schwester hatten die Nazis sowieso schon fertig gemacht. Dazu kam noch die andere Angst: Wenn bei den Russen der Erfolg einer solchen Rede ausbleibt, dann ist i m m e r nur der Redner selber schuld und muss es auch büßen. […] Das waren alles schwere Sorgen, die P. Servatius mit sich herumtrug, und wie so manch anderer ging er diesmal mit schwerem Herzen von Yenki weg."

Ab Februar 1944 durften die Missionare nicht mehr reisen. Es blieb die Einsamkeit auf den Stationen

Aber aus Deutschland muss doch noch auf irgendeinem Weg Post gekommen sein, denn wie hätte er sonst wissen können, dass sein Bruder als Divisionspfarrer Stalingrad überlebt hat und in russischer Gefangenschaft ist?

6. TEIL

Der Untergang der Mission

Kapitulation Japans.

Besetzung der Mandschurei durch russische und anschließend durch chinesische kommunistische Truppen.

Ermordung von Pater Servatius, Ende aller missionarischen Tätigkeiten in der Mandschurei.

Missionare im „Umerziehungslager" in Namping.

„Shenfu", Herr Wu ist außer sich, „die ultranationalistische Militärregierung in Tokio will den Krieg im ganzen Pazifik. Jetzt haben sie in Pearl Harbor die Amerikaner angegriffen. Glauben Sie mir, das ist der Anfang vom Untergang des japanischen Größenwahns. Der mächtige Elefant USA lässt sich nicht so einfach vom japanischen Giftzwerg ans Bein treten. Es waren sogar auch Kamikaze-Flieger dabei."

„Was ist das?" Servatius konnte mit diesem Begriff nichts anfangen.

„Die Piloten stürzen sich mit ihrem Bomber auf Schiffe, um sie zu versenken."

„Aber das ist doch glatter Selbstmord. Kann eine Armee so etwas befehlen?"

„Nein, natürlich nicht. Den Piloten wird lediglich befohlen, sich für diesen Einsatz freiwillig zu melden.

Das Gespräch lag nun, Anfang August 1945, schon vier Jahre zurück. Servatius erinnerte sich noch deutlich an diese Worte von Herrn Wu und wie sich dessen Stimme vor Erregung zitternd überschlug.

Herr Wu wusste auch, dass schon seit 1944 ausländische Radiosender ständig neue Berichte von japanischen Niederlagen brachten. Auch der Mangel an so ziemlich allem wurde immer deutlicher.

Im Mai 1945 verbreitete sich dann die Nachricht, dass der Krieg in Europa zu Ende ist. Deutschland, Japans wichtigster Verbündeter, hatte kapituliert. Damit wurde Japans Lage aussichtslos. Man rechnete allgemein damit, dass nun auch Russland in den Krieg in Asien eingreift. Auch denjenigen, die von Japans "unüberwindlicher Macht" überzeugt waren, wurde immer deutlicher, dass das Ende bevorstand.

In dieser verworrenen Situation luden die französischen Missionare Servatius ein, zu ihnen nach Kirin zu kommen, wenn es für ihn auf seiner Station zu gefährlich würde. Ein freundliches Angebot, aber: *„Was würde aus meinen Christen, wenn ich sie im Stich ließe?"* Servatius blieb in Sinchan.

Am Montag, dem 6. August 1945, haben die US-Streitkräfte eine Atombombe über der japanischen Stadt Hiroshima abgeworfen, um das Land zur Kapitulation zu zwingen. Die Stadt ist mit dem Atombombenabwurf ausradiert. Zehntausende Menschen sind sofort tot. Drei Tage später detoniert eine zweite Bombe über Nagasaki.

Diese Nachricht, hier und da vermischt mit einem Anflug von Schadenfreude,   verbreitet sich mit einer ungewöhnlichen Schnelligkeit in ganz Sinchan. Und sicherlich nicht nur hier.

Am 8. August werden alle Schüler aus dem Unterricht geholt und zu einem Schrein geführt, wo sie für den Sieg der Japaner beten müssen. An diesem Tag erklärt die Sowjetunion Japan den Krieg und schon am nächsten Tag marschieren sowjetische und mongolische Truppen in Mandschukuo ein.

„Operation Auguststurm" wurde das Eingreifen der Sowjetunion in den chinesisch-japanischen Krieg genannt. Die japanische Armee war auf diesen Angriff der Sowjets nicht vorbereitet. Die Kämpfe dauerten nur etwa eine Woche. Inzwischen erfuhr man, der japanische Kaiser habe in einer Rundfunkansprache am 15. August die bedingungslose Kapitulation verkündet und Pu Yi habe als Kaiser von Mandschukuo abgedankt.

Der Versuch der Kwantung-Armee, Pu Yi nach Tokio in Sicherheit zu bringen, scheiterte in der Transithalle im Flughafen von Mukden. Plötzlich tauchten sowjetische Einheiten auf und entwaffneten die Japaner. Am nächsten Tag wurde Pu Yi in ein russisches Flugzeug gesetzt und in die Sowjetunion geflogen, in ein „Sanatorium" in Chabarowsk. Zur „Umerziehung."

Die sowjetischen Truppen waren zu diesem Zeitpunkt schon weit nach Mandschukuo vorgestoßen und drangen nahezu widerstandslos in das Kerngebiet des Reiches vor, wo sie am 20. August auch das Gebiet um Sinchan einnahmen.

Damit wurde auch das Ende der Missionsstation Sinchan einge-
läutet. Den Bericht der Katechetin Han Veronika hierüber hat
Pater Kanisius Kügelgen OSB aus dem Koreanischen übersetzt.

[Der Anfang des Berichtes fehlt.

*Die Russen hatten 1945 im August die Mandschurei und so
auch Sintjan, die Residenz des Paters Servatius (koreanisch You
Shinbu) besetzt. Der Bericht beginnt hier mitten in den Schwierigkeiten mit der russischen Kommandantur Ende 1945. Zu bemerken ist, dass in einem koreanischen "Ich"-Bericht der Betreffende auch öfter seinen Namen statt "ich" setzt.]*

*Inwieweit die Kirche uns hätte beschützen können, ist eine offe-
ne Frage. Sie wird es auch irgendwie versucht haben, aber es
reichte halt nicht bis hierhin. So vergingen 14 Tage. Dann aber
trat eine Verschlimmerung der Lage ein. Chinesen berichteten
im geheimen an die russische Militärkommandantur, der katholische Pater habe von den Japanern manches erhalten und
weggeräumt. Daraufhin wurde sofort eine Haussuchung gehalten. In der Tat hatten wir in Sintjan zwei katholische Japanerfami-
lien. Der eine Japaner arbeitete an der Bahn, der andere war
der Eigentümer der Sintjaner Weinkellerei.*

*Aus Furcht, jene möchten von Seiten der Russen großen Scha-
den erleiden, hatte der Pater Veronika beauftragt, sie möchte
hingehen und dort mit dem Pferdewagen eines katholischen
Chinesen heimlich einige Sachen abholen. Klopfenden Herzens
ging ich hin und führte den Auftrag aus. Doch der Geschäftsführer*

der Kellerei, ein Chinese, habgierig wie er war, drohte deswegen, Veronika umzubringen. Vorsichtshalber ließ ich mich vor ihm nicht mehr sehen.

Später denunzierte ein anderer Chinese ebenfalls den Pater, er habe ganz sicher japanisches Eigentum verborgen. Dieses Mal kamen drei von den Leitern der Militärkommandantur selber mit Soldaten. Sie hatten gleich einen Lastwagen mitgebracht, und durch einen Dolmetsch verlangten sie kategorisch die Herausgabe der japanischen Sachen. Der Pater erklärte, dass er zwar religiöse Gegenstände und Bücher, die jene nicht in fremde Hände fallen lassen wollten, bei sich untergebracht habe, aber von sonstigem japanischem Eigentum wisse er nichts.

Daraufhin wurde der Pater von Soldaten mit aufgepflanztem Bajonett bewacht, und die andern durchstöberten den ganzen Garten und das ganze Haus. Veronika kam mit einem eigenen Dolmetsch herzu. Dieser sprach so gut für den Pater, dass die Sache gut ausging, zumal man trotz angestrengten Suchens nichts gefunden hatte. Es war das erste Mal, dass solch eine Bedrohung von der Kommandantur direkt ausging.

Nach etwa vierzehn Tagen wurde Pater You wieder bei der Kommandantur angeschwärzt, er habe einen Radioapparat und einen Sender und stehe mit dem Ausland in Verbindung. Darauf kamen sie von der Militärkommandantur nachts um neun Uhr mit zehn Soldaten und unter den schlimmsten Drohungen durchsuchten sie das ganze Haus.

Im Haus des Poxa (Diener) standen der Diener und Veronika große Angst aus. Doch sie konnten nicht hinaus, da die Tür von einem Posten bewacht war. Schließlich fasste Veronika Mut und sprang zur Hintertür hinaus, um durch ein schon früher gemachtes Loch durch die Hecke zu schlüpfen. Der Posten schien etwas gemerkt zu haben und schoss. Während die Kugel über den Kopf hinweg flog, kroch Veronika zu der nahebei gelegenen Koreanerpolizei. Mehrere Polizisten begleiteten mich zum Haupttor der Mission. Doch da auch diese nicht hineingelassen wurden, blieb nichts übrig, als von weitem hinüber zu spähen.

Nachdem jene drei Stunden lang gesucht und nichts gefunden hatten, kamen sie mit leeren Händen heraus. Beim Hinausgehen sagten sie: "Der Denunziant ist ein schlechter Kerl, der Pater ist schuldlos. Ihr könnt beruhigt sein." Das war die zweite Haussuchung seitens der Kommandantur.

Es war offenbar, dass von Seiten des chinesischen Kommissariates dem Pater schlecht gesinnt war. Von der Zeit an verbarg sich der Pater. Des Nachts schlief er auf einem Brett hinter dem Hause der Katechetin. In der Frühe las der Pater die hl. Messe wie früher. Tagsüber blieb er im Hause verborgen. Christen standen Wache. Wenn ein schlechter Kerl kam, hießen sie den Pater, sich verbergen. Das Haus ließ man nach Belieben durchstöbern. Doch wurde bis auf einige Kreuze und Kreuzwegstationen nichts weggetragen. In leidlicher Ruhe vergingen einige Monate.

Anfangs Oktober brachte ein Chinese, der früher die Denunziationen gemacht hatte, von neuem seine geheimen Anschuldigungen vor, diesmal bei der chinesischen roten Polizei. Infolgedessen kamen am 1. Oktober nachmittags der Polizeichef mit noch einem Polizeibeamten und einem koreanischen Soldaten, insgesamt drei Mann, zum Pater und sagten, es sei vom Bischof von Yenki ein Auftrag da. Weil der Pater hier so ganz allein so viele Schwierigkeiten habe, solle er nach Yenki kommen. Er möge also schnell mit ihnen gehen. Was wollte der Pater anders machen? Er zieht sich um und geht mit zum Bahnhof.

Um diese Zeit kommt Veronika von Krankenbesuchen zurück und trifft unterwegs den Pater. Erschrocken und aufgeregt fragt sie ihn, wohin er gehe. Arglos antwortet der Pater, dass er nach Yenki gerufen sei. Veronika aber hatte eine Art Vorahnung und bezeichnete die ganze Sache als Schwindel. Ob denn ein Brief vom Bischof da sei?

"Nein, das allerdings nicht."

Mittlerweile hatten jene einen Wagen rufen lassen, ließen den Pater einsteigen und fuhren in der Richtung zum Bahnhof weg.

Zu Fuß eilte Veronika auch dahin. Flehentlich bat sie, man möge sie mit nach Yenki fahren lassen. Aber man erlaubte es nicht. Die Abfahrt des Zuges stand bevor. Da kaufte sie noch rasch etwas Proviant für den Pater und reichte es ihm. Zwei chinesische Christen kamen noch herzu und wollten mitfahren. Aber auch sie fragten umsonst. Unter Tränen gingen sie zusammen nach der Mission zurück, wo sich mittlerweile die Katecheten und die Christen versammelt hatten. Nach vielem Hin- und Herüberlegen glaubte man doch schließlich, annehmen zu müssen, dass wirklich ein Befehl des Bischofs vorgelegen habe. Veronika aber hielt das für ganz ausgeschlossen. Die ganze Nacht blieben die Christen in der Kirche, um für den Pater zu beten. Früh am Morgen um 7 Uhr fuhr Veronika mit der chinesischen Lehrerin nach Kyoha (Distriktstadt bei Sintjan) auf der Suche nach dem Pater. Sie schickte Bekannte auf das Polizeibüro. Sie sollten vorsichtig nachfragen, aber man erfuhr nichts. Sie gingen wieder zum Bahnhof, wo Veronika jemanden zum Aufpassen zurückließ. Sie selber wollte auf die Zivilpolizei gehen, sich dort zu erkundigen. Dort erfuhr sie, dass der Pater in der Nacht noch auf der Kommandantur von Kyoha verhört worden war, worauf man ihn ins Gefängnis steckte. Dort musste er einen Tag und eine Nacht zubringen. Dort war aber ein chinesischer Polizist, dessen Frau Christin war. Dieser Mann kam eiligst zu seiner Frau gelaufen und meldete: "Euer Pater ist im Gefängnis, berichte das schnellstens nach Sintjan und lasse die Christen hierher kommen!"

Die Frau sandte sogleich ihre Schwester nach dort. Die Christen sammelten rasch etwas Geld unter sich, und die Katecheten mit mehreren Christen eilten sofort nach Kyoha. Da es aber schon spät war, konnten sie an diesem Tag nicht mehr auf die Kommandantur gehen. Anderntags in der Frühe reichten sie eine Bittschrift ein.

Um diese Zeit war der Pater gerade wieder verhört worden. Glücklicherweise verstanden damals sowohl der Kommandant selbst als auch noch ein anderer Offizier genügend deutsch, und so konnten sie aus der Verhandlung leicht die Unschuld des Paters erkennen. Darauf hatten sie ihn bereits mit dem Auto der Kommandantur und einer Schutzmannschaft nach Sintjan zurückbringen lassen. Der Kommandant sowohl wie der Polizeichef versicherten noch beim Abschied: "Kommen Sie gut heim. Sie brauchen Sintjan nicht zu verlassen, sondern leiten Sie wie früher Ihre Gemeinde. Wenn aber irgendjemand vom Militär Ihnen etwas Gesetzwidriges antun will, melden Sie es sofort und wir werden die Sache in Ordnung bringen." Das Gleiche hatte auch der Vertreter der Zivilpolizei gesagt. Die Christen freuten sich jetzt noch mehr, als wenn der Pater nicht ins Gefängnis gekommen wäre. Um Gott zu danken, ließen sie ihn eine hl. Messe lesen. Und um dem chinesischen Polizisten, der ihnen die Nachricht sofort hatte zugehen lassen, auch ihren Dank abzustatten, gaben sie ihm etwas Geld und kauften außerdem etwas Wein mit den zugehörigen Zuspeisen, worauf einige Katecheten damit zu ihm gingen und bei ihm ein kleines Dankmahl hielten. Das war das dritte Vorkommnis schlimmer Art. Allerdings war es noch gut abgelaufen. Nun sahen wir bis in den Dezember hinein keinen Soldaten mehr, lebten vielmehr wie im tiefsten Frieden.

Am 23. Dezember sandte man von der Kommandantur den chinesischen Dolmetsch an den Pater (es war 9 Uhr vormittags) mit dem Auftrag, er möge sich mit Vertretern der Gemeinde auf der Kommandantur einfinden.

Etwas besorgt ging er dann mit dem chinesischen und dem koreanischen Katecheten dahin. Verschiedene Fragen wurden ihnen vorgelegt: Wie viele Christen es seien, wie viele Einnahmen und Ausgaben sie gehabt hätten, zu welcher Zeit sie ihre religiösen Veranstaltungen hielten und so fort. Der Pater antwortete den Tatsachen entsprechend und sprach auch vom Weihnachtsfest. Der Chef antwortete, sie dürften die Mitternachtsmesse halten, zum Schutz werde er Soldaten schicken und er selbst wolle auch den Zeremonien beiwohnen.

Dann fuhr er fort: "Wir haben jetzt hier viele Soldaten und außerdem noch andere gewaltige Ausgaben. Die Katholiken, die Presbyterianer und die Methodisten möchten dazu etwas beisteuern. Die drei religiösen Gemeinschaften sollen 80.000 Yen aufbringen." Der Pater und die Katecheten wiesen auf die Armut der Christen hin. Eine solche Summe könnten sie kaum beischaffen. Aber die Antwort lautete: "Das ist so der Befehl der Kommandantur. Der Pater soll in den drei christlichen Gemeinschaften die Sammlung veranlassen." Der Pater war in größter Verlegenheit. Er entgegnete, dass die andern doch eigene Vertreter hätten. Er bäte, dass man diese rufen lasse und mit ihnen rede. Die Antwort lautete: "Nun gut, dann laß es sein. Aber von deiner Gemeinde bringe uns 25.000 Yen." Der Termin war auf den 5. Januar festgesetzt.

Mit einem solch schwerwiegenden Auftrag kamen der Pater und die Katecheten zurück und verkündeten solches den Christen. Diese berieten untereinander und beschlossen, als Besänftigungsmittel am Neujahrstag ein Schwein und einige Flaschen Wein zu schicken und gleichzeitig nochmals um Berücksichtigung ihrer Lage zu bitten. Das Weitere verschob sich bis nach Weihnachten. Um noch vom Weihnachtsfest selber zu sprechen, so verlief die Mitternachtsmesse sehr feierlich unter dem Schutz von zehn russischen Soldaten der Kommandantur. Der Vize-Kommandant und einige Offiziere wohnten der Feier bei. Nachher lud man sie in das Zimmer des Paters ein und während man sie bewirtete, kam man auch auf die Abgabe zu sprechen. Doch jene wollten von Ermäßigung nichts wissen. Sie sagten nur, dass wenn jetzt die Summe gezahlt würde, später keine weiteren Forderungen mehr gestellt würden. Auch versprachen sie, als eine Art Entschädigung, Brennholz zu liefern. Dann löste sich die Versammlung auf.

Unserem Beschluss gemäß kauften wir für Neujahr ein Schwein - es kostete 900 Yen - und fünf Flaschen Wein. Damit stellten sich dann die Katecheten, ein Dolmetsch und Veronika auf dem Zentralbüro vor, wo sie alle möglichen Begründungen für einen Abstrich an der Abgabe darlegten. Sie erzielten aber keinen Erfolg. Es müsse vielmehr der ganz von vorneherein festgelegte Betrag von 25.000 Yen und zwar zum fest bestimmten Termin gezahlt werden. Es wurde infolgedessen eine allgemeine Christenversammlung einberufen, auf der die einzelnen

Familien nach Zahlungsfähigkeit abgestuft wurden zwischen 300 und 1.000 Yen. Das Geld wurde eingesammelt und am 5. Januar abgeliefert. Man gab uns später dafür 12 Sasan Brennholz (etwa 5 m³). Von nun an ließ uns die Kommandantur wirklich in Ruhe. Einige private Feindseligkeiten vermochte Veronika zu schlichten. Gegen Ende April 1946 zog die russische Kommandantur mit dem Rest der Soldaten ab.

Schon am andern Tag kamen Leute der 8. Armee (chinesische rote Revolutionsarmee), höhere Beamte der provisorischen chinesischen Volksregierung, zwei Offiziere der koreanischen Volksarmee (Hauptmann und Lieutenant) und fünf oder sechs Soldaten in die Mission. Sonntag war es, die Messe war schon gelesen, der Katechumenenunterricht beendet. Neun Uhr mochte es sein. Ohne sich um den Haupteingang zu kümmern, stürmten sie herein und stürzten gleich in das Zimmer des Paters. Veronika wollte sofort mit den beiden Katecheten ebenfalls hinein, aber nur Veronika gelang es hineinzuschlüpfen. Die andern wurden zurückgehalten.

Drinnen begann man gerade, den Pater zu verhören: Woher er gekommen sei, wie alt er sei, weshalb er gekommen sei, was der Katholizismus bezwecke, aus welchem Grund er gerade nach dem Osten gekommen sei, etc. Fragen, die der Pater sachgemäß beantwortete. Währenddessen erklärte Veronika dem Hauptmann die Glaubenslehre, den Zweck des Kommens des Paters, dass er nicht aus persönlicher Absicht gekommen sei, sondern dass in der katholischen Kirche nicht jeder Beliebige nach eigenem Ermessen, wie bei den Protestanten, lehren dürfe, vielmehr müsse er dazu eigens von der Kirchenleitung in Rom bestimmt und gesandt werden, dass der katholische Priester auf Weltfreuden verzichte, um sich ganz der Lehre widmen zu können und dass er nach dem Osten nur gekommen sei, um Jesu Leben und Lehre zu künden und den Menschen den Weg zum Himmel zu weisen. Mittlerweile hatte der chinesische Regierungsbeamte begonnen, den Pater zu beschimpfen. Die Chinesen durchstöberten dann das ganze Haus und gingen dann weg. Von den Koreanern blieben einige da.

Der Lieutenant hatte eine katholische Frau. Mit Dispens war er getraut und hatte auch schon Religionsunterricht gehabt. Trotzdem und obwohl er Veronika sehr gut kannte, ließ er heute die zum Gottesdienst gekommenen Christen, Männer wie Frauen, sich versammeln und forderte sie auf, den Glauben abzutun, denn es gäbe überhaupt keinen Geist, keinen Gott. Veronika erwiderte darauf, dass das Glauben oder Nichtglauben eines jeden Menschen private Angelegenheit sei, die er nur mit seinem Gewissen auszumachen habe. Auch sei es allgemein anerkanntes Recht, dass jeder in seinem Glauben frei sei. Ein einzelner Mensch könne das überhaupt gar nicht verbieten. Nachdem jener noch einiges geredet hatte, ging er weg.

Von dieser Zeit an hatten wir viele Gegner und Feinde, und der Pater hatte viele Unannehmlichkeiten auszuhalten, weshalb er zwar tagsüber im Haus war, des Nachts aber sich in den Häusern der Christen verbarg. Das dauerte so zwanzig Tage.

Während dieser Zeit verlangte man von der roten Armee aus, wir sollten die Kirche und das Wohnhaus des Paters räumen. Bei verschiedenen Ämtern erhoben wir Einspruch dagegen mit der Begründung, dass man doch Freiheit des Glaubens gewährt habe. Warum wolle man da die Kirche besetzen und ferner habe man doch Versammlungsfreiheit gewährt, warum wolle man da den Versammlungsort nehmen. Das sei doch widersinnig! Man verzichtete infolgedessen auf die Kirche, aber die Wohnräume sollten zur Verfügung gestellt werden. Der Pater wollte schon um des Friedens willen auf sein Wohn- und sein Schlafzimmer verzichten.

In jener Zeit stand Veronika mit dem Polizeibeamten, welchem die äußeren Angelegenheiten unterstanden, in guten Beziehungen. Sie kannte auch die Vorsteherin des Frauenbundes gut, bekleidete auch selber mehrere Ämter in der Volksvertretung und machte im Öffentlichen alles mit. So kam es, dass sie ziemlichen Einfluss besaß. Sie beriet sich mit den maßgeblichen Persönlichkeiten und erreichte es, dass das Eigentum der Kirche und die kirchlichen Gebäude nicht angetastet werden sollten und dementsprechend die Soldaten die Gebäude nicht benutzen durften.

Aber es entstand eine neue Schwierigkeit. Man wollte das Provinzialkrankenhaus des Militärs von Kyoha nach Sintjan verlegen und man verlangte dazu die Räumung der Mission. Da half schließlich nichts mehr. Man musste erlauben, dass die Wohnung des Paters zum Krankenraum gemacht wurde. Durch den häufigen Verkehr von Beamten entstanden nun vielfältige Schwierigkeiten und Unannehmlichkeiten. Bald war auch der Raum zu beschränkt. Man wollte ihn vergrößern und verlangte die ganze Mission. Der Pater zögerte mit der Zustimmung, was jene stark in Harnisch brachte. Eines Tages ließ man Veronika kommen und erklärte, der Pater sähe wohl das Lazarett nicht gerne und sei ihnen wenig freundlich gesinnt. Ich bestritt das aufs energischste und konnte fürs erste die Leute beruhigen. Doch von der Regierung kamen immer wieder Anfragen, die den Pater betrafen, und immer wieder wurde spioniert und untersucht. Weil aber der Pater alles tat, was verlangt wurde, ließ man uns vorderhand in Ruhe.

Es kam auch ein chinesischer Pater von Kirin. Er und Pater You besprachen miteinander die Lage der Dinge. Der Kiriner riet, Pater You solle für einige Zeit Sintjan verlassen und nach Kirin gehen. Aber er wollte nicht, da er sowieso vorhabe, nächstertage nach Yenki zu gehen. Da es in letzter Zeit etwas ruhiger geworden war, hatte übrigens Pater Servatius seine Schlafdecke aus dem Christenhaus, wo er zuletzt geschlafen hatte, holen lassen und schlief jetzt im Schulhaus in einem etwas abgelegenen Raum.

So war der 26. Mai gekommen. Ganz plötzlich, völlig unerwartet geschah das Schreckliche! Es war Sonntag, abends gegen neun Uhr.

Der Pater schlief abgelegen im Schulhaus, Veronika und Rim Barbara im Poxa-Haus. Da klopften drei Mann chinesische Soldaten und der Beamte, der gewöhnlich zum Spionieren gekommen war, wild an die Tür des Zimmers, wo Veronika und Barbara schliefen. Laut verlangten sie Einlass und riefen mehrmals den Pater so, wie die Christen ihn zu rufen pflegen. Ganz erschrocken wachte Veronika auf und fragte, wer da sei.

"Nolyia ist da!" - "Wir kennen keinen Nolyia", antwortete ich. "Wer ist da?" - "Wir kommen von einem Schwerkranken. Mach schnell Licht und lass uns ein!"

Bebend zog Veronika sich an und machte Licht. Das Zimmer wurde hell. "Soll ich aufmachen oder nicht?" Schließlich öffnete ich. Mit Gewehr und Revolver stürzten die vier Kerle herein und suchten den Pater. "Der Pater ist heute Nachmittag aufs Land gegangen, um jemandem die letzte Ölung zu geben", log ich und sprach dabei sehr laut, damit der Pater es hören und flüchten könne. (So war es ausgemacht!) Aus dem gleichen Grund schrie ich auch die anderen Worte ganz laut heraus.

Die Leute sagten mir, ich solle mich beruhigen und leise reden, es sei nichts zu befürchten. "Zeige uns das Zimmer, wo der Pater schläft!" Doch ich schrie wieder: "Der Pater ist nicht da!" - "In welches Dorf ist er denn gegangen? Komm mit, wir wollen hingehen!" - "Der Pater ist mit einem Chinesen gegangen. Wohin, das weiß ich nicht", sagte ich und fügte bei: "Morgen früh wird er gewiss wieder kommen." Jene fragten auch die Barbara, doch die antwortete das Gleiche. "Bis morgen ist unser Kranker tot", drängten sie. "Und wenn er stirbt, was kann man da machen? Der Pater ist aufs Land gegangen, was kann man da helfen?" - "Wo ist das Zimmer des Paters?" fragten sie wieder und begannen, mich mit dem Gewehrkolben zu schlagen. Ich erwiderte ihnen also, sie sollten mitkommen und wir gingen in die dunkle Nacht hinaus. Ich führte sie absichtlich in ein leeres Zimmer. "Das ist das Zimmer des Paters", sagte ich.

Da gingen zwei zum Haupttor, um es zu bewachen, zwei aber klopften laut an die Zimmertür und riefen den Pater. Natürlich kommt keine Antwort. Sie schlagen mich wieder und verlangen, ich solle ihnen richtige Antwort geben. Doch ich schrie nur wieder: "Der Pater ist nicht zu Hause!"

Schließlich sagte einer: "Es ist nichts zu machen, lassen wir es heute sein, gehen wir!" Dann gingen sie. Veronika aber rief ihnen noch nach: "Kommt morgen wieder, um den Pater zum Kranken zu holen." - "Ganz recht!" riefen sie und schritten zum Ausgang.

Ich aber beobachtet im Geheimen, was sie tun würden. Jene gingen nicht hinaus, sondern kehrten um. "Die mag sagen, was sie will. Der Pater ist auf jeden Fall hier!" Und wieder riefen sie Veronika. "Sucht doch überall nach Belieben nach!" Ich zeigte ihnen die andern Zimmer und wir kamen auch zum Schulhaus. "Hier wird er sein", sagten sie und wollten die Tür öffnen. Aber sie war fest verschlossen. Ich wollte den Schlüssel holen gehen und aufmachen. Aber sie hatten Verdacht gefasst, schlugen mich wieder, jagten mich ins Zimmer zurück und schlossen mich ein. Dann zertrümmerten sie die Fensterscheiben vom Zimmer des Paters und drangen ein.

Der Pater war zu dieser Zeit hinter dem Haus, um zu sehen, wie die Sache ablaufen würde. Niemand sonst ließ sich blicken. Ob sie im Nebenhaus schliefen oder noch wach waren, auf jeden Fall rührte sich dort nichts. Rim Barbara war bei Veronika und weinte nur. So waren wohl vierzig Minuten verflossen. Zum Schluss fanden und ergriffen die Kerle den Pater.

Veronika befand sich zitternd und bebend im Zimmer. Da traten zwei von den Kerlen ein, stießen mich mit den Füßen und verprügelten mich. Dann packten sie mich und nahmen mich mit. Ich dachte bei mir, dass der Pater wohl glücklich entwischt sei und weil ich dazu geholfen hatte, darum das alles. Sie schleiften mich hinaus. Doch da stand der Pater in den Händen jener Kerle! Vor Schreck wäre Veronika beinahe zusammengebrochen. Wieder prügelten sie mich, ich sei eine Lügnerin. Schweigend duldete ich es, das Herz schwer von Kummer und Betrübnis. Mit derselben Schnur, mit der sie den Pater gefesselt hatten, banden sie auch mich. Zusammengebunden trieben sie uns vor sich her. Ich sammelte meine Gedanken und fragte leise den Pater: "Pater, warum hast du die Gelegenheit zum Flüchten nicht benutzt?"

Er antwortete nur: "Ja, ich hätte es tun können."

Wie schlimme Verbrecher schleppte man uns durch die dunklen Straßen, gefesselt und gebunden.

Was half es, dass ich laut um Hilfe rief für uns zwei Unschuldige! Auf den finsteren und leeren Straßen war auch nicht ein Bürger zu sehen. Nur vereinzelte Posten und Soldaten trafen wir hie und da, doch die schauten uns nur nach, gefühllos wie Eisen und Stein. Jedes Mal, wenn ich schrie, schlugen sie mich mit dem Gewehrkolben und trieben uns weiter. Der Pater sprach kein Wort, stumm schritt er dahin. Veronika dachte schließlich: "Töten werden sie uns nicht. Sie schleppen uns aufs Kriminalgericht und verhören uns. Wenn sie uns schuldig finden, kommen wir ins Gefängnis. Andernfalls müssen sie uns wieder freilassen." Das beruhigte mich etwas. Doch an der Polizei ging man vorbei und führte uns zum Westtor hinaus! Jetzt wusste ich, es geht in den Tod! Den gleichen Gedanken schien auch der Pater zu haben, denn er forderte mich, vollkommene Reue und Leid zu erwecken. Ohne Widerstand zu leisten, wie ein unschuldiges Lamm schritt er dahin.

Als wir ganz ins Freie gelangt waren, erscholl hinter uns ein Kommando. Die Soldaten blieben stehen und zogen das Seil stramm. Dann hielten sie es fest und befahlen uns, stehen zu bleiben. Wir standen. Von hinten kam ein Soldat und flüsterte den andern etwas zu, worauf sie uns voneinander losbanden und uns auseinander treten ließen.

Veronika fasste sich ein Herz und bat, wenn sie uns töten wollten, sollten sie uns miteinander töten. Sie antworteten, sie würden uns keinesfalls töten. Der Pater müsse nach Kyoha gehen. Ob nach Kyoha oder nach Kirin, sie wolle mitgehen, flehte Veronika. Doch ich musste der Gewalt weichen. Man trennte mich vom Pater. Ich rief den Pater und warf mich auf den Platz, wo er gestanden hatte. Seine letzte Antwort war nur ein "Ja-a". Die Soldaten trieben mich auf und schleppten mich bis vor das Gefängnis, wo man stehenblieb. Auch Rim Barbara war mittlerweile dahin gebracht worden. Man nahm eine Leibesvisitation vor, dann schloss man das Gittertor auf und schob uns in das dunkle Loch hinein. Da lagen drei, vier Bretter und darauf mehrere Gefangene. In einer Ecke ließen wir uns nieder.

Den Schmerz über den beklagenswerten Tod des Paters der liebsten Mutter Gottes anempfehlend, weinten wir ohne Unterlass.

1946, am 26. Mai gegen Mitternacht war die Stunde, wo Pater Servatius mit der Krone der Herrlichkeit für sein Martyrium belohnt wurde. Der Pater wird sie gewiss im Augenblick seines Todes erhalten haben. Wahrlich, um unserer Seelen willen hat er sein ganzes Leben zum Opfer gebracht und so die Krone des Martyriums erhalten.

Am andern Morgen waren unsere Christen sehr in Sorge, was wohl geschehen sei. Alle miteinander, jung und alt, die Kinder selbstredend nicht ausgenommen, machten sich auf die Suche nach der Leiche des Paters. Die ganze Gegend streiften sie ab.

Ackergeräte hatten sie bei sich, Körbe und dergleichen. Sie hatten Furcht, sie würden auffallen. Wider Erwarten leicht wurde der Leichnam gefunden. Man untersagte aber das Begräbnis an diesem Tage. So bedeckten die Christen aus Furcht die Leiche bloß mit Erde. Zwei Tage darauf erfuhren die Christen erst, dass Veronika im Gefängnis sei. Zwar bemühten sie sich eifrig um deren Befreiung, aber es gelang nicht so bald. Die andern Strafgefangenen, die bereits drin waren, wurden erst der Reihe nach entlassen, so dass wir schließlich allein waren.

Am Tage nach der Ermordung des Paters drang man in die Kirche und in das Haus des Paters, in das Haus der Veronika und in die Schule, raubte alles, was darin war, zerschlug Bilder, Kreuze und was sonst religiös aussah. Die Gebäude wurden beschlagnahmt und jetzt sind Leute der 8. Armee darin. Auch der Diener wurde aus seinem Haus vertrieben.

Nach zehn Tagen ungefähr wurde Veronika aus dem Gefängnis entlassen. Sogleich gingen wir, Veronika, einige Katecheten und alte Christen, zu dem Ort, wo der Pater provisorisch beerdigt war, legten den Leichnam in einen Sarg und begruben ihn regelrecht. Infolge der Aufregung erkrankte ich schwer an Nervenfieber und musste mich legen. Ein alter chinesischer Christ nahm mich in sein Hinterstübchen auf, da ich ja keine Lagerstätte mehr hatte.

Während ich krank darniederlag, verwandelte sich die politische Lage. Die Roten mussten fliehen und die Weißen zogen in Sintjan ein. Aber die Herrlichkeit dauerte nicht lange. Nach drei Tagen entspann sich ein hitziger Kampf mit Teilen der 8. Armee. Den Einwohnern erging es schlimm in der Kampfzone. Ich aber war ohnmächtig an mein Lager gefesselt. Fünf Tage dauerte der Kampf in der Stadt. Es gab viele Tote unter den Bürgern. In dem Hin und Her des Kampfes traf auch mich eine verirrte Kugel am Kopf. Doch ich habe wohl noch manches abzubüßen, denn der Herr nahm mich noch nicht zu sich, ich blieb am Leben. Wer von den Weißen nicht gefallen war, musste fliehen. Die Roten regierten wieder in der Stadt. Flüchtende Christen nahmen sich meiner an und brachten mich aus der Stadt Sintjan, die so tapfer mit dem Feind gekämpft hatte.

Nach meinen schwachen Kräften habe ich hier kurz die Geschichte vom Tode des Paters You Servatius niedergeschrieben.

Soweit der Bericht von Veronika Han.

Nach der Ermordung von Pater Servatius lebte Veronika Han meist bei ihrem Bruder in Yenki, wo sie unterrichtete. Sie war früher Lehrerin in Tutoku. 1985 starb sie in einem Altenheim in Yenki.

Was in den drei Stunden zwischen der Gefangennahme und der Ermordung geschah, werden wir nie erfahren. Es braucht aber nicht viel Phantasie, um sich vorzustellen, wie diese Banditen sich an Grausamkeit überboten, um am nächsten Tag bei ihrem roten Anführer, der die Ermordung des Paters befohlen hatte, damit zu prahlen. Und dieser verkündete anschließend: *„Jedem Pater, der nach Sinchan kommt, mache ich es genau so wie mit ihm!"*

„Als der Schub, den die Roten mit uns vorhatten, misslang, fuhren wir wieder nach Yenki zurück. Auf der Strecke sahen wir weit entfernt die Station Sinchan liegen, wo P. Servatius Ludwig wirkte. Vater Abt-Bischof Theodor sagte zu uns: "Sicher hat P. Servatius von unserer Verhaftung gehört und ist nach Kirin gefahren, um es dem französischen Bischof mitzuteilen." Wir hatten keine Ahnung, was sich in der vergangenen Nacht in Sinchan ereignet hatte", berichtet Bruder Adam Reis.

Noch im Mai 1946 wurden die übrigen Yenki-Missionare von den chinesischen Kommunisten gefangen genommen und mussten in einem „Umerziehungslager" in Namping Schwerstarbeit leisten. Nicht alle haben dieses Konzentrationslager überlebt.

EPILOG

Der Hund findet die Leiche.

Besuche am Grab.

Ausländische Presse berichtet.

Die Grabstätte jetzt.

Die Heimatgemeinde Bous feiert den 100. Geburtstag von Pater Servatius.

Besuch aus China

Die Menschen in der Nachbarschaft der Mission haben natürlich den nächtlichen Militäreinsatz mitbekommen, die Schreie der Katechetin und der Soldaten gehört, sich aber aus Angst nicht aus dem Haus getraut. Nun standen am nächsten Morgen einige von der Christengemeinde zusammen, um ihre Beobachtungen über das schlimme Ereignis der letzten Nacht auszutauschen. Die Türen zur Missionsstation standen offen, vom Pater war nichts zu sehen.

Plötzlich kam ein Hund schnüffelnd und winselnd zu ihnen. Es war der große, schwarze Hund der Mission, der den Pater gewöhnlich begleitete. Auf das Gebaren des Hundes wurden sie aufmerksam und folgten dem Tier, das sie vor die Stadt führte, genau den Weg, den der Pater in der Nacht genommen haben musste. Sie entdeckten einen frisch aufgeschütteten Hügel und räumten die Erde ein wenig weg. Dabei stießen sie auf die Leiche des Paters. Hier war er in der Nacht erschossen worden.

Ergänzend dazu schreibt der Abt und Bischof von Yenki Dr. Th. Breher OSB, an die Angehörigen von Pater Servatius:

"Wie Veronika mir erzählte, wurde Pater Servatius ein gutes Stück außerhalb der Ringmauer von Sintjan erschossen und sein Leichnam blieb einige Tage liegen, bis es schließlich den Christen möglich war, die Leiche zu bergen und unter Beisein der Christen feierlich zu bestatten. Von unsern europäischen Patres hat bis heute leider niemand das Grab von Pater Servatius besuchen können. Aber unser chinesischer Pater Josef ist dieses Jahr in Sintjan gewesen, hat das Grab von Pater Servatius besucht und berichtet, dass das Grab in Ordnung ist.

Auch wenn Sie sein Grab nicht besuchen können, Sie wissen, dass die Gräber und Leiber der um des Glaubens willen Erschlagenen einst glorreich sein werden. Das mag Ihnen nicht nur ein schwacher Trost, sondern wirklicher Grund zur Freude sein, dass Ihr Kind und Bruder vor Gott in besonderer Ehre steht."

Bruder Adam Reis berichtet:

"Im Sommer 1948 versuchte Pater Generalvikar nach unserer Gefangenschaft mit den Christen in Sinchan Fühlung aufzunehmen. Aber immer noch befand sich der gleiche rote Häuptling in Amt und Würden. Er drohte uns, es mit jedem Missionar genau so zu machen wie mit P. Servatius Daraufhin schickten wir einen eingeborenen Priester, P. Josef Tchou, heimlich nach Sinchan. Dieser spendete den Christen in aller Stille die Sakramente und besuchte auch das Grab von P. Servatius. Er sprach die kirchlichen Gebete und segnete das Grab. Nach seiner Rückkehr konnte er berichten, dass die Christen weiterhin treu zu ihrem Glauben stünden."

In Rot-China.

Schanghai, 20. Dez. (Kipa.) In weiten Gebieten von Rot-China ist der Haltung der Kommunisten gegenüber der Kirche im Verlaufe dieses Jahres von einer sehr bescheidenen Toleranz zu offener Verfolgung übergegangen. Die Zahl der Opfer, die dieser Religionskrieg unter dem Klerus fordert, steigert sich immer mehr.

In Siwantze, Chagar, sind der Priester Benedikt Ping und ein kath. Lehrer, die seit dem Febr. verhaftet waren, am 23. Sept. von Kommunisten getötet worden. Der Benediktiner P. Servatius Ludwig, von Yenki (Mandschurei), ist an einem noch nicht festgestellten Datum von den Kommunisten ermordet worden; zwei österreichische Kapuziner — P. Theophilus Ruderstatler und P. Anton Schroecksandel, beide von Kiamusze (Mandschurei) — sind am 10. Juni von den Roten erschossen worden. Bischof Theodir Breher, O. S. B., von Yenki (Mandschurei), und die ganze Benediktinerniederlassung sind am 5. Mai verhaftet worden und müssen seither Zwangsarbeit verrichten. Der apost. Präfekt von Raming (Hopei), Mgr. Nikolaus Szarvas, S. J., ist am 27. Sept. verhaftet worden und am folgenden Tage in einer Art Gerichtssitzung mißhandelt worden bis er das Bewußtsein verlor. Die eingehenden Berichte melden ferner die systematische Plünderung und Konfiszierung der Missionsgebäulichkeiten durch die Kommunisten.

En Mandchourie...

Son Exc. Mgr Théodore Breher O. S. B., évêque de Yenki (Mandchourie orientale), et 18 de ses prêtres, comme lui Bénédictins de Sainte-Odile, dont le sort causait de très graves inquiétudes, ont été remis en liberté par les communistes et autorisés à exercer une certaine activité religieuse.

Arrêtés par les communistes en mai 1946, les missionnaires de Yenki furent d'abord conduits à la prison de Holung, puis enfermés dans un camp d'entrainement de la jeunesse à Nanping, sur la frontière nord de la Corée. Par des Coréens ayant fui la zone communiste en 1947, on avait appris que les prisonniers avaient passé l'hiver 1946 1947 dans des conditions très pénibles : mal nourris, insuffisamment vêtus et condamnés à de rudes travaux. Plus tard était parvenue la nouvelle de la mort du R. Père Boniface Kostler, qui avait succombé aux mauvais traitements, et celle du R. Père Servace Ludwig, fusillé à Sinchan, en juin 1947

Treize seu'ement des missionnaires libérés ont regagné Yenki ; Son Exc. Mgr Breher et cinq Pères sont encore en traitement à Harbin, où ils ont dû être hospitalisés en juillet dernier.

Nieuwsblad van het Zuiden.

Tilburg, 08.01.1947

Verfolgung der Katholiken in China nimmt zu

Die gemäßigte Haltung der Kommunisten gegenüber der Kirche in den letzten Jahren hat sich nun völlig geändert, und sie sind zu einer offenen Verfolgung übergegangen. Die Zahl der Märtyrer unter den Priestern steigt von Tag zu Tag. In Siwantze

Chager. wurden ein katholischer Priester und ein Professor nach achtmonatiger Gefangenschaft von den Kommunisten getötet. P. Servatius Ludwig wurde zusammen mit zwei österreichischen Kapuzinern in Kianusze ermordet. Der Bischof von Yenki, Bischof Breher O.S.B, und die gesamte Benediktinergemeinschaft wurden verhaftet und zu harter Arbeit verurteilt. Der Apostolische Präfekt von Raming-Hooei, Bischof Nicholas Svarvas S.J., wurde verhaftet, vor ein Sondergericht gestellt und gefoltert. Ausführliche Berichte zeigen, dass die Kommunisten auch das Eigentum der katholischen Missionare beschlagnahmten.

De katholieke missiën - 01.03.49

[…]: Aus dem Bistum Kirin starben 4 chinesische Priester und 3 Schwestern für ihren Glauben. In der Apostolischen Präfektur Yenki wurde Pater Gervasius Ludwig O.S.B. erschossen und Pater Bonifatius Köstler starb den Hungertod. Auch wurden noch 3 einheimische Priester und 5 Schwestern vor den Augen des Volkes geschlagen, so dass sie bewusstlos zu Boden fielen. Einige versuchte man durch Misshandlung zum Abfall von ihrem Gelübde oder zu einer Heirat zu zwingen. Monsignore Breher O.S.B. wurde mit 18 deutschen Mitbrüdern von Mai 1946 bis Anfang 1948 bei sehr mangelhafter Versorgung gefangen gehalten. Der Bischof kam mit 5 seiner Mitbrüder schließlich in ein Krankenhaus, die übrigen mussten in dem harten Winter von

1947-48 – 1000 km von ihrem Missionsgebiet – als Holzhacker und Landarbeiter am Tumenfluss arbeiten. In Korea wurde eine Hilfsaktion für sie eingeleitet und einige mutige Männer haben es gewagt, ihnen persönliche Hilfe zu bringen. Die Kleider der Missionare hingen in Fetzen. Es waren noch dieselben, die sie bei ihrer Verhaftung trugen.

Die spärlichen Nachrichten, die uns aus dem Fernen Osten erreichen, lassen keinen Zweifel mehr darüber, daß unser lieber, teurer Mitbruder

R. P. Servatius Ludwig O. S. B.

im Sommer oder Herbst des Jahres 1945 ermordet worden ist.

Der Verstorbene ist zu Bous (Saargebiet) am 15. Juni 1907 geboren, besuchte das Gymnasium Saarlouis und trat 1927 in unser Kloster ein. Am 14. Mai 1928 legte er seine heiligen Gelübde ab und wurde am Sonntag Lätare, den 26. März 1933, in St. Ottilien durch Bischof Joseph Kumpfmüller von Augsburg zum Priester geweiht. Am Ostermontag des Jahres 1934 erhielt er seine Sendung nach Ostasien, wo er zuerst in der Abtei Yenki sich in die chinesische Sprache und Denkweise einlebte. 1936 finden wir ihn auf der Missionsstation Badaugou und schon 1937 vertrauen ihm seine Oberen die Leitung der neuen Station Sintchan in der Nähe der mandschurisch-russischen Grenze an. Beim Einmarsch der russischen Armee fand der seeleneifrige Missionär, der auch in härtester Zeit bei seiner Christengemeinde treu aushielt, den blutigen Tod. Möge dieses Opferblut sowie die bitteren Leiden all seiner gefangenen Mitbrüder der Mission vom Heiligen Kreuz in Yenki zum segensreichen Anfang eines neuen Aufbaus des schwer heimgesuchten Gebietes werden.

Erzabtei St. Ottilien, den 29. Januar 1947, Erzabt und Konvent

Am 25. August 1989 besuchte Erzabt Dr. Notker Wolf mit der Generalpriorin der Missionsbenediktinerinnen, Schwester Edeltrud Weist OSB und Pater Dr. Basilius Doppelfeld das Grab von Pater Servatius. Darüber schrieb er am 01.01.90 an Dr. Aloys Ludwig:

"[...] Ja, es handelt sich um das Grab von P. Servatius, Ihres Bruders. Es befindet sich inmitten einer Reihe von christlichen Grabhügeln. Diese Gräber sind alle mit Gras zugewachsen, kaum eines trägt nur irgend ein Zeichen, bestenfalls einen kleinen Stein am Fuße mit einem eingravierten Kreuz. Der alte chinesische Christ, der uns zum Grab führte, sagte, im Grabhügel selber sei auch der eigentliche Grabstein mit verborgen. Aus Angst vor etwaigen Verwüstungen, wie es bei anderen Gräbern erfolgt ist, wurde der Grabstein mit unter die Erde gegeben. Natürlich haben auch wir daran gedacht und bereits mit diesem alten Katholiken gesprochen, ob wir nicht doch einen Grabstein auf dieses Grab setzen könnten. Die Verhandlungen sind noch nicht abgeschlossen. Ich bin ja auch nicht sicher, ob es im Augenblick günstig ist, dergleichen vorzunehmen. Lieber würde ich ihn eines Tages in die Kathedrale von Jilin oder in die Kirche von Yenki übertragen lassen. Sollten wir je wieder ein Kloster dort errichten dürfen, dann wäre das natürlich der richtige Ort. Wir werden viel Geduld aufbringen müssen, denn die chinesischen Uhren gehen viel langsamer als unsere europäischen. [...]"

Das Grabmal

Ähnlich berichtet auch Pater Dr. Basilius Doppelfeld OSB, [am 02.01.90] über diesen Besuch:

"[...] Ein alter Chinese, den wir trafen, führte uns an den Platz außerhalb des Ortes Sinchan (oder Xin Xian), wo sich ein größeres Feld mit Grabhügeln befindet, und zeigte uns das Grab, das bei den Christen des Ortes bis heute in Erinnerung ist. Vermutlich befindet sich im Erdhügel auch ein Grabstein. Wir konnten verständlicherweise nicht graben, baten aber die Leute, die Erlaubnis einzuholen, das Grab freilegen zu dürfen.

Wahrscheinlich ist dieser Grabhügel wie die anderen angelegt worden, um die Gräber zu verstecken und sie so in der Zeit der

"Kulturrevolution" (1966- 1976) vor der mutwilligen Schändung zu schützen. Jetzt, wo die Religionsausübung in China wieder erlaubt ist, wenn auch in einem vom Staat vorgegebenen Rahmen, sehen es die Christen als ihre Ehre an, die alten Gräber zu pflegen. [...]

Nähere Einzelheiten über P. Servatius' Tod waren nicht zu erfahren."

Schwester Edeltrud ergänzt:

"[...] 1946 wurde Pater Servatius von Roten Polizisten erschossen. Der Tag und der Monat sei nicht mehr bekannt. Ein elfjähriges Kind hätte von der Ferne bemerkt, wie drei Schüsse gefallen seien, und es hätte einen Lichtstrahl von oben gesehen. [...]

Die katholische Familie aus Sinchan [...] zeigte uns das Grab von Pater Servatius. Es ist ein mit Gras bewachsener runder Grabhügel, ähnlich wie die andern Gräber auf

dem ehemaligen katholischen Friedhof und wie allgemein üblich in China und Korea. Man hätte nach seiner Beerdigung einen Grabstein mit eingraviertem Namen und Datum der Erschießung auf das Grab gestellt, aber aus Sicherheitsgründen in der Kulturrevolution (1966-1976) hätte man diesen Grabstein mit in das Grab versenkt.

Es war das erste Mal, dass Mitbrüder und Mitschwestern am Grab von Pater Servatius gebetet haben. Vater Erzabt sang das Requiem und das Pater noster und grub ein kleines geweihtes Kreuz in die Erde. [...]

Am 30. August waren wir in einer gut katholischen chinesischen Familie [...] in der Mandschurei eingeladen und erfuhren, dass

Bruder und Schwester des Hausherrn damals die Leiche von Pater Servatius geborgen hätten und dass diese Geschwister ihn auf dem Friedhof der Christen nahe bei Sinchan beigesetzt hätten. Der Herr erzählte weinend, dass „der Leiche ein Bein gefehlt habe". Es ist nicht ersichtlich, ob Pater Servatius dieses Bein vor der Erschießung oder hernach verloren hatte. Auch dort konnten wir kein genaues Datum der Erschießung erfahren, nur dass es 1946 gewesen sei. [...]"
Das Grabmal ist auf Chinesisch und Koreanisch beschriftet. Rechts und links stehen die Lebensdaten (Deutschland 15.6.1907 und ohne Ort 25.5.1946).

"Das erste Foto des Grabes mit dem Steindenkmal war schon viele Jahre alt geworden, wie ich mich erinnere, als ich mit dem damaligen Erzabt Notker dort gewesen war.

Einige Jahre später bauten die örtlichen Gemeindemitglieder und Priester das Grab wieder auf und es ist die heutige Ansicht hinter Bruder Markus", schrieb Pater Norbert Du.

Bruder Markus Weiss OSB.: "Ich war im Juli 2019 zusammen mit P. Norbert am Grab von P. Servatius. Für mich ein sehr bewegender Moment. Das Grab befindet sich am Rande von Dali (大利村), einem kleinen Dörfchen 3 km außerhalb der Stadt

Xinzhan (新站镇) in der Provinz Jilin (吉林省). Die japanische Schreibung von Jilin ist Kirin."

Pater Norbert Du schreibt: „[...] Das alte Grabmal von Liu Shi-huan (Servatius Ludwigs Transliteration) ist auf Chinesisch und Koreanisch beschriftet. Das mit dem Foto von Br. Markus ist nur auf Chinesisch "P. Servatius Ludwigs Grab" beschriftet. In der unteren Zeile steht: Benediktiner von der katholischen Kirche. Das Grab ist wahr, wie ich erfahren habe, und es gibt viele Zeugen"

Pater Norbert Du

Die Erinnerung an Pater Servatius

Im Juni 2007 feierte die Pfarrei St. Peter in Bous, die Heimatgemeinde von Pater Servatius, dessen 100. Geburtstag. Es war
eine glückliche Fügung, dass zu dieser Zeit Pater Norbert Du,
ein Benediktinerpater aus Kirin, in St. Ottilien weilte und bereit
war, nach Bous zu kommen. Zu seinem Seelsorgsbezirk gehört
Sinchan, die Pfarrei von Pater Servatius. Im Festgottesdienst am

Pater Norbert Du

Samstag Abend, den er zelebrierte, erzählte er in gutem
Deutsch, dass Pater Servatius in Sinchan nicht vergessen ist. "In

Pater Norbert Du am Familiengrab mit der Gedenkplatte für
Pater Servatius

China verehren wir ihn als Heiligen. Wir beten oft an seinem Grab. Seine Christen haben all die Jahre hindurch den Glauben bewahrt im Gebet. Das hat Servatius sie gelehrt."

Als der Platz an der Pfarrkirche in Bous bei diesem Fest den Namen "Pater-Servatius-Platz" bekam, würdigte Dechant Haser den Märtyrer: "Menschen wie Pater Servatius können uns durch ihr Zeugnis einen festen Anker für unseren eigenen Glauben geben. Wir brauchen solche Vorbilder aber nicht nur in unserer Kirche, nicht nur im Glaubensleben, sondern in unserer Gesellschaft insgesamt, zumal in einer Zeit unsicherer Wertvorstellungen

Links: Erika Blass, s. S. 153 und Mitte: Ella Rupp, s. S. 102/103, rechts Dechant Haser

und einer Vielzahl verwirrender Stimmen, aus denen die richtige, die eine gute Richtung weisende herauszuhören, immer schwieriger wird.

Zeugen - Menschen, die über-zeugend leben - brauchen wir in unserer Gesellschaft. Menschen, die überzeugend leben, die zu ihren Überzeugungen stehen, auch wenn es unbequem ist, und ihre Fähnchen nicht nach dem jeweiligen Wind richten, sind stimmige Persönlichkeiten. Und als solche sind sie uns Vorbilder, an denen wir uns auf- und ausrichten können."

Gedenktafel

Bleibt die Frage nach einer Seligsprechung

„Gegenwärtig laufen in Rom die Vorbereitungen für die Seligsprechung unserer in Korea im Gefängnis und auf den Missionsstationen ermordeten Missionare. Leider kann man dabei die ermordeten Missionare in China nicht dazu nehmen, weil dafür als Antragsteller immer die Diözese zuständig ist, in der die Märtyrer gelebt und gewirkt haben und in der sie ermordet wurden. Für P. Servatius wäre daher eine Diözese in China zuständig, die es zwar gibt, die aber auf keinen Fall in diesem Sinn tätig werden darf. Das würden die staatlichen Behörden nicht dulden, und die Christen hätten Strafmaßnahmen zu befürchten.

Wir müssen also für P. Servatius und eventuelle andere Missionare auf bessere Zeiten warten. Das darf aber auf keinen Fall dazu führen, dass deren Andenken in den Hintergrund gerät. Sie haben genauso gut die Krone des Martyriums oder der Anerkennung anderer schwerster Folterungen verdient. Missionare, die für den Glauben ihr Leben hingaben, verdienen alle einen Ehrenplatz in der Geschichte der Missionsbenediktiner.

Daher ist es auf das höchste zu begrüßen, dass zunächst wenigstens in der Heimat von P. Servatius eine Art private Seligsprechung stattfindet. Diese Aufgabe erfüllt die Arbeit von Herrn Paul Endres. Es hält auch die Hoffnung aufrecht, dass eines Tages die Verhältnisse in China sich ändern, so dass eine Seligsprechung auch für unsere chinesischen Märtyrer möglich wird.

Abtei Münsterschwarzach, 8. April 2022

Pater Dr. Placidus Berger OSB

Generalprokurator em. der Konföderation OSB

Ein Brief von Paul Zimmer, dem langjährigen Banknachbarn von Otto-Servatius in der Schule, an Dr. Aloys Ludwig   endet mit dem Satz:

"Otto bleibt mir unvergessen.

Ich bete mehr zu ihm, als für ihn."

Pater Servatius hatte eine Vision, an der er sich ausrichtete, der er folgte wie einem Leitstern. Für sie verließ er seine Heimat und für sie gab er sein Leben hin. Er hat die Hand an den Pflug gelegt und sich wirklich nicht ein einziges Mal mehr umgeschaut.

DANKSAGUNG

Zum Schluss richte ich ein herzliches Wort des Dankes an alle, die in irgendeiner Weise zum Gelingen dieses Buches beigetragen haben, sei es durch Korrekturlesen oder vielfältige Anregungen. Alle diese Hilfen waren mir nützlich. Besonders erwähnen möchte ich:

- Pater Dr. Placidus Berger OSB, Münsterschwarzach, Generalprokurator em. der Konföderation OSB, für wertvolle Ratschläge und Korrekturen,
- Pater Norbert Du OSB, Kirin (China), dessen Besuch in Bous mich dazu inspiriert hat, diese Biografie zu schreiben,
- Bruder Markus Weiss OSB, St. Ottilien, für die Fotos vom Grab von Pater Servatius,
- Bruder David Gantner OSB, St. Ottilien, für die Bilder aus dem Archiv von St. Ottilien,
- Dr. Ulrich Theobald, Sinologe an der Universität Tübingen, für die Beratung zum Thema China,
- Margret und Dr. Christian Freitag für die Transkription der handschriftlichen Briefe
- und nicht zuletzt der Grafikerin Isabell Valentin, die mir den Buchblock und das Cover gestaltet hat.

PAUL ENDRES

Paul Endres, geboren 1939, ist ein erfahrener Dolmetscher, Übersetzer und Sprachlehrer. Als Rentner widmet er sich mit großem Engagement der Kultur und Weiterbildung. Seit 1980 leitet er die "katholische Erwachsenenbildung" in Bous, wo er u.a. Programme zu den Themen "Gebärdensprache", „Schreibwerkstatt", "Rollenwechsel - Kirche im Kino" und "Literaturcafé" organisiert.

Sein aktuelles Buch entstand neben diesen vielfältigen Aufgaben und ist das Resultat umfangreicher Recherchen, zahlreicher Gespräche und intensiver Schreibarbeit, die fast zehn Jahre in Anspruch nahmen. So spiegelt das Werk neben der Lebensgeschichte von Pater Servatius auch die Persönlichkeit des Autors wider: eine große Liebe zum Detail, fundiertes Wissen, ein hoher Anspruch an die sprachliche Qualität und ganz viel Herzblut.

Paul Endres lebt mit seiner Frau Maria, Nichte von Pater Servatius, in Bous im Saarland.